乡村振兴战略研究丛书

数字经济赋能
北京乡村振兴的实践探索

龚晶 李瑾 等○著

PRACTICAL EXPLORATION ON EMPOWERING RURAL
REVITALIZATION IN BEIJING WITH THE

DIGITAL ECONOMY

中国经济出版社
CHINA ECONOMIC PUBLISHING HOUSE
北京

图书在版编目（CIP）数据

数字经济赋能北京乡村振兴的实践探索／龚晶等著
. --北京：中国经济出版社，2024.1
ISBN 978-7-5136-7564-2

Ⅰ．①数… Ⅱ．①龚… Ⅲ．①农村-社会主义建设-研究-北京 Ⅳ．①F327.1

中国国家版本馆 CIP 数据核字（2023）第 222236 号

责任编辑　叶亲忠
责任印制　马小宾
封面设计　华子图文

出版发行　中国经济出版社
印　刷　者　北京柏力行彩印有限公司
经　销　者　各地新华书店
开　　　本　710mm×1000mm　1/16
印　　　张　18.5
字　　　数　313 千字
版　　　次　2024 年 1 月第 1 版
印　　　次　2024 年 1 月第 1 次
定　　　价　98.00 元
广告经营许可证　京西工商广字第 8179 号

中国经济出版社 网址 www.economyph.com 社址 北京市东城区安定门外大街 58 号 邮编 100011
本版图书如存在印装质量问题，请与本社销售中心联系调换（联系电话：010-57512564）

版权所有　盗版必究（举报电话：010-57512600）
国家版权局反盗版举报中心（举报电话：12390）　　服务热线：010-57512564

编委会

(按姓氏首字母排序)

曹冰雪　陈俊红　陈香玉　龚　晶　郭美荣
姜翠红　揭晓静　李　瑾　刘东悦　马　晨
秦晓靖　张　斌　钟春艳

前 言
· PREFACE ·

"十四五"时期是全面推进乡村振兴、加快农业农村现代化的关键时期，对稳住农业基本盘、做好"三农"基础工作具有特殊重要意义。数字乡村发展工作要坚持以习近平新时代中国特色社会主义思想为指导，全面贯彻党的二十大和十九届历次全会精神，深入贯彻中央经济工作会议、中央农村工作会议精神，认真落实《中共中央、国务院关于做好2022年全面推进乡村振兴重点工作的意见》《数字乡村发展战略纲要》《"十四五"国家信息化规划》，充分发挥信息化对乡村振兴的驱动赋能作用，加快构建引领乡村产业振兴的数字经济体系，构建适应城乡融合发展的数字治理体系，不断推动乡村振兴取得新进展，推动数字中国建设迈出新步伐。

北京作为一国之都，自党的二十大以来，贯彻落实中央经济工作会议、中央农村工作会议精神，立足新发展阶段、贯彻新发展理念、构建新发展格局，坚持稳中求进工作总基调，紧扣首都城市战略定位和"大城市带动大京郊，大京郊服务大城市"的市情农情，在北京市智慧城市规划共性基础平台总体框架"三七二一"体系内，坚持问题导向，不断夯实数字农业农村基础支撑，持续推进数字技术与生产经营、行业监管、乡村治理、公共服务的深度融合，全面提升农民数字化素养与技能，全面引领"三农"各领域数字化转型，缩小城乡"数字鸿沟"，实现数字赋能农业农村高质量发展和首都乡村全面振兴，为建设全球数字经济标杆城市和国际一流的和谐宜居之都提供动力和支撑。为进一步了解在乡村振兴的背景下北京市数字乡村的发展进程，分析目前数字科技与北京乡村振兴的融合情况与存在的问题，课题组展开了相关研究。

本书聚焦于数字科技与乡村振兴，从首都的城市战略定位出发，分析了数字科技促进北京乡村振兴的作用机理，以及数字科技促进北京乡村振兴的现状与问题；分析了北京市数字乡村建设特点、需求，提炼出适宜首都近郊发展的数字乡村建设模式；等等。针对北京市数字乡村建设的现状、特点以及存在的主要需求及问题，搜集并整理其他国家和地区的成功案例，总结各地做法的同时借鉴其经验，提出了适用于北京地区的数字乡村发展的可行性建议。

本书总共五章。第一章为数字科技促进北京乡村振兴路径研究，由李瑾研究员团队完成；第二章为首都近郊数字乡村建设模式研究——以海淀区为例，由秦晓婧研究员团队完成；第三章为北京国家数字乡村建设试点调研报告，由陈香玉助理研究员执笔；第四章为北京数字经济与农业融合发展路径研究结题报告，由李瑾研究员执笔；第五章为北京"互联网+"农业发展研究，由陈香玉助理研究员执笔。

尽管课题组做出了很大努力，但受限于时间与水平，书中仍有许多不完善之处，一些内容仍有待今后进一步深入研究探讨，恳请各位读者对本书提出宝贵意见。

龚晶　李瑾
2022 年 7 月于北京

目 录
CONTENTS

第一章　数字科技促进北京乡村振兴路径研究 …………………… 001

第一节　数字科技促进乡村振兴的理论机理 ………………… 001

一、数字科技与乡村振兴概念辨析 ………………… 002

二、数字科技促进乡村振兴的理论基础 ………………… 007

三、数字科技赋能乡村振兴的作用机理 ………………… 011

四、数字科技促进乡村振兴的理论框架 ………………… 012

五、小结 ………………… 014

第二节　数字科技促进北京乡村振兴的现状与问题分析 ………… 015

一、数字科技促进北京乡村振兴的现状 ………………… 015

二、存在问题与短板 ………………… 020

第三节　数字科技促进北京乡村振兴的影响效应分析

　　　　——以设施农业产业为例 ………………… 021

一、数字技术促进农业增产的作用机理分析 ………………… 021

二、研究方法与数据概况 ………………… 023

三、数字技术促进农业增产的实证检验分析 ………………… 026

四、小结 ………………… 032

第四节　数字科技促进北京乡村振兴的模式研究 ………………… 033

一、农业产业链全程全面信息化模式：北菜园设施栽培物联网 ………………… 033

二、人工智能赋能科技创新模式：金种子育种云平台 ………………… 035

三、数字农文旅新业态模式：黄山店村旅游平台 ………………… 036

四、数智化乡村治理模式：平谷区大华山村 ………………… 037

五、数字化促进农村公共服务均等化模式：延庆区"点单派单"
服务平台 ………………… 038

六、经验启示 …………………………………………………………… 040

第五节 数字技术促进乡村产业振兴的发展路径研究 ……………… 041

一、数字科技促进北京乡村资源要素共享的发展路径 ………… 041

二、数字科技促进北京农业产业高质高效的发展路径 ………… 042

三、数字科技促进北京乡村治理科学精准的发展路径 ………… 043

第六节 对策建议 ……………………………………………………… 045

一、加强组织领导与顶层设计工作 ……………………………… 045

二、加速新型基础设施建设，提供优良基础支撑 ……………… 045

三、加快农业数字化示范工程建设 ……………………………… 046

四、建设智慧乡村，提升乡村治理现代化水平 ………………… 046

五、加强新型农业经营主体培训，提升数字化应用水平 ……… 046

第二章 首都近郊数字乡村建设模式研究——以海淀区为例 …… 047

第一节 概述 …………………………………………………………… 047

一、问题的提出 …………………………………………………… 047

二、文献综述 ……………………………………………………… 048

第二节 数字乡村政策梳理 …………………………………………… 049

一、国家数字乡村相关政策 ……………………………………… 049

二、北京数字乡村相关政策 ……………………………………… 051

第三节 北京市数字乡村发展概况 …………………………………… 052

一、北京市数字乡村发展现状 …………………………………… 053

二、存在的主要问题 ……………………………………………… 059

三、北京市数字乡村建设典型案例 ……………………………… 060

第四节 国内外数字乡村建设经验 …………………………………… 070

一、国外数字乡村建设经验 ……………………………………… 070

二、国内数字乡村建设经验 ……………………………………… 075

第五节 数字乡村建设模式研究 ……………………………………… 080

一、数字乡村建设核心要素 ……………………………………… 080

二、数字乡村建设模式内涵 ……………………………………… 082

三、数字乡村建设主要模式 ……………………………………… 082

四、数字乡村建设模式特征分析 …………………………………… 089

第六节 海淀区数字乡村建设研究 ………………………………… 090
一、海淀区基本情况 ……………………………………………… 090
二、海淀区数字乡村发展现状 …………………………………… 091
三、海淀区数字乡村建设的优势和机遇 ………………………… 094
四、海淀区数字乡村建设面临的问题 …………………………… 096
五、海淀区数字乡村发展模式分析 ……………………………… 097

第七节 对策建议 ……………………………………………………… 100
一、与"智慧海淀"同步规划、一体化建设 …………………… 100
二、融入中关村科学城发展,打造数字农业建设高地 ………… 100
三、推进涉农公共数据整合共享,夯实数字底座 ……………… 101
四、推进适度规模经营,夯实数字乡村发展基础 ……………… 101
五、加大人才培养力度,全面提升数字素养 …………………… 101

第三章 北京国家数字乡村建设试点调研报告 ……………………… 102

第一节 高位谋划推动 ………………………………………………… 103
一、强化顶层设计,奋力打造数字乡村政策体系 ……………… 103
二、强化统筹协调,凝聚形成数字乡村建设合力 ……………… 103
三、细化工作方案,有序推进数字乡村工作落实 ……………… 103
四、强化督导评估,科学把握数字乡村建设方向 ……………… 104

第二节 全面高效落实 ………………………………………………… 104
一、建立数字乡村领导工作机制,强化数字乡村政策支撑 …… 104
二、促进涉农信息资源整合,加大财政和社会资金投入力度 … 105
三、推进农业信息化建设,加速乡村产业数字化转型 ………… 105
四、打牢信息基础设施底座,夯实数字乡村发展根基 ………… 107
五、构建数字化服务新模式,实现乡村治理"新跃升" ……… 107

第三节 典型经验做法 ………………………………………………… 109
一、加速生物技术与信息技术交融发展,打造硬核种业
"中国芯" ………………………………………………… 109
二、深化现代信息技术与产业深度融合,赋能特色优势产业发展 … 109

三、创新产学研合作模式，加快智慧农业技术落地转化 …………… 110

四、拓展智慧农业应用场景，推进全产业链信息技术集成应用 …… 111

五、构建"数字技术+基础设施管护"新模式，促进人居环境精细化管理 …………… 111

第四节 存在的主要问题 …………… 112

一、数字乡村建设资金支持方式有待完善 …………… 112

二、数字技术支撑新业态发展的作用不够突出 …………… 112

三、数字乡村建设宣传推广力度不够 …………… 112

四、乡村数字化人才队伍建设有待加强 …………… 113

五、相关意见建议 …………… 113

第四章 北京数字经济与农业融合发展路径研究结题报告 …………… 115

第一节 数字经济与农业融合的理论分析 …………… 115

一、数字经济 …………… 115

二、数字农业 …………… 116

三、数字农业产业 …………… 116

四、数字经济与农业融合的产业链分析 …………… 117

第二节 国内外相关政策梳理 …………… 119

一、国外数字农业战略部署 …………… 119

二、国内数字农业相关政策 …………… 125

三、北京市数字农业战略部署 …………… 128

第三节 北京市数字经济与农业融合发展水平评价体系构建 …………… 129

一、评价指标体系构建 …………… 129

二、评价过程 …………… 134

三、数据采集 …………… 135

第四节 北京市数字经济与农业融合发展现状及问题分析 …………… 135

一、设施蔬菜产业 …………… 135

二、家畜产业 …………… 138

三、家禽产业 …………… 139

四、休闲农业 …………… 142

五、存在的问题 ………………………………………………… 145

第五节　国外数字经济与农业融合发展经验借鉴 ……………… 148
　　一、美国精准农业 ……………………………………………… 148
　　二、荷兰设施农业 ……………………………………………… 150
　　三、日本农产品电商 …………………………………………… 151
　　四、法国数字休闲农业 ………………………………………… 153

第六节　国内数字经济与农业融合发展经验借鉴 ……………… 154
　　一、寿光智慧玻璃温室 ………………………………………… 154
　　二、吉林 AI 养猪 ……………………………………………… 156
　　三、江西省寻乌县幸福小镇 …………………………………… 158
　　四、上海菜管家农产品电商平台 ……………………………… 159

第七节　北京市数字经济与农业融合发展的路径 ……………… 161
　　一、总体发展战略路径 ………………………………………… 161
　　二、重点产业发展路径 ………………………………………… 163

第八节　北京市数字经济与农业融合发展的对策建议 ………… 167
　　一、建立健全数字经济与农业融合发展的体制机制 ………… 167
　　二、完善数字经济与农业产业融合的基础保障 ……………… 168
　　三、支持农业产业链延伸，拓展农业多功能体系 …………… 169
　　四、加强人才队伍建设与培养 ………………………………… 169

第五章　北京"互联网+"农业发展研究 …………………………… 171

第一节　环境催生"互联网+"农业 …………………………… 171
　　一、我国农业发展迈入新时代 ………………………………… 171
　　二、"互联网+"现代农业已经成为国家发展战略 ………… 175
　　三、"互联网+"现代农业发展成效凸显 …………………… 178
　　四、"互联网+"现代农业面临的机遇和挑战 ……………… 182

第二节　北京"互联网+"农业发展战略 ……………………… 185
　　一、战略定位、思路和目标 …………………………………… 185
　　二、"互联网+农业"应用 …………………………………… 186
　　三、重点任务 …………………………………………………… 188

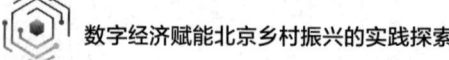

　　四、政策措施 …………………………………………………… 189

　第三节　北京"互联网+农业"概况 ………………………………… 190

　　一、加强乡村新一代信息基础设施建设 ……………………… 190

　　二、推动现代农业发展 ………………………………………… 192

　　三、信息化助力乡村绿色发展 ………………………………… 197

　　四、提升"互联网+农业"服务水平 ………………………… 198

　　五、以"互联网+"推进乡村高效治理 ……………………… 202

　　六、繁荣乡村网络文化 ………………………………………… 207

　　七、提升农民信息素养 ………………………………………… 209

　第四节　北京市"互联网+"农业典型案例 ……………………… 212

　　一、"互联网+"服务都市型现代农业案例 ………………… 212

　　二、农业物联网推广应用案例 ………………………………… 238

　　三、农业电子商务发展与实践探索 …………………………… 254

　第五节　北京"互联网+"农业存在的问题及对策建议 ………… 269

　　一、北京"互联网+"农业发展存在的问题和困难 ………… 269

　　二、北京"互联网+"农业发展的对策建议 ………………… 272

参考文献 …………………………………………………………… 276

第一章
数字科技促进北京乡村振兴路径研究

第一节 数字科技促进乡村振兴的理论机理

近年来,党中央、国务院高度重视数字农业农村建设,作出实施大数据战略和数字乡村战略、大力推进"互联网+"现代农业等一系列重大战略部署。首都北京作为全国科技创新中心,积极发挥数字经济标杆城市作用,坚持"大城市带动大京郊、大京郊服务大城市"战略,相继颁布了《北京市加快推进数字农业农村发展行动计划(2022—2025年)》《北京市"十四五"时期乡村振兴战略实施规划》《北京市"十四五"时期智慧城市发展行动纲要》等一系列战略规划,取得了多项重大科技成果。例如:研发了国内首个常规育种与分子育种协同的作物育种云服务平台,搭建了国家级作物品种区域试验和植物新品种保护平台,制定了蛋(种)鸡数字养殖技术集成应用解决方案,建成了全国首个智慧设施农业试点,并在北京全市13个区开展了"智慧乡村"建设,在乡村信息基础设施、产业发展、乡村治理、公共服务、村民信息化能力培养等方面持续推进,为农业、农村、农民提供全方位服务,实现了对生产、生活、生态的全链条监测与控制,带动了一二三产业融合发展,村域信息化基础设施得到全面改善,全市所有行政村实现宽带网络全覆盖,13个涉农区互联网普及率达到80.6%,涉农区电商服务站覆盖率达83.9%,乡村治理和公共服务精细化水平明显提升,农民信息化应用能力显著提高,为首都乡村全面振兴注入了数字动能。

数字经济赋能北京乡村振兴的实践探索

一、数字科技与乡村振兴概念辨析

(一) 数字科技的内涵与新动能

1. 数字科技的概念内涵

所谓"数字/数字化",是指将大量复杂多变的信息转变为可以度量的数字或数据,再通过数字化模型转变为一系列二进制代码,最后利用计算机等设备进行统一处理的过程。伴随着5G、移动互联网、大数据、云计算、人工智能等新一代信息技术在实际生产生活中的应用越来越深入,带动了工农业劳动生产率的大幅提高,各国都越来越重视数字科技的发展应用,进而也引发了学术界对于数字科技概念内涵与研究边界的讨论。余丰慧(2019)综合性地将数字科技界定为:以数据为基础、以科技为工具、以行业洞察为依托,形成数字化解决方案,全面提升行业效能的前沿科技;Rippa 和 Secundo (2018)、陈晓红(2018)、李晓华(2022)等从技术领域界定了数字科技:借助于互联网、大数据、区块链等为代表的数字技术,为制造业等业态提供解决方案;高万龙(2007)、刘多(2021)、刘钒等(2021)从农业、工业等产业领域提出:数字科技是当某产业单一技术升级潜力逼近天花板时,新一代信息技术不断向该产业渗透并跨界融合,突破既有技术体系瓶颈进而带来的产业优化升级;余江等(2017)、赵星等(2017)、Nambisan等(2019)从特征分析的角度入手认为:数字科技具有开放、可再编程、可转移等特征,具有不断自我创新和融合创新等特征,能够形成颠覆性的变革;Maarit Mäkinen (2006)、Marion 和 Fixson (2020)、柳卸林等(2020)等从影响效果的角度提出:数字科技是通过互联网、大数据等数字技术工具,改变传统的工作内容、协作模式、决策权、组织设置、治理结构、企业边界等,最终影响整个生态系统的一种新科技。关于数字科技概念内涵的相关文献梳理见表1-1。

表1-1 关于数字科技概念内涵的相关文献梳理

	年份	作者	主要观点
宏观层面	2019	余丰慧	数字科技是以数据为基础、以科技为工具、以行业洞察为依托,形成数字化解决方案,全面提升行业效能的前沿科技
农业领域	2007	高万龙	科技创新是突破资源和市场对我国农业双重制约的根本出路,是促进农业增长方式转变、快速发展现代产业的强大引擎

续表

	年份	作者	主要观点
产业领域	2021	刘多	单一技术升级潜力逼近天花板，应用需求增速远超技术供给能力，跨界融合不断深化。既需要加强理论性、基础性创新，突破既有技术体系瓶颈，又需要面向需求增长加快应用，深度优化升级，新一代无线移动通信、人工智能、区块链、量子计算等成为重要发展方向
	2021	刘钒等	通过数字产业化和产业数字化呈现数据价值，既表现为数据资源集聚，又表现为技术扩散与渗透
技术视角	2022	李晓华	互联网、移动互联网、大数据、物联网、人工智能、区块链、智能机器人、3D打印、扩展现实等数字科技正在推动制造业形态发生深刻变革，并与逆全球化、新冠疫情冲击推动下全球产业链价值链重构趋势一起，共同影响和改变全球产业链价值链的地理空间布局
	2018	Rippa 和 Secundo	当今的数字技术，如社交媒体、商业分析、物联网、大数据、先进制造业、3D打印、云和网络解决方案等
	2018	陈晓红	数字技术是指以大数据、物联网、人工智能、虚拟现实等为代表的数字新技术
影响效果	2020	Marion 和 Fixson	数字工具不仅影响产出的质量和生成速度，还影响创新工作本身，改变工作内容、协作模式、决策权、组织设置、治理结构、企业边界，最终影响整个生态系统
	2006	Maarit Mäkinen	使用数字技术使得赋能者获得相应的技能和能力，以及更多的自主性、独立性和自由发展空间，从而改善其生活状态，实现个体的飞跃式发展
	2020	柳卸林等	数字技术和理念渗透到企业的创新活动中，赋予了数字创新三大核心特征：融合性、开放性、自生长性，以及两大要素：数字化平台和数字化基础设施
特征特点	2019	Nambisan 等	数字技术的开放性、启示性和概括性，意味着数字技术可以成为一个共同的概念平台，允许不同层次的问题之间建立联系，并整合不同学科/领域的思想
	2017	余江等	数字技术的嵌入与产业之间的融合是数字创新的基本特征
	2017	赵星等	数字技术具有可再编程性、开放性和可转移性特征，因此能够不断自我创新和融合创新，并拓展其与实物组件的结合方式，形成颠覆性的技术变革

借鉴上述研究结论，结合新一代数字技术发展趋势，本研究认为：数字科技是以数字科技国家战略为统领，以数据要素为核心，以数字技术、数据科学、数字生态为支撑，通过数字技术与数据科学之间的相互转化，引领现

代科技突破基础理论和前沿领域，实现科技数字化，不断挖掘和形成数据运行规律，实现数据科技化，进而加速不同领域的深度融合，不断完善数字生态，培育以数字为核心的创新模式，激发内在活力。

2. 数字科技的新动能

以数据要素为核心。数字科技是通过数据来实现现实世界和数字世界的交互映射和相互作用的，数据是数字科技的核心要素。一方面，通过数据的采集、流动、存储等，实现了从现实世界到数字世界的数字化映射。在这一阶段，通过数字层（光存储、半导体存储、磁盘存储等技术）、网络层（5G、卫星等网络融合和传输技术）、感知层（传感器、量子信息等技术）的相关技术，最大效率地将现实世界转化为数字世界。另一方面，通过数字世界的模拟、运行和优化，将预测和决策反馈给现实世界，帮助在现实世界实现更好的运行、优化和决策。在这一阶段，利用数据处理、仿真建模、知识自动化等相关技术，不断挖掘和优化数字世界的运行规则，通过预测和决策实现数字世界对现实世界的反馈和优化指导，进一步完善优化现实世界的运行效率和模式，并深化与相关学科和产业的融合发展。

数字科技加速了融合渗透。数字技术是当今全球创新速度最快、通用性最广、渗透性最强的引领性技术。在数字技术的支撑下，一方面，作为学科创新的核心之一，数字科技进一步与生命科学、脑科学、社会科学等学科不断交叉融合，并使计算、编码、信息处理和传输过程等，成为下一代信息技术的先导和基础。另一方面，数字科技与农业、工业、医疗、交通、能源等不同产业深度融合。随着数字科技的发展，各行业领域的跨界成为常态，组织边界、地域边界、技术边界、行业边界日益模糊，数字科技不仅被当作工具使用，而且渗透到其他学科的思维方式中，为农业、医疗、工业等产业领域带来颠覆式的影响，推动产业数字化、数字产业化发展，形成数字经济。

数字科技改造了传统的生产力要素。生产力要素主要包括生产者、生产对象和生产资料三大要素。在农业时代，是以人、农作物、传统农具为核心的生产力要素；到了工业时代，伴随着工业革命的爆发，生产力要素逐步演变为人、工业用品和工业设备，生产对象和生产资料都进行了升级，唯独生产者是不可替代的。而数字科技将世界打造成物理和数字两个平行世界，将原有的单一以人为核心的生产者转变成了"人+机器"，将生产对象由"工农业用品"升级为"工农业用品+数据"，将生产资料由传统的"工农业设备"

升级为"工农业设备+计算力驱动的数字科技设备"。在数字科技时代,生产者可以呈指数级增长,生产对象从传统的有形演化为无形,且呈海量趋势发展,生产资料在算力算法的驱动下也呈指数级增长,生产力得到了空前解放。

数字科技形成了网络系统创新模式。在传统的科技创新中,创新过程遵循从基础研究到应用研究再到产业发展的链式创新周期,过程冗长,模式单一。而数字科技创新面向的是物理世界和数字世界的互动融合,一方面,需要解决实际应用、面向用户需求、开发全新市场的场景研发与创新,从用户需求出发,对科学研究形成逆向牵引;另一方面,需要在基础学科、基础技术领域的各项基础和应用创新中寻求突破。每个创新主体都是庞大网络体系中的一个节点,都会参与到新科学新技术新产品的开发应用全过程,创新产业化周期大幅缩短。网络式生态化和协同式创新可以释放更多活力,即从基础研究到应用开发的中间环节,呈现出网络化的特点,多主体参与,创新模式发生了质变。从创新周期来看,节奏加快、周期缩短、快速迭代、持续改进、及时反馈以及敏捷管理的创新,都在引领这一轮的数字科技创新,并不断驱动其他长周期的创新领域。

(二)乡村振兴的内涵

乡村振兴是党的十九大报告提出的重大战略,《乡村振兴战略规划(2018—2022年)》将乡村振兴的总要求确定为"产业兴旺、生态宜居、乡风文明、治理有效、生活富裕",这是国家对乡村振兴内涵的宏观勾勒。我国官方将乡村振兴定义为,以促进农业农村现代化为总目标,以生态宜居为内在要求,以乡风文明为紧迫任务,以治理有效为重要保障的振兴,最终目的是实现生活富裕。燕连福(2022)从乡村发展视角、唐任伍(2018)从比较现代化视角、姜长云(2017)、叶兴庆(2018)等从历史变化维度,将中国的乡村振兴战略与发达国家应对现代化进程中乡村衰败的治理实践类比后提出,乡村振兴是税费改革以来城乡工农关系调整进程的延续;吕方(2020)、李宁慧(2022)等从脱贫攻坚的维度,认为乡村振兴是在脱贫攻坚的基础上,通过政策缩小乡村内部分化水平,从乡村居民发展能力与村庄发展禀赋两个维度补齐乡村发展短板,实现城乡在目标体系、组织体系、政策体系、监督体系等方面的有效衔接;张琦等(2022)基于共同富裕的目标,认为乡村振兴是以全体农民为主体,以农民脱贫致富为内生动力,以高质量振兴乡村和合理的利益分配为途径的振兴。关于乡村振兴概念内涵的相关文献梳理见表1-2。

表1-2 关于乡村振兴概念内涵的相关文献梳理

维度	年份	作者	主要观点
共同富裕目标下	2022	张琦等	一是从主体来看，共同富裕目标下乡村振兴的主体应是全体农民。二是从动力来看，共同富裕目标下乡村振兴的动力源泉来自农民脱贫致富的内生动力。三是从内容来看，产业、人才、文化、生态、组织五方面全面振兴是共同富裕目标下乡村振兴的内容。四是从途径来看，高质量乡村振兴和合理的利益分配机制是共同富裕目标下乡村振兴的途径。五是从过程来看，共同富裕目标下乡村振兴应为中长期战略。六是从目标来看，共同富裕目标下乡村振兴的总目标为农业农村农民现代化
乡村发展视角	2022	燕连福	实施乡村振兴战略的总目标是要促进农业农村现代化。生态宜居是乡村振兴的内在要求、乡风文明是乡村振兴的紧迫任务、治理有效是乡村振兴的重要保障、生活富裕是乡村振兴的主要目的。 新时代乡村振兴从某种意义上说，就是激发乡村内在动力，充分挖掘和彰显乡村自身价值的过程
文化价值视角	2021	曹立等	乡村振兴不仅是解决城乡发展不平衡、提升乡村发展水平的现实选择，还具有承载中华民族精神家园的深层文化价值
比较现代化视角	2018	唐任伍	将中国的乡村振兴战略与发达国家应对现代化进程中乡村衰败的治理实践进行类比，特别是强调可以深入研究欧洲、北美、日本、韩国等国家和地区在推进现代化过程中，应对城乡经济空间构造迅速变动、乡村加速衰败问题的一系列治理实践
历史维度	2018	叶兴庆	将乡村振兴战略视为税费改革以来，城乡工农关系调整进程的延续，认为乡村振兴战略是社会主义新农村建设、美丽乡村建设等国家惠农政策的"升级版""加强版"
历史维度	2017	姜长云	要科学理解实施乡村振兴战略的丰富内涵，必须科学把握这些变化的深刻寓意。用"产业兴旺"代替"生产发展"，层次更高，寓意更丰富
脱贫攻坚维度	2020	吕方	随着2020年脱贫攻坚圆满决胜收官，"三农"工作重心全面转向乡村振兴，在脱贫攻坚与乡村振兴有效衔接过程中，要实现目标体系、组织体系、政策体系、监督体系等方面的平稳过渡，逐步形成乡村振兴制度体系
脱贫攻坚维度	2022	李宁慧	巩固脱贫攻坚成果同乡村振兴有效衔接，本质上是通过政策刺激缩小乡村内部分化水平，从乡村居民发展能力与村庄发展禀赋两个维度补齐乡村发展短板，为乡村全面振兴奠定基础

不同的维度对乡村振兴范畴有不同的界定，乡村是具有自然、社会、经济特征的地域综合体，乡村的发展是国家繁荣的基础。本研究结合乡村发展实际需求，将乡村振兴界定为：以激发乡村内在动力、充分挖掘和彰显乡村

自身价值为宗旨，健全乡村治理体系，振兴乡村产业，为农民农业农村服务，全面提升农民的获得感、幸福感、安全感。

二、数字科技促进乡村振兴的理论基础

（一）信息经济学理论

相比传统经济学，信息经济学理论从信息分布的非对称性出发，对完备信息假设下所提出的论点及命题进行重新思考，以个别市场主体为基本分析单位，考证信息对市场均衡、劳动市场供给、消费者行为以及市场机制等一系列微观经济问题的影响，分析信息资源配置和微观信息市场的效率问题。

信息经济学起源于20世纪40年代，发展于50—60年代，到70年代基本成熟。信息经济学的研究分为两个派别：一派是以弗里兹·马克卢普（Fritz Machlup）和马克·尤里·波拉特（Mac Uri Porat）为创始人的宏观信息经济学，以研究信息产业和信息经济为主；另一派是以乔治·约瑟夫·斯蒂格勒（George Joseph Stigler）和阿罗为最早研究者的微观信息经济学，重点考察运用信息提高市场效率的各种机制。在宏观信息经济学研究方面，美国普林斯顿大学的Fritz Machlup教授于1962年发表了专著 The Production and Distribution of Knowledge in the United States，书中首次提出了"知识产业"概念，给出了知识产业的一般范畴和分类模式，并在此基础上最早建立了对美国知识生产与分配的测度体系（即马克卢普的信息经济测度范式），对1958年美国知识产业的生产进行了统计测定。随后，Fritz Machlup教授又出版了 Knowledge and Knowledge Production，The Branches of Learning，The Economics of Information and Human Capital 3部著作，为宏观信息经济学的发展奠定了基础。在Fritz Machlup的研究基础上，美国斯坦福大学的Mac Uri Porat博士，于1977年完成了 The Information Economy 9卷本的内部报告，第一次把产业分为农业、工业、服务业、信息业，并把信息部门分为第一信息部门和第二信息部门。这种方法引起美国商务部的重视，并于1981年被经济合作与发展组织（Organization for Economic Co-operation and Development，OECD）采纳，用来测算其成员国信息经济的发展程度，波拉特的理论和方法被总结为"波拉特范式"。在微观信息经济学研究方面，美国经济学家乔治·约瑟夫·斯蒂格勒于1961年发表了著名的论文 The Economics of Information，被认为是该方向的创始人之一，他认为消费者在获得商品质量、价格和购买时机的信息时成本过大，导

致购买者既不能,也不想得到充分的信息,从而造成同一种商品存在不同价格,这是不可避免的、正常的市场现象,并不需要人为干预。日本的宫泽等抽象地研究了信息系统评价的基本原理和方法,为信息经济学的发展奠定了理论基础。

(二) 发展经济学理论

发展经济学理论研究经济发展规律、经济发展与社会发展相互关系规律、以经济发展为基础的社会发展规律,探索用五维空间分析代替平面二维分析,用复杂系统论分析代替还原论分析,用规范分析代替实证分析,用规模分析代替边际分析,用科学发展代替增长。

发展经济学是20世纪40年代后期资产阶级经济学的一个分支,它具有当代资产阶级经济学固有的庸俗性质,表现在以下三个方面:首先,发展经济学的主流是新古典学派,其基本思想是传统庸俗经济学和以 A. 马歇尔为代表的新古典学派思想。传统庸俗经济学和新古典学派对发展有三个基本观点:①认为发展是渐进的、连续的、累积的过程,这种过程是通过边际调节来实现的。价格机制是经济调节,也是经济发展的杠杆,用静态的局部均衡分析方法就足以论证经济发展问题。②认为发展是和谐的、平稳的过程,是以自动的均衡机制为基础的。在发展过程中,冲突之间会出现秩序,私利角逐中会出现协调。③认为继续发展是可能的,其前景是令人乐观的,随着经济的发展会出现横向的"扩散效应"和纵向的"涓流效应",经济发展所得的利益会惠及社会各个阶层。总之,经济发展被认为是一个无冲突、无飞跃、无质变的过程,它所要求的仅止于创造适当的刺激、完善市场的机制和启动会自行运转的增长机器而已。新古典学派的这种发展观点,显然不符合发展中国家的客观实际。事实上,市场机制起不了合理调节的作用,经济增长的利益并不能惠及所有人群,贫困、失业、社会矛盾、资源不能充分利用等现象在一些发展中国家时有发生。除了前述对发展的基本看法外,发展经济学也承袭了新古典学派的研究方法,并有意或无意地忽视了经济发展的质的规定性。有一些发展经济学家,如以缪达尔为代表的结构主义者,在一定程度上摆脱了新古典学派观点的束缚,比较注意发展中国家社会经济的特点,从结构上、制度上进行分析,但他们所使用的基本概念和基本方法,与传统的以及当代的庸俗经济学并无根本歧异。其次,以资本主义发达国家的往日经验来规范发展中国家的经济发展。那些主张一般的、统一的发展理论的学者自然认为，各国的经济发展走的是同一条路径，发展中国家的发展模式和发达国家的发展模式并无不同。采用经验分析的学者也持有类似看法，他们使用统计资料，对比当今发展中国家的情况和发展前期的发达国家，虽然发现两者是有差异的，但又找到一些"规范化的事实"，并推演出一般性结论。例如，结论之一是，在发展过程中首先要通过收入的不均分配以积累资本，促进增长，然后再实现公平分配。无异于说发展中国家应当而且必然走资本主义发达国家走过的老路，这显然是不合理的。最后，从发达国家的立场看待发展中国家面临的一些问题。在国际经济旧秩序之下，发展中国家和发达国家相比在经济关系中处于不平等的，甚至脆弱的地位，从而在贸易条件、商品出口、跨国公司投资等方面，都遭遇困难并蒙受损失。但一些发展经济学家却往往从发达国家的角度去解释和辩护，从而模糊了是非界限。

（三）技术扩散与知识溢出效应理论

技术扩散与知识溢出效应理论，研究包括信息、技术、管理经验等在内的知识，鉴于其本身的稀缺性、流动性和扩散性，通过交易或非交易的方式，流出原先拥有知识产权的主体过程中所产生的连锁效应、模仿效应、交流效应、竞争效应、带动效应、激励效应等。

其中，技术扩散是指一项技术从首次得到商业化应用，再经过大力推广、普遍采用两个阶段，直至最后因落后而被淘汰的过程。它不仅仅指对生产技术的简单获取，而且强调对技术引进方技术能力的构建活动，技术扩散的外部性主要表现为技术扩散的溢出效应。而知识溢出是知识扩散的一种方式，一般是被动的、无意识的、非自愿的，表现为信息共享。美国经济学家 Kenneth J. Arrow（1962）最早用外部性解释了溢出效应对经济增长的作用，他认为新投资具有溢出效应，不仅投资厂商可以通过积累生产经验提高生产率，其他厂商也可以通过学习提高生产率。在 Kenneth J. Arrow 的研究基础上，Paul M. Romer（1986）进一步提出了知识溢出模型，他认为，知识不同于普通商品的原因就是知识具有溢出效应，由知识内生的技术进步是经济增长的动力。在罗默模型中，总生产函数描述了资本存量 K、劳动 L，以及创意技术的存量 A 与产出 Y 之间的关系。

（四）产业融合理论

产业融合理论研究鉴于技术创新、竞争合作、跨国发展、放松管制等因素，不同产业或同一产业的不同行业之间相互渗透、延伸融合、重组融合等，最终融合为一体，逐步形成新产业的动态发展过程，及其产生的创新优化效应、竞争性结构效应、组织性结构效应、竞争性能力效应、消费性能力效应、区域效应等影响效应。

　　国内外学者围绕产业融合开展的研究很多，主要从产业融合环境下的公司战略、产业融合的发展方向、产业融合的市场边界变化等开展，但是，大都是就产业融合现象进行分析，至今尚未形成统一的理论表述。国外学者对于产业融合的研究主要从技术角度展开，美国学者 Rosenberg（1963）通过研究美国机器工具产业演化，发现美国存在技术向不同产业扩散的现象，Rosenberg 将其称为技术融合，这是现有文献中关于融合思想的起源；Brand（1998）指出 Negreouponte 在 1973 年提出的数字技术导致产业之间交叉的开创性思想出现，并首次使用"融合"（convergence）一词，自此学术界开展了对产业融合的讨论；Stieglitz（2003）将产业融合分为技术替代性融合、技术互补性融合、产品替代性融合和产品互补性融合四种基本类型。他认为，技术融合就是用相同或相似的技术生产不同的产品和服务，产品融合就是通过使用不同的技术提供替代性或互补性产品；Hacklin 和 Fahrni（2010）等通过对样本企业进行比较，将产业融合分为知识融合、技术融合、应用融合和产业融合四个阶段，通过产业融合，使得原先各自独立的产业间企业由于共同应用的出现，而成为竞争对手；Pennings 和 Purannam（2001）从企业生态学的观点出发，认为融合现象是构成创新和经济增长的主要动力之一，但同时也会造成市场不均衡和企业倒闭；Zeinab（2014）通过研究马来西亚四个渔区的渔民接受信息和通信技术的应用能力，发现信息通信技术融合在渔业生产中的重要性。国内学者对于产业融合的研究主要是从理论应用角度展开，姜长云（2015）重点分析了日本发展"第六产业"、推进农业"六次产业化"，他认为日本农业"六次产业化"的战略核心是促进农产品的地产地销，并表现为产地加工型、产地直销型和旅游消费型三种主要形式，分析了中日一二三产融合发展的异同点，认为应当谨慎借鉴日本的发展经验；麻礼念（2010）借鉴国外三网融合经验和产业融合理论，从产业边界、产业融合的动因、前提条件、形式、过程与标志等维度，详细阐述了我国三网融合的过程；郑明高（2010）研究了产业融合的基础理论、产业融合的动因及效应、产业融合与资产通用性的关系、产业融合对产业组织的影响，以及产业融合中政府和企业的角色，认为产业融合就是整个融合过程的"产成品"。

三、数字科技赋能乡村振兴的作用机理

（一）数字科技有助于打破乡村治理壁垒，不断提高乡村治理效能

乡村治理涉及多个领域，包括民政、社保、计生等多项内容，涵盖基层党建、村级事务、乡风文明、公共安全等多种村务，现有的治理方式和手段已不能满足乡村治理多元主体的精准性、科学性、有效性需求。而应用大数据、区块链、分布式机器学习等数字科技，有助于破解乡村治理难题，让"数据多跑路、群众少跑腿"，提升政府治理能力和乡村自我管理能力。一是综合运用移动互联、5G、人工智能等数字科技，有助于满足治理主体对乡村公共服务、公共管理、公共安全等多个领域的信息采集、传输、处理等需求，有助于助推乡村治理方式精细化，提高乡村治理效能。二是通过运用区块链技术、分布式机器学习技术等数字科技，建立联邦数据分级合约共享与激励机制，有助于鼓励村委会、村镇企业、乡村民间组织等各类主体，在不泄露自身原始数据资产的前提下，相互借鉴对方的数据资源，获取经济利益回报，协同推进乡村治理持续健康发展。三是应用大数据、云计算等数字科技，打造乡村治理大数据平台，满足乡村治理过程中多样性、个性化的需求，实现乡村监测预警与科学决策的动态化治理，提升乡村治理决策科学化。

（二）数字科技有助于加速资源配置效率，不断推动一二三产业深度融合

目前，从"城乡统筹"到"城乡一体化"再到"城乡融合"，我国已进入城乡关系快速发展的关键阶段，但乡村仍面临生产资源配置严重失衡、市场机制不完善、人力资源空心化老龄化严重、土地资源配置不合理、数据信息资源不规范等问题，导致乡村面临资源要素底数不清、整合不足的困境。科学运用数字科技可以促进乡村高质量发展，有助于发挥政府、市场、企业等主体以及城市的辐射带动作用，加速城乡人力、土地、大数据等资源要素的顺畅流动、优化整合、高效利用。一是在农业技术资源方面，随着12316、互联网、物联网等信息平台与技术向农村不断渗透，普通农民不出村、新型农业经营主体不出户就可共享到便捷、经济、高效的信息服务，信息化建设发展有效统筹了农业公益性服务、农村社会化服务等资源，整合了公益服务、便民服务、电子商务、培训体验等服务，实现了农业技术资源的共享。二是在农机装备资源方面，物联网、大数据、云计算等新一代信息技术与农机装备产业链深度融合，使传统农机实现了定位导航、联动呼叫、智能测亩、数

据统计管理等智能化、精准化功能,再通过农机业务管理信息系统,实现了农场内部办公与业务自动化,有效建立了农机监管、农机管理、农机推广等服务体系,实现了农机装备资源共享。三是在农业人才资源方面,随着国家信息进村入户等工作的开展,农业专家通过信息网络把科学生产、科学育种、科学管理、科学防灾等一系列服务提供给农村的同时,还通过各种教育平台(如农业农村部新型职业农民培育信息管理平台等),对农民进行系统化、精准化的培训,帮助农民充分感受到农业科技信息传播的多样化与便利化,实现了农业专家、农技专业人才等资源的共享。

(三)数字科技有助于培育乡村新业态,不断拓宽乡村农民增收渠道

随着数字科技在农村地区的大力推广,精准农业、智慧农业等现代化农业信息技术在全国各地陆续落地示范,传统的农业产业结构逐步发生优化。数字科技加快了农业产业生产方式的改变,缩短了田间地头与销售终端的距离,有助于实现农业产前、产中、产后的无缝结合,引导生产方式向消费者需求转变,促进了农业产业结构的优化。数字科技加速了农业向清洁型、低耗型产业转变,信息化手段一方面能够对农业生产的产中环节进行实时监控,保护农业生态环境;另一方面可以有效减少资源消耗,提高资源利用效率,实现农业资源良性循环利用,推动农业领域高污染、高耗能的产业向清洁型、低耗能方向转变。数字科技加速了农业产业向知识、技术型转变,信息化技术的应用促进了农业提质增效、农民增收,并带动农村电子商务等信息技术应用程度高的产业快速发展,加速了农业领域劳动、能源、资金密集型的产业向知识、技术密集型方向转变。

四、数字科技促进乡村振兴的理论框架

作为一项复杂的系统工程,乡村振兴涉及乡村的方方面面,除了《乡村振兴战略规划(2018—2022年)》提出的"产业兴旺、生态宜居、乡风文明、治理有效、生活富裕"的总要求外,结合当前乡村振兴实践面临的困难与挑战,迫切需要高效应用数字科技,聚焦于乡村治理、乡村产业、乡村经济这三个与农业、农村、农民最紧密相关的方面,以治理有效为基、以产业兴旺为领、以共同富裕为纲、以数字科技为支撑,推动实现乡村振兴(见图1-1)。

基于此,本研究以数字科技和乡村振兴为研究对象,围绕"问题提出—

第一章 数字科技促进北京乡村振兴路径研究

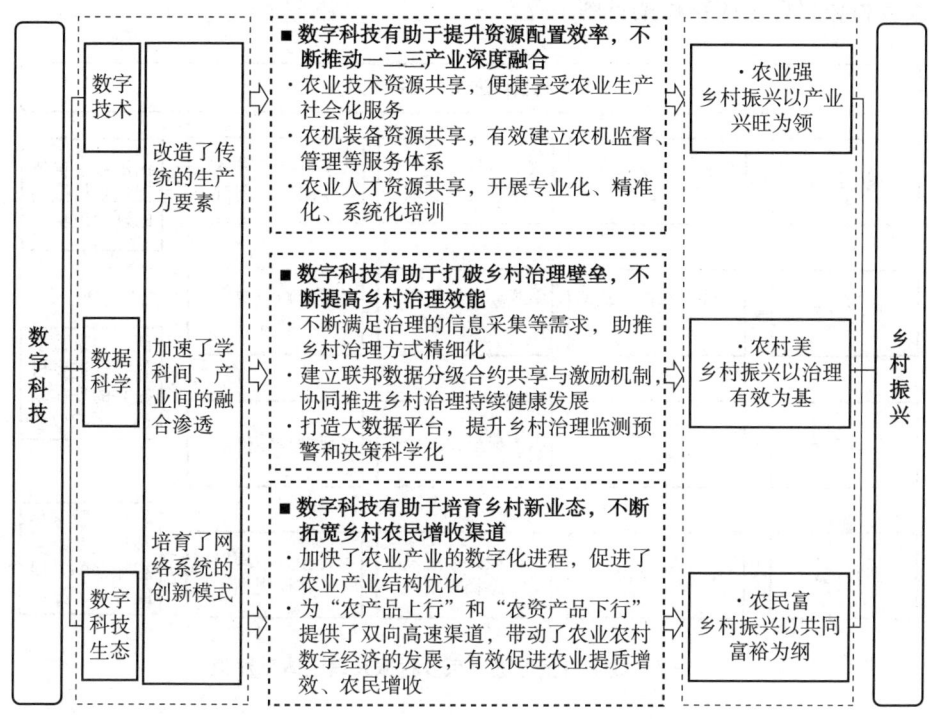

图 1-1 数字科技赋能乡村振兴作用机理

理论分析—实证研究—优化设计"的总体思路开展,结合关于北京乡村的问卷调研,主要从理论推导、现实分析、模式探索、路径规划四个维度开展系统研究,揭示数字科技促进乡村振兴的理论逻辑,研判北京数字科技促进乡村振兴的现实基础与实际影响效应,进而提出以数字科技促进北京乡村振兴的发展路径。以数字科技为支撑,是推动乡村产业振兴、提升乡村治理效率、缓释城乡发展不平衡的必由之路。本研究旨在回答以下几个问题:①如何理论阐述以数字科技促进乡村振兴的逻辑机理?②如何识别北京乡村产业、乡村治理等现状成效与乡村振兴发展目标之间的现实差距?③如何实证研究数字科技对北京乡村振兴的影响效应?④如何构建制定数字科技促进乡村振兴的实施路径?为此,本研究以北京乡村发展成效与乡村振兴20字目标之间的现实差距,以及数字科技为乡村振兴的有力支撑为出发点,集成管理学、经济学、社会学、计算机科学等多学科理论与方法,开展多尺度、多类型、多视角的理论与实证集成研究,通过提炼问题、剖析机制、提炼模式、研判路径等方式,形成以数字科技促进北京乡村振兴的解决方案。数字科技促进北京乡村振兴理论体系框架见图1-2。

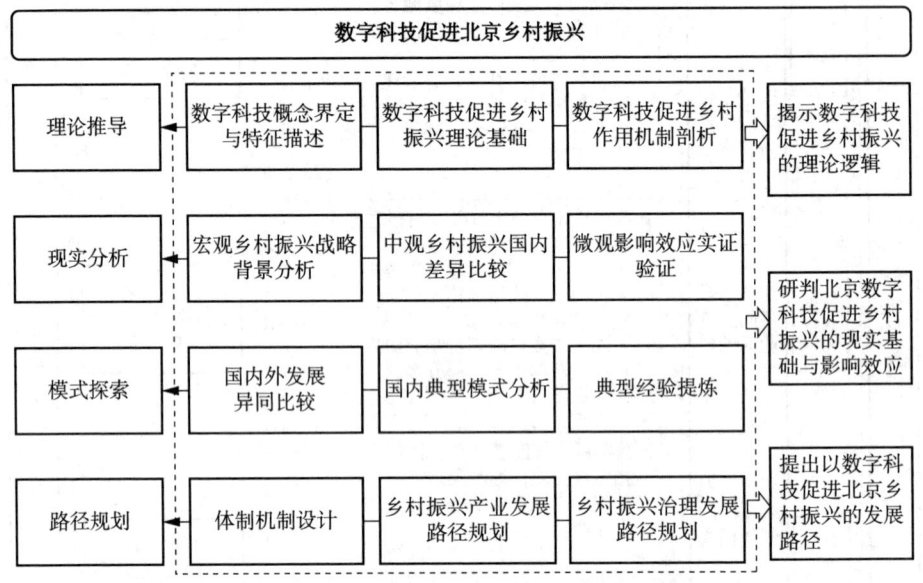

图1-2　数字科技促进北京乡村振兴理论体系框架

五、小结

在相关理论研究的基础上，界定了数字科技、乡村振兴的概念内涵与特征，阐述了数字科技赋能乡村振兴的作用机理，提出了以数字科技促进乡村振兴的研究框架。本研究认为，数字科技是以数字科技国家战略为统领，以数据要素为核心，以数字技术、数据科学、数字生态为支撑，通过数字技术与数据科学之间的相互转化，引领现代科技突破基础理论和前沿领域，实现科技数字化，不断挖掘和形成数据运行规律，实现数据科技化，进而不断加速领域融合，不断完善数字生态，不断培育以数字为核心的创新模式，激发内在活力。数字科技具有以数据要素为核心、加速融合渗透、改造传统生产力要素、培育网络系统创新模式等特征，通过"加速资源配置效率，推进一二三产业深度融合""打破乡村治理壁垒，不断提高乡村治理效能""培育乡村新业态，拓宽乡村农民增收渠道"，推动实现农业强、农村美、农民富，进而实现乡村全面振兴。

第二节　数字科技促进北京乡村振兴的现状与问题分析

农业是全面建成小康社会和实现现代化的基础，大力发展农业农村信息化，是加快推进农业现代化的迫切需要。北京作为首都和全国科技创新中心，一直努力探索数字农业农村的发展路径。2021 年，北京发布的《北京市关于加快建设全球数字经济标杆城市的实施方案》提出，促进数字技术与实体经济深度融合，加快建设全球数字经济标杆城市。2021 年，《北京市"十四五"时期乡村振兴战略实施规划》提出，以数字技术、生物技术等为代表的新一轮科技革命和产业变革深入发展，有利于打造农业"高精尖"的北京板块，要建设智慧农业，赋能农业实现跨越发展。2022 年，《北京市加快推进数字农业农村发展行动计划（2022—2025 年）》进一步提出，建成北京市乡村振兴大数据平台，打造生产经营、行业监管、公共服务、乡村治理等四类数字化应用场景和一批数字农业示范基地、数字乡村示范乡镇，将涌现出一批农村电子商务、乡村智慧旅游等新业态、新模式。因此，深化北京农业农村数字科技应用，推进乡村地区社会经济发展，实现城乡融合发展是全面推进北京市乡村振兴的基石。

一、数字科技促进北京乡村振兴的现状

作为新一代信息技术的产物，数字技术嵌入乡村经济社会发展的方方面面，重构着农村经济社会发展模式。智能化农业生产设备、技术的运用，有助于农业提质增效。互联网、大数据等数字技术在农业中的应用，不仅能促进农业经营决策数字化、便捷化，还有助于推进农业生产经营智能化，进而提升农业经营效率与效益。此外，大数据平台还能放大数字资源乘数效应，识别和挖掘不同类型农村地区的比较优势，催生新产业、新业态、新模式，进而推动农村一二三产业深度融合、乡村有效治理。

近年来，北京市农业农村信息化建设稳步推进，不断探索区域农业农村信息化发展模式和路径，逐步形成了北京优势和区域建设特色，但与全国农业发达省份差距仍然明显，还处于发展关键期，需要大力支持和强力推进。课题组连续 3 年承担北京市城乡经济信息中心委托的撰写《北京市农业农村信息化能力监测评估分析报告》的研究任务，数据分析结果表明，2020 年北

京市农业信息化发展总体水平为34.9%，低于全国平均水平3个百分点，在全国31个省（自治区、直辖市）中排名第17位。北京市农业农村信息化发展总体水平比全国东部地区、发展水平排名全国前100和前500的县（市、区）分别低6.1个、34.6个、23个百分点。比浙江省、江苏省、上海市、重庆市、天津市分别低31.8个、21.6个、20.1个、8.4个、5.6个百分点。

（一）乡村数字化基础设施发展水平

《2021年北京农业农村信息化发展水平评价报告》数据显示，2020年北京市农业农村数字化基础设施支撑发展指数为66.64%，为北京市农业农村数字化水平监测指标中较为突出的一项。其中农村地区互联网普及率与家庭宽带入户率分别为70.75%和84.37%，互联网普及率高于全国平均水平0.43个百分点（见图1-3），家庭宽带入户率情况较好，居全国前5。总体来看，北京市基础设施支撑发展处于相对较高的水平，但各区发展水平差异较大，其中怀柔区、延庆区、朝阳区、门头沟区基础设施支撑发展指数较低，不及北京市平均水平，其中门头沟区仅为20.93%，亟待加强互联网普及程度。其余区县（除昌平区外）基础设施支撑发展指数均在北京市平均水平之上，尤其是顺义区、平谷区和大兴区，基础设施支撑水平较高，均在90%以上，分别达到99.55%、94.7%和90.17%（见图1-4），数字农业农村发展基础较好。

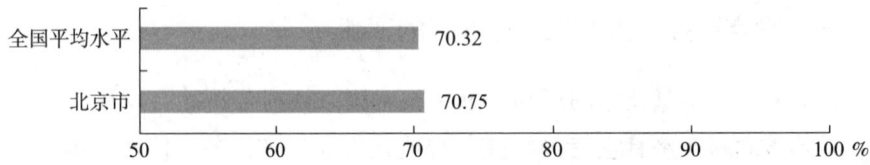

图1-3　2020年北京市与全国农村地区互联网普及率

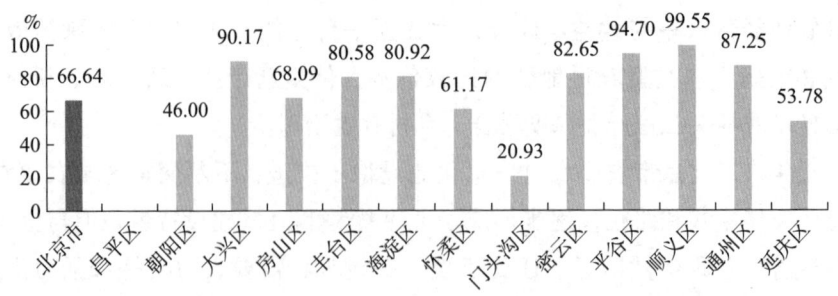

图1-4　2020年北京市及各区乡村数字化基础设施支撑发展指数

(二) 农业产业数字化发展水平

1. 大田种植数字化发展水平

《2021全国县域农业农村信息化发展水平评价报告》数据显示，2020年北京市农业生产数字化水平为16.46%，排名全国第25位，比全国平均水平低6.04个百分点，比全国最高的中部地区低14.34个百分点（见图1-5），比浙江省、上海市分别低25.14个、22.94个百分点。北京市是典型的都市型农业，大田种植面积较小，2020年种植面积为130万亩，大田种植总产值为70.8亿元。其中小麦播种面积13万亩、玉米57万亩、露地蔬菜15万亩、水果30万亩。此外，北京市大田种植整体机械化率不高，数字化生产水平较低，玉米、小麦水肥管理粗放，"四情"监测覆盖程度不高。

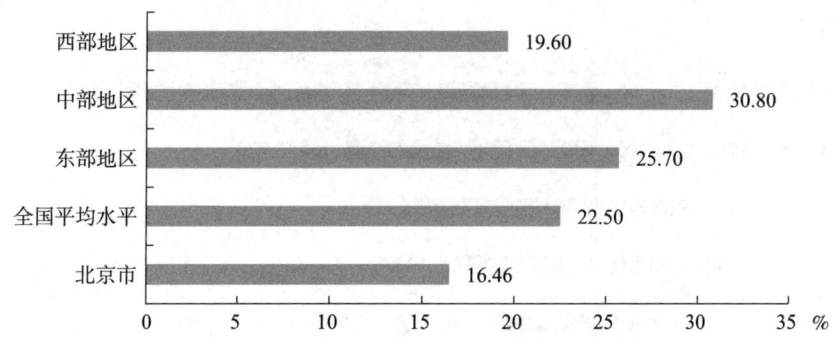

图1-5　2020年北京市与全国及东部、中部、西部地区农业生产数字化水平

2. 设施栽培数字化发展水平

北京市鼓励大力发展设施农业，早在2010年便通过《北京市促进设施农业发展实施细则》，引导设施农业快速发展。2020年北京市设施栽培面积41.72万亩，主要集中在房山区、通州区、顺义区、大兴区等地，全市设施农业总产值达到46.1亿元，但数字化覆盖面积不高。《2021年北京农业农村信息化发展水平评价报告》数据显示，设施栽培环境数字化监测覆盖率仅10.6%，数字化控制覆盖率仅1.8%，设施栽培水肥一体化智能灌溉覆盖率为5.1%，与全国农业发达地区相比仍有较大差距。

3. 农村电商数字化发展水平

《2021全国县域数字农业农村电子商务发展报告》数据显示，2020年北京市农产品网络零售额为 10.6 亿元，农产品网络零售额占比为 9.61%，比全国平均水平低 4.19 个百分点，比东部地区、发展水平全国前 100 和前 500 的县（市、区）分别低 8.09 个、33.59 个、17.09 个百分点（见图 1-6）。比浙江省、上海市分别低 27.89 个、9.19 个百分点，排名全国第 19 位。《2021 年北京农业农村信息化发展水平评价报告》数据显示，北京市电商服务站行政村覆盖率较高，昌平区、丰台区、怀柔区、密云区、平谷区、延庆区以及房山区的电商服务站行政村覆盖率均超过 99%，其中，前六个区都实现了 100% 覆盖，远高于全国平均水平（78.92%）与发展最好的中部地区平均水平（82.83%）（见图 1-7）。与 2019 年相比，房山、怀柔、平谷、顺义等 7 个区都有所提升。随着农村电商服务站的推广建设，带动更多农村实现居民"购物不出村、销售不出村、生活不出村、金融不出村、创业不出村、取件不出村"。

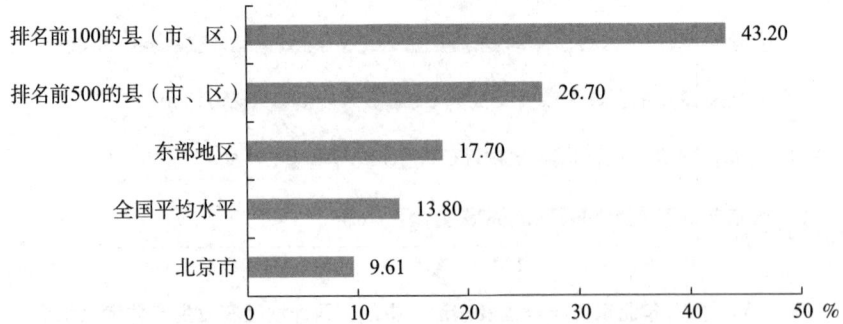

图 1-6　2020 年北京市与全国及其他地区农产品网络零售额占比

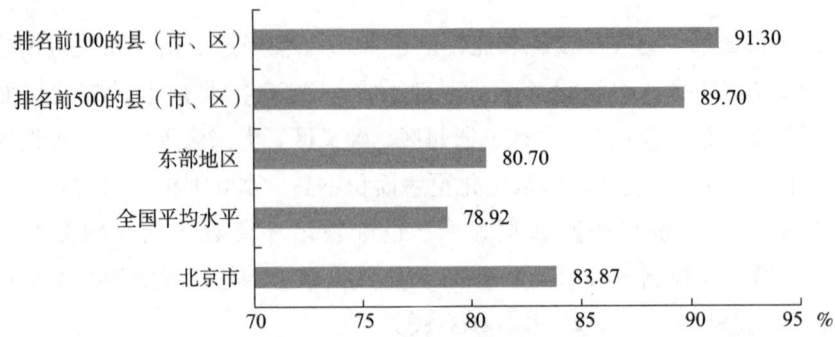

图 1-7　2020 年北京市与全国及其他地区电商服务站行政村覆盖率

4. 农文旅数字化发展水平

北京市数字化农文旅发展水平较高，专门建设了智慧文旅管理平台、门户网站，运用乡村振兴数字中台技术，赋能乡村旅游管理、服务、营销、运营各环节，不断壮大村集体经济，带动农民持续增收。其中在供给端，通过门户网站、微信小程序、智慧管理平台等数字化手段，实现景区设施数字化、景区运营服务数字化、景区营销推广数字化和景区管理数字化。旅游运营管理方可通过平台和网站，开展客流量实时监控、快速投诉处理、高效应急处置等业务；在需求端游客可以通过平台、网站等，查询旅游信息、制订出游计划、在线预订等。

（三）乡村治理数字化发展水平

北京市乡村治理信息化发展水平较高，可实现乡村事务在线办理。《2021全国县域农业农村信息化发展水平评价报告》数据显示，北京市乡村事务在线办事率达到90.11%，位于全国前5，高于全国平均水平23.71个百分点，比东部地区、发展水平全国前500的县（市、区）分别高22.81个、1.41个百分点。在就近服务模式上，各区坚持传统服务方式与智能化服务创新并行，采取"一窗"式服务、自助智能服务、移动掌上服务和代收代办服务等一种或多种方式相结合，构建了"一刻钟政务服务圈"，7000余个社区（村）政务服务规范化建设全覆盖。"雪亮工程"行政村覆盖率达到65.47%，北京有6个区"雪亮工程"覆盖率高于全国最高水平的中部地区平均值（83.53%），其中海淀、怀柔、平谷、通州的"雪亮工程"覆盖率达到了100%，为乡村治理提供了良好的安全保障。"雪亮工程"的覆盖，充分发挥视频监控系统的作用，推进社会治安防控体系建设，实现各区治安防控的"全覆盖、无死角"。部分郊区如平谷区，正在积极探索基层数字化治理新模式，将"网格化+积分制"相结合，最终形成"一图看全景、一屏管全村、一键控全场"的管理运用模式，促进文明村庄治理精准化、精细化和便民服务智慧化，建立起"网格数智化乡村治理"体系。但北京市行政村的"三务"综合公开水平仅为47.34%，仍有较大提升空间。《2021全国县域农业农村信息化发展水平评价报告》数据显示，2020年北京市应用信息技术实现行政村"三务"公开水平为47.34%，比全国平均水平低24.76个百分点，排名全国第28位（见图1-8）。

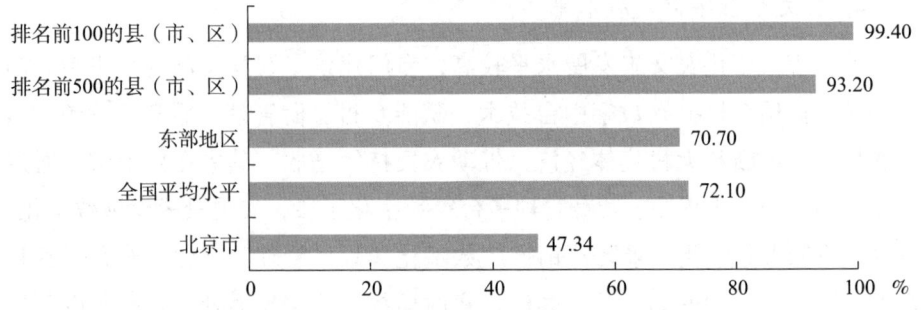

图 1-8　2020 年北京市与全国及其他地区行政村"三务"公开情况

二、存在问题与短板

（一）农业农村数字化资金投入偏低

《2021 年北京农业农村信息化发展水平评价报告》数据显示，2022 年北京市乡村人均农业农村数字化财政投入 18.01 元，与 2021 年相比增加 4.21 元，但与东部地区均值（67.3 元）相比，仍处于较低水平。全市仅有 4 个区的乡村人均农业农村数字化财政投入高于全国平均水平，有 7 个区人均农业农村数字化财政投入不足 10 元，财政资金投入严重不足。北京市农业农村数字化社会资本投入较 2019 年有明显下降，比 2019 年的 3.19 亿元下降 0.46 亿元，人均投入减少 10.63 元，仅有 3 个区高于全国平均水平，而昌平区、海淀区、怀柔区、顺义区在北京市农业农村数字化社会资本人均投入均为 0，区域间发展极不平衡。社会资本投入激励不足，导致北京市发展环境水平下滑。

（二）农业生产数字化水平严重滞后，电商发展有待加强

《2021 全国县域农业农村信息化发展水平评价报告》数据显示，2020 年北京市农业生产数字化水平为 16.46%，排名全国第 25 位，比全国平均水平低 6.04 个百分点，比全国最高的中部地区低 14.34 个百分点，比浙江省、上海市分别低 25.14 个、22.94 个百分点。其中大田种植发展较快，为 18.7%，排名第 23 位；设施栽培为 5.84%，排名全国第 29 位。北京市生产数字化水平在各指数指标中最低，其发展水平与全国先进地区差距明显。《2021 年北京农业农村信息化发展水平评价报告》数据显示，除延庆区外，其他 12 个区生产数字化水平均低于全国平均水平。北京市农产品基本采用线下销售的方式售卖，仅有 5 个区网络零售额占比高于全国平均水平（13.8%），有 4 个区网

络零售额占比不足 3%，例如，北京市排名第一的门头沟区（36.06%）与全国排名前 100 的县（市、区）（43.2%）相比仍有一定的差距。而怀柔区、延庆区、朝阳区等 6 个区农产品网络零售额占比较 2019 年有所下降，北京市网络零售发展缓慢，导致经营数字化水平难以提升。

（三）乡村治理数字化水平发展不平衡，"三务"公开水平仍然滞后

在乡村治理信息化方面，北京市各区之间差异极大。《2021 年北京农业农村信息化发展水平评价报告》数据显示，怀柔区行政村"三务"公开水平、"雪亮工程"覆盖情况与在线办事率三项均为 100%，位列各区第一。但从总体情况来看，共有 7 个区乡村治理信息化水平低于北京市平均值，其中朝阳区总体信息化率仅 14.59%，其应用信息技术实现行政村"三务"公开水平、"雪亮工程"覆盖情况最为落后。另外 6 个区分别为昌平、大兴、密云、顺义、通州、延庆，其落后原因为应用信息技术实现行政村"三务"公开水平、"雪亮工程"覆盖情况中的某一项数值过低。因此，推动各区之间乡村治理信息化水平共同发展，需加强应用信息技术实现行政村"三务"公开水平与"雪亮工程"覆盖。

第三节　数字科技促进北京乡村振兴的影响效应分析
——以设施农业产业为例

乡村振兴，产业兴旺是重点。本节以北京市设施农业为研究对象，基于乡镇设施农业数字技术应用抽样调查数据，从乡镇层面，测算农业数字技术对农业产出的影响效应，以期从宏观层面验证农业数字技术的产出效应，为加快农业数字技术推广应用提供科学参考，对于实现北京农业现代化和乡村振兴具有重要意义。

一、数字技术促进农业增产的作用机理分析

内生增长理论指出，技术创新是经济持续增长的关键决定因素。农业技术进步能够突破资源禀赋稀缺、传统技术落后的制约，大幅提升农业生产效率和投入要素利用率，对农业产出有正向影响。当前全球农业科技进入信息化、智能化时代，数字技术具有强大的渗透、溢出、带动和引领作用，在农业领域表现出极强的经济驱动力。农业数字技术的创新性应用有助于提高农

业生产效能。以农业生产环境监控技术为例，集成传感技术、物联网技术、智能控制装备、移动终端等，能够对农业生产环境的温湿度、CO_2浓度等指标，进行精准感知与自动调控；水肥一体化技术能够基于"作物—环境"定量决策模型，优化作物灌溉、施肥环节的资源配置，实现水、化肥等农业要素的精准化、最优化投入；病虫害监测预警通过综合作物表型识别、大数据、人工智能等多项技术，利用"机器学习+经验模型"，对病虫害进行提前预警与科学决策。生产环境的精准监控、农业要素的科学投入、病虫害的提前预警等，都有助于提升农业生产效率和资源利用率，降低农业受灾风险，从而提升农业产出。

农业生产方式，劳动力、物质资本等资源禀赋差异，是引致农业产出不同的决定性因素。曾雅婷等（2018）、吕建兴等（2020）研究指出，在农业生产中，新技术的产出弹性往往受到资源禀赋异质性的影响，劳动力、物质资本资源禀赋的差异，通过作用于技术应用效率，对农业产出形成差异化影响。本研究认为，在乡镇层级，由于不同乡镇的农业劳动力、物质资本等农业资源禀赋不同，其农业数字技术投入的产出效益可能出现群体分层。冯晓龙等（2018）、Salazar 和 Rand（2016）研究表明，农业技术的采纳与有效应用往往存在"规模效应"驱使的临界点，只有具备了一定的基础规模，农业技术才能得到良好运转与维持，从而获取单位面积上的最高产量和最大经济效益。对于农业数字技术而言，在劳动力层面，更大规模的农业从业人员意味着更大的新技术采纳需求总量，且农业数字技术自动化、数据化、远程化的技术特点，使其具备节省人工的技术优势，故农业劳动力投入高的乡镇可能采用的农业数字技术更多；在物质资本层面，由于农业数字技术投入成本比较高昂，故农业物质资本投入高的乡镇，在采纳数字技术时，往往更愿意且有能力投入更多资金。因此，高劳动力投入乡镇与高物质资本投入乡镇更容易形成农业数字技术的规模化应用集群，也更容易产生农业数字技术应用的规模效应，对农业增产的效应也更加明显。

据此，本研究提出如下假设：

H1：就平均效应而言，农业数字技术投入对农业产出有显著正向影响。

H2：相较于低劳动力投入乡镇，高劳动力投入乡镇的农业数字技术增产效应更为显著。

H3：相较于低物质资本投入乡镇，高物质资本投入乡镇的农业数字技术增产效应更为显著。

二、研究方法与数据概况

(一) 研究方法

为了深入研究数字技术对农业产出的影响,本研究假设农业生产函数为C-D函数:

$$Y = f(L, K, T, A) \qquad (1-1)$$
$$= L^{\alpha} K^{\beta} T^{\gamma} A^{1-\alpha-\beta-\gamma}$$

其中,Y为农业产出,L为劳动力投入,K为化肥等物质资本投入,T为土地投入,A为数字技术投入,α、β、γ分别为外生参数。

通过对式 (1-1) 两边取对数,可得:

$$\ln Y = \alpha \ln L + \beta \ln K + \gamma \ln T + (1-\alpha-\beta-\gamma)\ln A \qquad (1-2)$$

因此,亩均农业产出可表示为:

$$\ln\left(\frac{Y}{T}\right) = \gamma + \alpha \ln\left(\frac{L}{T}\right) + \beta \ln\left(\frac{K}{T}\right) + (1-\alpha-\beta-\gamma)\ln\left(\frac{A}{T}\right) \qquad (1-3)$$

在此基础上,由于亩均农业产出还会受到其他控制变量 X 的影响,因此本研究计量模型的表达式如下:

$$\ln y_i = \gamma + \alpha \ln l_i + \beta \ln k_i + (1-\alpha-\beta-\gamma)\ln a_i + \lambda X_i + v_i \qquad (1-4)$$

其中,因变量 $\ln y_i$ 为亩均农业产出的对数,核心自变量 $\ln a_i$ 为亩均数字技术应用的对数,控制变量包含 $\ln l_i$、$\ln k_i$、X_i,$\ln l_i$ 为亩均劳动力投入的对数,$\ln k_i$ 为亩均物质资本投入的对数,X_i 为拟选择信息化环境与区域虚拟变量。

本研究采用分位数回归法,对数字技术应用与农业产出之间的关系进行稳健性检验。由于分位数回归能够对因变量进行条件分布刻画,每个分位点上的回归系数(特别是中央或尾部)具备该条件分布中的特性,因此,通过分位数回归法,能够识别出数字技术应用对农业产出的全部分位影响情况,有助于验证基准模型的有效性与稳健性。分位数回归模型表达式如下:

$$Q_q(\ln y_i | X) = \theta_0(q) + \theta_1(q)\ln a_i + \theta_2(q)\ln l_i + \theta_3(q)\ln k_i + \theta^T(q)X_i + \zeta_i \qquad (1-5)$$

其中,$Q_q(\ln y_i | X)$ 表示在给定自变量 X,因变量 $\ln y_i$ 在第 q 分位数上的值,$\theta(q)$ 表示在第 q 分位数上的回归系数。

为了研究在不同资源禀赋环境下,应用数字技术对农业产出的影响,本研究首先根据亩均劳动力投入和亩均物质资本投入两个分组变量,将总样本分为若干个子样本；其次针对不同劳动力资源禀赋乡镇群体、不同物质资本禀赋乡镇群体，分别进行OLS回归，回归模型如下：

$$\begin{cases} \ln y_i = \gamma_0 + \alpha_0 \ln l_i + \beta_0 \ln k_i + (1-\alpha_0-\beta_0-\gamma_0) \ln a_i + \lambda_0 X_i + \tau_i, & if\ w \geq w_0 \quad (1-6) \\ \ln y_i = \gamma_0 + \alpha_0 \ln l_i + \beta_0 \ln k_i + (1-\alpha_0-\beta_0-\gamma_0) \ln a_i + \lambda_0 X_i + \tau_i, & if\ w < w_0 \quad (1-7) \end{cases}$$

其中，w 为本研究的分组变量，分别表示亩均劳动力投入与亩均物质资本投入，w_0 为分组变量的分组临界值。为了避免因样本量的限制而影响回归效果，本研究均根据分组变量将样本划分为两个组别。其中，由于亩均劳动力投入和亩均物质资本投入为连续变量，本研究将选取其0.5分位值作为分组临界值 w_0，根据分类，分别对各样本进行OLS回归，并将测算结果进行组间差异性比较。

（二）数据概况

1. 数据来源

本研究所用数据来自2022年2月开展的"北京乡镇设施农业数字技术应用抽样调查"。近年来，北京市积极推进人工智能、5G、物联网、北斗、大数据、区块链等新一代数字技术与农业深度融合应用，在设施农业领域，部署了一批农业物联网工程、高效设施工程等，因此选取北京市设施农业领域开展研究具有代表性。本研究选取朝阳区、海淀区、丰台区、门头沟区、房山区、通州区、大兴区、顺义区、昌平区、平谷区、怀柔区、密云区、延庆区13个区的乡镇干部进行随机抽样调查。为了提高调查效率和数据质量，以调查问卷形式开展调查，开发了专门的App应用软件，并对答题时间进行了规定，共发放问卷200份，回收有效问卷172份。

2. 变量选择与描述性统计

（1）因变量与核心自变量。对于因变量，本研究采用亩均农业产出来测度乡镇农业的产出情况，亩均农业产出是亩均设施农业产值的自然对数，均值为3.91。对于核心自变量，本研究聚焦于数字技术投入，为了使表征变量更具代表性和科学性，本研究核准了每个乡镇设施农业数字技术（包含生产环境监控技术、水肥一体化技术、病虫害监测预警技术等）应用总面积，因此本研究采用亩均数字技术应用面积的自然对数来表征数字技术投入，均值为0.02。由t检验初步可知，高数字技术投入乡镇（高/低数字技术投入是根据0.5分位值作为分组临界值划分的）的亩均农业产出均值为7.07，显著高于低数字技术投入乡镇的亩均农业产出均值3.40（见表1-3）。

表1-3 数字技术投入与农业产出t检验

		农业产出		均值差
		均值	标准差	（t检验）
数字技术投入	高数字技术投入	7.07	0.553	-4.953***
	低数字技术投入	3.40	0.285	

注：***表示在1%水平上显著。

（2）控制变量。为了精确测算核心自变量对因变量的边际影响效应，本研究基于理论模型推导，在计量模型中加入了劳动力投入、物质资本投入、乡镇信息化环境以及乡镇区域虚拟变量，以控制其他因素可能造成的回归偏误。其中，劳动力投入是乡镇亩均设施农业从业人员的自然对数；物质资本投入是乡镇亩均设施农业化肥投入的自然对数；乡镇信息化环境由乡镇电商服务站覆盖率与政府农业信息化部门设置情况两个变量表征，乡镇电商服务站覆盖率是已建电商服务站的乡村数与行政村总数比值的自然对数，政府农业信息化部门设置情况是对是否设置承担信息化工作的行政科室、信息中心、信息站的评价；乡镇区域虚拟变量是根据北京市城市功能分区，将通州、大兴、顺义、昌平4个都市型现代农业的主要载体区域与其他区进行区别。在样本中，亩均劳动力投入的均值为0.23、亩均物质资本投入的均值为3.55、电商服务站覆盖率的均值为0.26、政府农业信息化部门设置情况的均值为0.59、区域虚拟变量的均值为0.30。

（3）工具变量。在内生性检验中，使用"亩均农业数字技术财政支持金额"作为工具变量，该变量是每个乡镇政府对促进农业数字技术推广应用的财政支出金额，为较好匹配核心自变量，同样计算了亩均金额的自然对数，其样本均值为1.18（见表1-4）。

表1-4 变量及其描述性统计

分类	变量名称	定义	平均值	标准差	最小值	最大值
因变量	亩均农业产出（lny）	亩均设施农业产出的对数 lny=ln(乡镇设施农业总产值/设施农业总种植面积)	3.91	3.60	0	9.47
核心自变量	亩均数字技术投入（lna）	亩均设施农业数字技术应用面积的对数 lna=ln(乡镇设施农业数字技术总应用面积/设施农业总种植面积)	0.02	0.05	0	0.43

续表

分类	变量名称	定义	平均值	标准差	最小值	最大值
控制变量	亩均劳动力投入（$\ln l$）	亩均设施农业从业人员的对数 $\ln l = \ln$（乡镇设施农业从业人员数/设施农业总种植面积）	0.23	0.39	0	2.09
	亩均物质资本投入（$\ln k$）	亩均设施农业化肥投入的对数 $\ln k = \ln$（乡镇设施农业化肥投入量/设施农业总种植面积）	3.55	3.22	0	8.67
	电商服务站覆盖率（$\ln s$）	$\ln s = \ln$（建设电商服务站的乡村数/乡镇行政村总数）	0.26	0.29	0	0.75
	政府农业信息化部门设置情况（gov）	设置承担信息化相关工作的行政科室、信息中心、信息站 = 1；否则 = 0	0.59	0.49	0	1
	区域虚拟变量（are）	现代农业主要载体区 = 1；否则 = 0	0.30	0.46	0	1
工具变量	亩均农业数字技术财政支持金额	亩均农业数字技术财政支持金额的对数 $\ln y = \ln$（乡镇农业数字技术财政支持金额/设施农业总种植面积）	1.18	1.76	0	7.02

三、数字技术促进农业增产的实证检验分析

（一）基准检验

表 1-5 运用 OLS 回归估计方法，汇总了数字技术投入对农业产出的边际估计结果。其中第（1）列仅控制了核心自变量，为了剔除其他变量的干扰，第（2）列基于生产函数加入了劳动力与物质资本两个控制变量，第（3）列引入了信息化外部环境与区域虚拟变量。回归结果表明：亩均数字技术投入在 5% 的显著性水平上，对乡镇亩均农业产出具有正向影响，且在控制所有变量的第（3）列中，亩均数字技术投入每年增加 1%，乡镇亩均农业产出平均每年增加 3.727%。经核准，基准检验结果与理论分析一致，即就平均效应而言，随着农业生产环境监控、水肥一体化、病虫害监测预警等数字技术投入的增加，物联网互联感知、大数据智能决策、智能控制设备自动调控等技术优势，推动了农业生产实现环境实时调控、要素精准投入、风险预判预警，

从而提高了农业劳动生产率和资源利用率，减少了农业受灾风险，促进了农业增产增效。

此外，回归结果显示，当乡镇亩均物质资本投入、政府农业信息化部门设置情况等指标分别在1%与5%的显著性水平上时，对乡镇农业产出具有正向影响，其余控制变量对乡镇农业产出没有显著影响。

表1-5 数字技术投入对农业产出的影响效应

	（1）	（2）	（3）
亩均数字技术投入	18.586*** （5.002）	2.896** （1.815）	3.727** （1.847）
亩均劳动力投入		0.250 （0.300）	0.176 （0.294）
亩均物质资本投入		1.021*** （0.139）	1.010*** （0.037）
电商服务站覆盖率			0.477 （0.330）
政府农业信息化部门设置情况			0.498** （0.194）
区域虚拟变量			0.354 （0.220）
常数项	3.623*** （0.275）	0.181 （0.139）	-0.302 （0.204）

注：**、*** 分别表示在5%、1%水平上显著。

此外，本研究对乡镇亩均农业产出按0.5分位值作为分组临界值，划分为高农业产出乡镇与低农业产出乡镇两类，据此探讨数字技术投入对不同产出层级乡镇的差异化影响。回归结果显示：

对于高农业产出乡镇，亩均数字技术投入在1%的显著性水平上时，对其亩均农业产出具有正向影响；对于低农业产出乡镇，亩均数字技术投入对其亩均农业产出没有显著影响（见表1-6）。该实证结果符合预期，即高农业产出乡镇一般物质资源禀赋更为丰富，且较高的农业产出可以反映出农业产业在乡镇经济结构中的重要性较高，从而能获得较多的政府财政倾斜与社会资本投资。因此，在高农业产出乡镇中，更多的乡镇有意愿和能力将农业数字技术投入实际生产中，以获取更多的产出效益。

表1-6 数字技术投入对不同产出层级农业产出的差异化影响效应

	(1) 低农业产出	(2) 高农业产出
亩均数字技术投入	-2.710 (3.479)	4.422*** (1.649)
亩均劳动力投入	-0.451 (1.597)	0.201 (0.252)
亩均物质资本投入	0.481*** (0.073)	0.483*** (0.083)
电商服务站覆盖率	0.227 (0.290)	0.177 (0.376)
政府农业信息化部门设置情况	0.023 (0.172)	0.306 (0.224)
区域虚拟变量	-0.140 (0.212)	0.513** (0.238)
常数项	0.096 (0.163)	3.480*** (0.542)

注：**、***分别表示在5%、1%水平上显著。

（二）稳健性检验

在基准OLS分析中，我们对农业产出层级的分类仅考虑了0.5分位，难以全面剖析在高/低农业产出乡镇不同划分准则下，数字技术投入对农业产出边际影响的变动情况，为此，本研究应用分位数回归，分析了核心解释变量——数字技术投入的全分位边际影响。

由图1-9可见，亩均数字技术投入对亩均农业产出的边际贡献均大于0，但随着乡镇亩均农业产出分位数的增大，边际贡献在低分位中呈现先下降后上升的趋势，在高分位中呈现平稳上升的趋势，说明亩均数字技术投入对全部乡镇亩均农业产出均有正向贡献，但对于低农业产出乡镇的边际收入贡献不明显，对于高农业产出乡镇的边际收入有显著的正向贡献，这与基准OLS回归结论保持一致。即就平均效应而言，亩均数字技术投入对全部乡镇亩均农业产出有正向影响，但这种显著正向影响仅存在于高农业产出乡镇中，而在低农业产出乡镇并不存在明显的正相关关系。

综上，证明本研究基准检验结果具有稳健性。

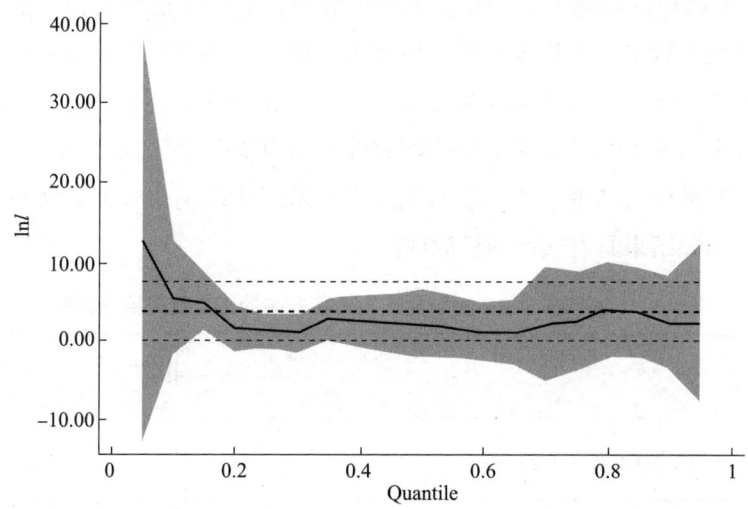

图1-9 数字技术投入对农业产出边际影响的全分位回归结果

(三) 内生性检验

本研究在研究数字技术投入对乡镇农业产出的影响中,充分关注了由于遗漏变量、双向因果导致的内生性问题。一是在符合生产函数理论逻辑的前提下,设定剔选变量概率为$pe=0.2$,通过逐步回归法确定控制变量,纳入劳动力、物质资本、信息化环境、区域虚拟变量等多项控制变量,以尽量减少因变量遗漏导致的估计偏误问题;二是本研究选择"亩均农业数字技术财政支持金额"这一变量,作为乡镇亩均数字技术投入的工具变量,进行内生性检验。选取该变量的原因在于:"亩均农业数字技术财政支持金额"衡量了当地乡镇政府对农业数字技术应用推广的财政支持力度,政府财政支持力度越高,越能有效激励设施农业数字技术投入,且"亩均农业数字技术财政支持金额"很难直接影响乡镇农业产出,即便产生影响也是通过扩大农业数字技术投入来发挥间接作用。

在选定工具变量之后,本研究建立IV模型开展两阶段最小二乘回归。从回归结果(见表1-7)可以看出:首先,Durbin Wu-Hausman检验拒绝了数字技术投入是外生这一原假设,表明基准模型确实面临内生性问题。其次,表1-7中第一阶段回归结果证明,"亩均农业数字技术财政支持金额"对亩均数字技术投入有显著的正向影响,说明将"亩均农业数字技术财政支持金额"作为工具变量不存在弱工具变量问题。本研究进一步进行了弱工具变量稳健性检验，F统计量拒绝了弱工具变量的原假设，表明本研究所使用的工具变量对乡镇农业数字技术投入有较强解释力，确实不存在弱工具变量问题。最后，表1-7中第二阶段回归结果证明，该模型在剔除内生性以后，农业数字技术投入依然在10%的水平上对亩均农业产出具有显著正向影响。这一结论与本研究基准模型结果一致，表明基准模型采用传统内生性问题解决方法是有效的，回归结果具有较好的稳健性。

表1-7 数字技术投入对农业产出边际影响的工具变量回归结果

	(1) 第一阶段	(2) 第二阶段
亩均农业数字技术财政支持金额	0.008** (0.004)	
亩均数字技术投入		13.052* (8.053)
亩均劳动力投入	0.003 (0.009)	0.180 (0.368)
亩均物质资本投入	0.002** (0.001)	0.934*** (0.047)
电商服务站覆盖率	−0.015 (0.012)	0.525 (0.345)
政府农业信息化部门设置情况	−0.022*** (0.008)	0.746*** (0.266)
区域虚拟变量	0.008** (0.227)	0.183 (0.215)
常数项	0.007 (0.007)	−0.462* (0.239)
DWH检验	2.578* 2.673*	
F统计量	4.306***	

注：*、**、***分别表示在10%、5%、1%的水平上显著。

（四）异质性检验：资源禀赋差异

从乡镇资源禀赋差异角度，在分析农业数字技术投入对农业产出的影响时，本研究重点考察了劳动力投入与物质资本投入两个变量，即针对不同劳动力投入乡镇、不同物质资本投入乡镇，探讨农业数字技术投入对其农业产出的影响。

1. 劳动力层面

从表1-8中可以看出,对于高劳动力投入乡镇,农业数字技术投入对其农业产出有显著正向影响,亩均数字技术投入每增加1%,高劳动力投入乡镇亩均农业产出增长4.571%。对于低劳动力投入乡镇,农业数字技术投入对其农业产出没有影响,其主要原因在于,高劳动力投入乡镇由于农业从业人员规模大,往往有更大新技术采纳需求,特别是对于具备节省人工技术优势的农业数字技术需求,则更为明显。因此,在高劳动力投入乡镇中,将会有更大比例的乡镇采用农业数字技术,从而产生农业数字技术应用的规模效应,其数字技术的增产效应明显优于低劳动力投入乡镇。综上表明,在劳动力投入越多的乡镇,投入农业数字技术而引起的增产效应越显著。

表1-8 数字技术投入对不同劳动力投入乡镇农业产出的影响效应

	（1）低劳动力投入	（2）高劳动力投入
亩均数字技术投入	2.573 (4.129)	4.571* (2.397)
亩均劳动力投入	41.360* (23.008)	0.292 (0.378)
亩均物质资本投入	0.918*** (0.063)	0.695*** (0.114)
电商服务站覆盖率	0.583* (0.311)	0.318 (0.561)
政府农业信息化部门设置情况	0.152 (0.178)	0.694** (0.337)
区域虚拟变量	0.261 (0.227)	0.516 (0.358)
常数项	-0.219 (0.168)	1.585** (0.744)

注:*、**、***分别表示在10%、5%、1%水平上显著。

2. 物质资本层面

从表1-9中可以看出,对于高物质资本投入乡镇,农业数字技术投入对其农业产出有显著影响,亩均数字技术投入每增加1%,高物质资本投入乡镇亩均农业产出增长4.294%。对于低物质资本投入乡镇,农业数字技术投入对其农业产出没有影响。相较于低物质资本投入乡镇,高物质资本投入乡镇由于拥有更为丰厚的资本积累,往往更有能力承担数字技术采纳的高成本,更容易形成农业数字技术应用的规模效应,故其数字技术的增产效应明显优于低物质资本投入的乡镇。综上表明,物质资本投入越多,农业数字技术投入的增产效应越显著。

表1-9 数字技术投入对不同物质资本投入乡镇农业产出的影响效应

	(1) 低物质资本投入	(2) 高物质资本投入
亩均数字技术投入	1.827 (4.206)	4.294* (2.272)
亩均劳动力投入	3.610*** (0.924)	0.222 (0.354)
亩均物质资本投入	1.173*** (0.076)	0.657*** (0.151)
电商服务站覆盖率	0.545* (0.317)	0.365 (0.521)
政府农业信息化部门设置情况	0.185 (0.183)	0.796** (0.312)
区域虚拟变量	-0.019 (0.224)	0.827** (0.345)
常数项	-0.186 (0.176)	1.635* (0.949)

注:*、**、***分别表示在10%、5%、1%水平上显著。

四、小结

基于北京乡镇设施农业数字技术应用抽样调查数据,本节对数字技术投入影响乡镇农业产出的效应进行了实证检验。研究结果表明:农业数字技术投入具有显著的增产效应,亩均数字技术投入每增加1%,乡镇亩均农业产出平均增加3.727%,但农业数字技术投入的增产效应仅在高农业产出乡镇中存在,弹性系数为4.422%,在低农业产出乡镇中尚不明显。同时,农业数字技术投入在促进乡镇农业增产中存在禀赋差异,即相较于劳动力投入少的乡镇,劳动力投入多的乡镇数字技术投入的增产效应更为明显；相较于物质资本投入少的乡镇，物质资本投入多的乡镇数字技术投入的增产效应更为明显。

第四节　数字科技促进北京乡村振兴的模式研究

一、农业产业链全程全面信息化模式：北菜园设施栽培物联网

北京北菜园农业科技发展有限公司（简称"北菜园"）是北京市农业信息化龙头企业。北菜园农产品产销专业合作社位于北京市延庆区康庄镇小丰营村，其专注于有机蔬菜产品种植、销售及用户服务，拥有有机认证土地470亩，建有有机蔬菜大棚360个，其中春秋棚155个、暖棚205个。2019年，北菜园认证品种达80多种，全年日均供应有机蔬菜35种，年产量845吨。在有机农业共建开发、产品定位、组织生产过程标准化、原材料出品标准、农产品商品化、物流流通体系建立、细分客户市场及深度用户服务等环节，北菜园运用信息化技术进行全产业链深度整合。其数字化实践主要有：

（一）建设智慧农园管理平台

北菜园作为延庆区智慧农园项目之一，借助于"互联网+"技术，以大数据为支撑，构建了集智能化、数字化、科学化、产业化于一体的智慧农园管理平台，该平台由农场智能生产系统、采收存管理系统、追溯管理系统、订单管理系统、北菜园商城App、财务管理系统等模块组成。北菜园建立了智能化标准体系、经营在线化标准体系、管理数据化标准体系和科普系统化标准体系四大标准体系和北菜园数字中心，将北菜园的所有业务用信息化串联起来，真正实现了生产智能化、经营在线化、管理数据化、三产融合化。

（二）生产环节数字化

北菜园的生产基地分布在全国不同的经纬度，在北京延庆、海南海口、海南东方、海南三亚、山东德州以及河北沽源建有六大核心生产基地。根据生产智能化标准对系统历史数据进行统计分析，利用分析结果筛选出各个基地不同季节的优良品种，将每个作物分别安排在最佳生长基地进行种植，并对作物单品进行科学分析，通过衡量不同纬度、气候、海拔、自然环境等因素，精密计算不同季节作物的生长周期，将作物安排在不同茬口进行合理种

植,在保障有机蔬菜持续稳定供应的同时,避免受局部地区气候环境影响造成蔬菜断档,避免供大于求造成经济损失,提高企业利润与员工收入。同时,生产系统的田间管理模块已经从传统的单一的环境监测,升级为自动开启或关闭卷帘机等大棚机电设备的远程控制功能,让棚室的温度、水分、通风条件保持最佳值,并对病虫害发生环境进行智能预警,及时采用释放昆虫天敌等绿色防控技术,预防病虫害发生,提高作物产量,实现效益增收。

(三)采收处理数字化

系统的采收管理模块运用数据分析,自动生成产品最佳采收期、产品采收时间表,便于提前预计产品采收量和制订销售计划,并进一步计算休耕时间段,在保证有机蔬菜供应的基础上,科学安排作物的休耕与轮作,保证基地土壤中有机成分的含量,严格把控产品的质量关。库房入库管理系统与园区配套的智能采收秤互联,通过智能采收秤称量的数据可直接上传至北菜园智慧农园管理系统,准确记录不同地块不同产品的产出时间和产出量,并实时打印对账凭证,让年产量数据统计更加方便快捷。

(四)追溯管理数字化

北菜园利用产品二维码追溯系统,将出入库智能扫码枪与智慧农园追溯管理模块实现有效连接,结合云计算、大数据和视频监控等技术,不仅能实时获取园区环境数据,还可以全天候监控农产品生产和采摘过程;建立电子档案,通过全程无线信息传输系统定时采集,实现有机蔬菜播种、育苗、成熟、收获全过程的质量追溯及数据积累,形成监督检查的长效机制。追溯系统集防伪、防窜货、产量控制、销量统计、假货报警和跟踪等多项功能于一体,确保商品生产商、经销商和消费者之间的商品信息互联互通,实现有机蔬菜的源头、加工、流通,以及消费向前可追溯、向后可召回的双向安全体系,彻底解决了"农产品生产全过程可追溯"的难题,为打造安全健康的有机蔬菜品牌保驾护航。

(五)销售平台在线化

利用北菜园智慧农园系统的订单管理模块,渠道商或商超促销员可以自助下单,通过订单管理系统、商城 App 和微信商城与智慧农园管理系统进行数据对接,系统可以自动汇总订单。该项功能还可以对以往积累的销售数据进行计算,预计未来一年的销售走势,结合每天每种产品每个客户的需求量进行科学排产，并制作出产品需求量 Top 排行榜，随时满足线上线下客户的需求，也为商超店面销售目标的制定及销售员工的考核管理提供了便利。北菜园智慧农园系统中的北菜园商城 App，不仅具备销售功能，而且也是有机文化宣传的载体，通过直播等方式向用户传达有机生活的方式和理念。商城 App 为北菜园有机蔬菜的销售体系打开了新的市场格局。

二、人工智能赋能科技创新模式：金种子育种云平台

金种子育种云平台于 2017 年 1 月 17 日正式发布，由北京市科委牵头，北京市农林科学院信息中心主导研发，该平台集成应用了计算机、GIS、人工智能等技术，将大数据、物联网等现代信息技术与传统育种进行深度融合创新，是我国构建的首个自主知识产权"互联网+"商业化育种大数据平台。该平台面向全国育种企业和科研院所，可以提供种质资源管理、试验规划、性状采集 App、品种选育、品种区试、系谱管理、数据分析、基于电子标签（RFID）的育种全程可追溯等服务。

金种子育种云平台包括性状数据采集系统、系谱和世代追溯系统、田间小区/株行电子标签（RFID）标识系统、二维条码种质资源管理系统、基础数据和用户权限管理系统等子系统，平台具备系统功能权限、数据权限，材料编码可灵活自定义；株行标识标签与试验规划图、性状采集、种子出入库集成应用，试验规划图自动生成、田间核查和更新、基于 Android 手机/掌上电脑的性状采集、系谱追溯、世代追溯、田间决选区域试验的设计规划和一年多点、多年多点数据分析；随机区组、间比法等多种试验设计方法及数据分析方法灰色关联度分析、DTOPSIS、多重比较等多维度分析及辅助材料决选。全方位、多组合的种质信息采集与分析技术，可为商业化育种提供完整的信息化解决方案。

该平台针对我国农业专家缺乏的现状，遵循人工智能的技术原理，基于构建理论和面向对象的技术，建立了开放、灵活的农业技能系统开发平台。其运用知识表示、智能推理、知识获取等技术，总结农业专家长期积累的宝贵经验、实验数据及数学模型，建造农业辅助决策软件系统，有效指导广大农民对农作物进行科学施肥、灌溉、施药、选种、壮苗、田间管理，成为农民的好帮手。目前业界利用该平台已打造出隆平高科、山东圣丰等大型种业企业深度应用的成功案例，累计开发出了面向种植业、养殖业、加工业的农业专家系统 200 多个，经济社会效益显著。金种子育种云平台以知识为纽带，

促进科企合作共同进步,以企业商业资本为纽带,加快农业产业化发展,以核心技术为纽带,促进科技创新要素,助力农业结构战略调整,推动农业产业精准化、信息化发展。该平台将持续推动我国由传统育种到商业育种、由经验育种向精确育种的转变,为北京建设"种业硅谷"夯实基础。

三、数字农文旅新业态模式:黄山店村旅游平台

黄山店村是房山区周口店镇西部的山区村,村域面积20.2平方千米,共565户1600人。自2005年以来,黄山店村以坡峰岭为龙头,转型发展乡村休闲旅游,被市城乡经济信息中心(市农委信息中心)、房山区农委选为智慧乡村试点村。该村采取"互联网+乡村休闲旅游"的模式,助力村级产业的转型升级。黄山店村实现了村内办公区、服务区、重点景区3个区域6个布点范围内的Wi-Fi网络覆盖,满足了游客及村委会办公人员的使用需求。部署高清视频监控系统,在村内景区、服务区共设置14个摄像机,并将村内已有的3个监控设备进行整合,在村委会设置视频监控中心,实时监控景区秩序,确保游客安全。安装客流量分析系统,景区内共设置3个客流量监控点,便于景区客流量的控制预警。其数字化实践主要有:

(一)数字化助力村务管理与公共服务

一是创建"晓村务"。它基于移动互联网,是一款面向村民服务的智慧村务微信公众号平台,通过"晓村务",实现了人口、村民安置区、地理信息等基础数据采集录入、报表统计查询、电子管理等,提升了村级事务规范化、便捷化管理。依托"晓村务",实现了村民在线缴纳水电费、在线物业报修等服务,提升公共服务精细化应用水平。依托"晓村务",实现了农村党务、村务、财务公开。尤其是在新冠疫情防控期间,黄山店村利用该平台及时宣传发布各类新闻、通知,加强了乡村疫情防控管理。此外,还可利用微信公众号平台在手机端对村民进行生活服务培训、发布"三公开"信息等,例如,利用该平台开展的村民黄山店摄影大赛活动,受到了村民的一致好评。二是创建特色京西幽岚山门户网站。该网站是休闲农业特色资源与服务宣传的窗口,可实现展示推介、互动体验等功能。三是制定相关条例,提升数字化村务管理与服务,黄山店村制定了《黄山店智慧乡村微信平台管理办法》《京西幽岚山门户网站管理办法》等规章,编制了《微信操作指南》等,绘制了网络设备点位图,便于村委会管理员和村民的日常使用。此外,还经常组织开

展微信和网站使用操作、后台管理等专题培训，并结合"清明""五一"小长假，红叶节、黄栌花节等，开展网站维护更新及硬件设备巡检测试，保障系统稳定运行。

（二）数字化催生休闲农业与乡村旅游发展新模式

一是探索建设"互联网+休闲农业"模式的智慧乡村。无线 AP、全天候的高清摄像头、高清云台、客流量摄像头、新媒体技术等设备，融入村庄及自然景区的管理和建设中，以信息化助推产业的升级转型，为村庄休闲农业与乡村旅游增添新动力。二是宣传推介，扩大影响力。创建京西幽岚山公众微信平台与门户网站，利用两个平台进行景区的图文宣传并组织相关活动的发起，如利用微信平台发起"集赞送门票"与"美丽幽岚山，随身自由拍"摄影大赛等丰富多彩的活动。

（三）数字化激活垃圾分类回收"乡村模式"

黄山店村因地制宜，将垃圾分类与美丽乡村建设相结合，在智慧乡村"晓村务"微信公众号上，研发"积分制垃圾分类回收"小工具，助力提升精细化管理，提高村民垃圾分类的社会参与度和正确投放率，积极探索垃圾分类回收的"乡村模式"。一是"积分制垃圾分类回收"小工具应用模式。"积分制垃圾分类回收"采用移动互联网、RFID 等信息技术，面向村委会、清运回收员、村民、乡村小超市（小卖部）等多方应用，通过积分奖励与兑换体系，建立了村委会组织引导、村民积极参与、多方受益的乡村垃圾分类回收长效机制。二是"积分制垃圾分类回收"模块使用简单，容易上手。针对垃圾分类和回收大多由家里老年人完成，但有相当一部分老年人并不能熟练使用智能手机，甚至还有一部分老年人没有或不使用智能手机的情况，小工具采用"实体卡+云端积分账户"的方式。三是利用"积分制垃圾分类回收"形成管理互利闭环。村民、垃圾回收人员都可以通过在积分卡上扫二维码形式获取积分，垃圾正确分类奖励 1 个积分，可回收垃圾按市场价格奖励等值积分，回收物品由村委会统一销售给回收站。村民所得积分可以到指定小卖店换购相关礼品或者相关生活用品，极大地提高了村民对于垃圾分类回收的参与程度。

四、数智化乡村治理模式：平谷区大华山村

平谷区大华山镇大华山村积极探索基层数字化治理的新模式，全面提升

乡村治理效能，以抓党建促基层治理能力提升为契机，在全区率先建立起"网格数智化乡村治理"体系，运用互联网、大数据等方式精准高效助力乡村治理，提升乡村治理网格化、数字化、智能化水平，走出了一条数字乡村治理的新路子。

（一）村庄治理"智能化"

大华山村把科技支撑作为完善社会治理体系的重要内容，将各类资源收集、归并、数字化，形成统一的"三农"数据资源库，集中呈现乡村整体信息概况。将"网格化"与"积分制"相结合，最终形成"一图看全景、一屏管全村、一键控全场"的管理运用模式，促进村庄治理精准化、精细化和便民服务智慧化。

（二）管理监督"全域化"

以网格化管理为重要抓手，建立"发现问题—逐级上报—分类派分—依规处置—反复核查—及时反馈"全流程工作推行机制，通过后台对村内易产生卫生死角和安全隐患的重点区域进行"点对点"监控，实现精准治理、精准反馈、精准监督。

（三）信息掌握"动态化"

由网格员将前期走访调研收集到的人口信息及时录入平台，后期实时动态调整，及时精准掌握各家各户情况。尤其是针对外来人员务工、经商等流动性较大的群体，发生人员变动后第一时间进行调整，全方位了解家庭基本情况，为后期精准开展各项工作奠定基础。

目前，大华山村域内 1389 户 4276 人均被纳入智能化管理平台。党建引领、数字赋能，让大华山村迈入了"数字时代"，让村民实实在在享受到"数字便利"，乡村治理实现了从治理到数治、智治的提升。未来将继续借助于数字技术，强化科技支撑，创新治理机制，持续推进基层社会治理现代化能力建设，不断提高"全域数治"效能，进一步提升人民群众的获得感、幸福感、安全感。

五、数字化促进农村公共服务均等化模式：延庆区"点单派单"服务平台

近年来，北京市延庆区依托新时代文明实践中心建设，积极整合各级部

门资源，统一各项服务机制，推出"点单派单"数字化服务平台，实现了村民点单，中心派单，志愿接单，农村公共服务不"落单"，走出了一条别具创新的区域样板之路。

（一）一体谋划，建立"点单派单"数字服务平台

2019年开始，在"延庆区新时代文明实践中心"网站专栏设置"点单派单"模块，面向村民线上征集需求，并将各部门提供的公共服务项目，以"菜单"形式统一纳入"点单派单"平台。共分类设置文化文艺、医疗保健、健身体育、理论政策宣讲、法律咨询、科学科普、教育培训、特色项目八大类服务板块，实现点单、派单、接单、评单等网上操作全流程，区乡村三级网络终端全覆盖。2020年以来，积极搭建"北京延庆App"，内嵌"点单派单"系统，实现从PC端到移动端的技术革新，为村民简化手机点单流程，实现数据多跑路、资源多汇聚、农民少跑腿。

（二）一站联动，提升多元格局综合服务效能

建立"点单派单"平台后，村民仅需线上提交诉求，其他事项由区文明实践中心和区级各部门"一站联动"，大大提高了综合效能，目前平台已累计发布项目10104个，提供服务1万多次，服务农民17.31万人次。区文旅、文联等部门精准面向村民组织歌舞、书法、绘画、合唱、剪纸、非遗手工艺等培训活动，并举办展示展演，激发村民参与热情。精心组织各类艺术院校、文艺团体下乡，举办文艺晚会、评书表演、专场演出、百姓大舞台等活动累计4508次，服务81584人次，让广大村民在家门口就能享受到精彩纷呈的艺术熏陶。区卫健部门组织中医大篷车、社区卫生院等，为农村老人免费进行心电图、B超、血常规、血压等项目体检，并常态化开展日常保健、心理健康疏导等讲座。

（三）一呼百应，凝聚"延庆乡亲"志愿服务合力

以志愿服务为"点单派单"数字化平台的工作保障机制，是实现常态化、精准化服务农民的重要举措，也是破解农村公共服务"没人做、不愿做、不会做"的有效方式。延庆区着力构建"延庆乡亲"志愿服务体系，为农村公共服务凝聚起强大合力。建立由区新时代文明实践中心统筹协调、区直单位分工负责、区志联负责日常、村委会具体负责、全社会共同参与的志愿服务

工作机制，打造"3+8+N"志愿服务队伍体系。深化"延庆乡亲"志愿服务品牌建设，引导广大志愿者亮身份、比奉献。加强项目和团队培育，每年投入约100万元孵化培育"延庆乡亲"志愿服务项目，已累计培育项目49个，28个团队获得专业扶持培养。整合公共服务资源，注重发挥本区企事业单位、社会团体作用，不断引导全区的文化、文艺、手工艺、健康、体育、科技从业者通过协会组织，参与到"点单派单"志愿服务当中来。

六、经验启示

一是强化基础设施建设。乡村振兴基建先行，新基建夯实数字农业农村建设基础支撑。推动乡村传统基础设施（包括道路、水利工程、冷链物流设施、农村快递服务设施等）数字化改造升级，推进5G、光纤等网络信息基础设施提档升级，特别是提升互联网覆盖率、信息进村入户水平。朝阳区、海淀区、丰台区与智慧城市一体设计、同步实施，实现了城乡融合发展。

二是加强政策引导。政策引导是农业农村有序发展的根本保障。农业农村的优先发展，农村工作任务的按期完成，农业农村数字化目标的实现，都需要政策作出明确的规定。根据以上北京农业科技实践可知，农业农村数字化发展是一个循序渐进的过程，在农村开展数字化发展前期，各区农业相关部门已经出台了相关的政策措施。

三是提高创新能力。创新是引领农业产业发展的根本动力，数字乡村在要素投入、管理程序上都有别于传统乡村发展手段，数字农业农村的高效发展离不开创新能力的提高。北京作为全国科技力量领先的城市，高度重视创新能力的提升，通过提高研发投入，为数字农业农村发展提供必要的资金保障；加强人才保障，加快培养与数字农业农村发展相适应的开发人才、管理人才、工作人员。

四是鼓励社会力量参与。社会力量是数字农业农村发展的重要参与主体。北京持续鼓励传统农业企业升级改造，提升农业发展的数字化元素及市场竞争力；吸引合作社、温室园艺企业引入智能装备、信息化系统，提高农产品管理能力；提高乡村治理数字化手段，实现乡村办事不出村，促进城乡高度融合，吸引更多企业、人才参与到数字农业农村建设中。

第五节　数字技术促进乡村产业振兴的发展路径研究

一、数字科技促进北京乡村资源要素共享的发展路径

资源要素共享是实现乡村振兴的基础，充分利用数字科技的互联性、扩散性等特点，发挥数字科技在资源要素配置中的关键作用，加速城乡人力、土地、数据等资源要素的顺畅流动和优化整合，实现乡村要素资源有效配置及城乡资源整合共享。

（一）建立人力资源要素共享平台

一是搭建北京乡村振兴人才智库平台，广泛汇聚北京市域涉农高等院校、科研院所、专业决策咨询机构的高层次人才资源，构建乡村振兴的人才支撑与储备体系；二是打造基于互联网的农村创业创新资源共享平台，不断优化农村创新创业环境，提供政策宣介、融资服务、教育培训、在线办理等一站式、集成化服务，吸引中高等院校毕业生、科技人员等群体返乡创业；三是强化农技推广培训，将远程教育与现场教育相结合，组织新型职业农民、新农人等各类涉农经营主体，积极参与农业实用技术、数字化应用技能等培训，培养一批懂技术、会经营的职业农民。

（二）建立土地资源要素共享平台

一是加强地理信息技术、传感器技术、通信技术等数字科技在乡村土地资源管理中的应用，精准采集土地利用现状、土地利用规划、基础地质、耕地质量等信息，搭建北京农村土地资源大数据平台，为北京农村土地资源统筹管理与配置，提供广泛而准确的数据支持；二是探索建立北京乡村土地共享交易平台，整合闲置荒废土地、农房、山地、林地等资源信息，汇总并匹配需求方的租赁信息，鼓励土地出租、转让与承包等在线交易，实现农村闲置土地资源的快速流转、整合与优化配置；三是基于北京各区特色，促进"共享农田""共享农庄""共享农舍"等新型土地资源共享模式发展，推进配套平台建设，鼓励城市居民通过土地认种、自行耕种、托管代种、房屋租赁等多种形式，参与农村土地使用和经营。

（三）建立涉农数据资源要素共享平台

一是整合已有涉农数据资源，搭建由政府、科研机构、城乡信息服务企

业、社会组织等主体共同参与的涉农大数据平台,实现涉农数据资源的系统性整合,保证涉农数据资源的权威性与精准性;二是在涉农大数据平台加载区块链技术,借助于区块链的分布式同步记账、防篡改、可追溯、数据加密等特征,保护各数据供给主体的数据安全,明确各数据供给主体的数据权属,实现多源数据的跨域合作共享;三是发挥北京科创优势,开展农业农村大数据模型的前沿性研究,建立以用户需求为导向的涉农资源挖掘与开发模式,为用户提供个性化数据服务。

二、数字科技促进北京农业产业高质高效的发展路径

准确把握新发展阶段下北京农业产业高质量发展对数字化转型的重大需求,以新一代数字技术与农业产业深度融合为主线,加快数字科技赋能北京种业、农业、农产品流通业、农文旅产业,全面提升北京农业生产智能化、经营网络化、管理高效化、服务个性化水平。

(一) 加快数字种业发展

一是依托北京市已有的 14 个国家级种质资源库与 21 家市级农业种质资源保护单位,建立北京种质资源数据共享平台,完善种业基础共性标准,实现品种保护、品种审定、品种登记、生产经营许可、市场执法检查、种子(苗)进出口、种子储备等数据共享开放、业务"一网通办";二是以北京通州国际种业科技园区、平谷国家现代畜禽种业产业园等为重点,配备环境监控设备、水肥一体化、精准饲喂等智能设施设备,建设融合表型、基因型与环境数据的育种大数据平台,建成一批高效化、智能化、高标准的制繁种基地;三是全面构建北京种业商业化运营体系,创建一批商业化育种软件产业研发推广基地,鼓励和引导育繁推企业利用商业化育种软件,开展育繁种创新、测试评价等业务。

(二) 加快数字农业发展

一是紧抓北京建设全球数字经济标杆城市的战略机遇,聚焦于农业领域,围绕农业传感器与专用芯片、农业 VR/AR、农业数据服务、农机智能制造等新兴产业,培育一批支撑数字经济与农业深度融合的数字产业创新集群;二是面向粮食、设施蔬菜、特色作物、食用菌、家畜、家禽、渔业等领域,分批次、分类型、分层级在北京市布局建设数十个专题型数字农业融合创新集聚区,推进农业生产、经营、流通、监管全产业链数字化转型;三是筛选一

批产业基础好、网络设施完备的新型农业经营主体，开展数字农业试点建设，通过项目支持、财政补贴的方式，鼓励新型农业经营主体应用数字农业技术产品。此外，要求试点基地与科研机构建立沟通反馈机制，定期提出数字农业技术产品需求与改进方向。

（三）加快农产品电商发展

一是充分发挥北京高校院所资源优势，深入开展农产品电商知识图谱智能自动构建关键技术，基于知识图谱的农产品供需互作大数据发现技术，基于知识图谱的农产品营销知识搜索、推荐与智能问答技术，农产品电商用户画像等关键技术研发，建立北京农产品电商大数据知识图谱，助力农产品电商实现精准营销；二是选取平谷大桃、昌平草莓、大兴西瓜等区域公用品牌，科学规划农产品电商园区建设，对原有加工物流园区进行电商化升级，进一步建设和完善生鲜农产品冷链物流体系，打造"园区+企业+网商+冷链物流"的农产品电商发展模式；三是积极运用价格补贴、流量扶持等手段，激发电商的研发和创新能力，在区域优势农产品质量、包装、配套服务等方面进行升级，提升北京农产品区域公用品牌的线上市场占有率与影响力。

（四）加快数字农文旅发展

一是组织开展5G+视频直播+社交平台+电商平台等宣传推广活动，助力普通民俗户、采摘园休闲旅游信息宣传推介与特色产品销售，帮助中小农文旅经营主体拓展线上销售渠道，缓解疫情损失；二是筛选一批代表性农文旅基地，积极推动车辆客流分析管理系统落地应用，推动数字植物、数字认养、数字科普等前沿技术设备的试点推广，着力提升游客的体验感与参与感，打造在全国范围具有示范效应的数字农文旅样板；三是在市级层面加快建设农文旅大数据平台与云服务中心，广泛收集门票销售、客源地、游客旅游行为、农文旅服务主体行为等相关数据，针对不同游客特征，精准提供休闲旅游攻略、精准路线规划、云呼叫等个性化服务，针对农文旅服务主体，提供市场需求研判、服务质量提升等内容。

三、数字科技促进北京乡村治理科学精准的发展路径

以云计算、移动互联网、物联网、大数据等为代表的数字技术，在促进社会治理精细化、现代化中的支撑作用日益凸显。以信息化技术为工具，推动乡村治理主体、治理过程、治理内容数字化，以数字技术为载体，再造乡

村治理流程，重塑乡村治理体系，为乡村治理提供新手段和新驱动。

（一）推动乡村治理大数据平台建设

一是在北京智慧乡村建设的基础上，整合已有的乡村治理、电子政务等系统平台，启动乡村治理大数据平台试点示范建设工程，建设市级乡村治理大数据平台，并配套开发乡村治理数据库、模型库和数字治理信息系统；二是建立乡村治理大数据的长效运行机制，按照"政府引导+社会化运作"的原则，推动乡村治理大数据平台管理规范、运作专业、开放多元、活力透明，有效激发多元主体参与乡村治理的活力；三是广泛征求基层干部、农民群众的意见与需求，不断优化大数据平台的各项功能，提升治理平台的适用性、交互性，切实减轻用户使用负担。

（二）推动乡村自治数字化

一是利用第三方搭建的小程序或系统平台，如中国电信"村村享"、阿里巴巴"乡村钉"等，提供基于手机、电脑、电视、多媒体触屏等多个终端的村务信息同步共享服务，让村民实时了解乡村大事小情、参与村庄集体活动；二是建立功能完善的"村民说事"系统，搭建民主议事、决策酝酿、投票表决、执行监督等核心系统，配备远程视频参事议事功能，满足村民信息获取反馈、投票调研、事务备案、会议直播等功能需求，实现乡村"全天候"议事说事；三是逐步推动小微权力监督系统建设，设立权力清单、工程项目、办事结果、资产资源等功能模块，将小微权力行使的政策依据、运行程序、运行结果及时上网公示。

（三）推动乡村文化建设数字化

一是根据北京各乡村实际发展情况，建设乡村数字文化云、乡村数字公共文化服务平台、数字农家书屋、乡村智慧文化礼堂等平台，逐步与各区融媒体平台、学习强国平台联通，通过乡村文化网络宣传，提高乡村德治水平；二是着力打造一批乡风文明宣传管理系统，开展优秀村规民约、家风家训、道德模范、感动人物、身边好人、最美人物等网络宣传和网络评选活动，引导北京乡村居民由"要我文明"向"我要文明"转变；三是推动各乡村创立村庄移风易俗微信公众号、抖音直播平台等新媒体渠道，搭建婚丧礼俗扬弃、乡村环境美化、封建迷信治理、敬老孝老提倡等主题活动模块，组织乡村居民广泛开展移风易俗主题宣传实践活动。

（四）推动乡村法治数字化

一是充分发挥首都科技优势，大力推动乡村立体化视频监控系统建设，全面提升视频图像联网共享率，深度应用人脸识别、车辆识别、行为分析、智能研判等技术，实现视频监控网络"全域覆盖、全网共享、全时可用、全程可控"；二是不断升级改造已有的"法治乡村"智慧公共法律服务云平台、乡村法律门诊，试点建设涵盖智能语音识别系统、高清数字法庭系统、庭审录音备份系统、"审务云"等在内的乡村智慧法庭，切实做到网上立案、网上受理、网上庭审；三是建设乡村云上矛调中心，对乡村居民的矛盾纠纷诉求形成"一案一码"，根据事权优先、网格优先的原则，云上矛调中心就近指派调解员及时调解处理，提高矛盾纠纷解决效率。

第六节　对策建议

一、加强组织领导与顶层设计工作

一是要成立农业农村数字化专项领导小组，由其全面负责农业数字化工作，明确农业数字化建设的目标与任务，落实监督工作任务完成情况；二是加强顶层设计工作，制定出台北京数字农业农村中长期发展规划及实施方案，细化政策措施，各区按照规划方案严抓落实；三是因地制宜，以区、乡（镇）为实施主体，出台各区数字农业农村发展中长期规划，制定数字农业农村建设实施细则，设立数字农业农村发展专项基金，通过政府引导、项目驱动、市场参与等鼓励和提升数字农业农村转型积极性、发挥新型基础设施的效能，强化新技术、新产品、新装备的建设与应用落地。

二、加速新型基础设施建设，提供优良基础支撑

一是加速农村地区 5G 基建、大数据、人工智能新型基础设施建设与落地应用，全面提升互联网覆盖率、信息进村入户水平；二是推动传统乡村基础设施数字化提升改造，推动农村地区水利、公路、电力、冷链物流、农业生产加工等基础设施的数字化转型、智能化升级；三是整合农业农村全行业、全系统数据资源，加快推动北京市乡村振兴大数据平台建设，全面对接北京市大数据平台和国家农业农村大数据平台，推进涉农数据跨部门共享和有序

开放，实现数据统一管理和在线共享，丰富大数据创新应用。

三、加快农业数字化示范工程建设

一是推广遥感、无人机、大数据、云计算、物联网等智能化技术在农业农村领域的应用，在北京市基础设施较为完备的科技园区或产业园区，优先布局建设5G智慧农业试点；二是打造一批建有信息智能感知系统与无线传输网络的农业生产基地，配置远程墒情监测站、水文水质监测设备、动物体征监测设备、巡检机器人等；三是推进乡村旅游数字化示范点建设，搭建北京市农旅数据中心、信息采集监控系统、景点4K高清实时监测系统、移动终端系统、景点三维全景等，为消费者提供乡村旅游一站式服务；四是建设一批乡村智治示范村，率先开展大数据技术在乡村公共服务、"三务"公开、村民自治、舆情监测、综治防控等领域的集成应用，助力乡村治理实现事前预警预判、事后精准服务。

四、建设智慧乡村，提升乡村治理现代化水平

一是围绕村庄生态、生产、生活和生命四个要素，在智慧乡村建设基础上，加快新一代信息技术与美丽乡村建设的融合，将智慧乡村建设融入美丽乡村村庄规划和重点工程，与北京市"百村示范、千村整治"工程、农村人居环境整治等有序衔接，持续打造一批国内领先的智慧绿色村镇示范样板；二是在网络基础设施、乡村规划、美丽乡村建设、传统村落保护、惠民工程等建设中，促进数字乡村建设，培育乡村新业态，形成区域示范带动，探索长效机制建设；三是体现新发展理念，创新村庄数字化服务新模式，加快政务数据、惠民工程在村镇间的共享服务，把公共信息服务从解决"有没有"的问题转向解决"好不好"的问题，为农村居民提供更加丰富和精准的公共信息服务。

五、加强新型农业经营主体培训，提升数字化应用水平

一是依托"耕耘者"振兴计划、乡村产业振兴带头人培育"头雁"项目、高素质农民培育计划，分层分类开展新型农业经营主体数字农业技术带头人培训；二是发挥现代农业远程教育传播优势与社交网络平台，定时定期开展专题培训，重点对国家"十四五"数字农业中央级省级政策、数字农业设备设施应用技术、设施农业智慧智能物联网系统等方面进行教授，培育一批具备互联网思维和信息化应用能力强的"新农人"；三是加大数字农业宣传推广力度，创新农货线上销售模式，提升农户对自媒体认知能力和应用水平。

第二章
首都近郊数字乡村建设模式研究
——以海淀区为例

第一节 概述

一、问题的提出

数字乡村是伴随网络化、信息化和数字化在农业经济社会发展中的应用，以及农民现代信息技能的提高而内生的农业农村现代化发展和转型进程，既是乡村振兴的战略方向，也是建设数字中国的重要内容。加快推进数字乡村建设既是补齐农业农村现代化短板的重要举措，也是深入贯彻新发展理念、加快构建新发展格局、实现乡村全面振兴的关键一环。党中央、国务院高度重视数字农业农村建设，近年来密集出台了《数字乡村发展战略纲要》《数字乡村发展行动计划（2022—2025年）》等重要文件，旨在利用互联网新技术对传统产业进行全方位、全链条的改造，提高全要素生产率，发挥数字技术对经济发展的放大、叠加、倍增作用，加快推进农业农村现代化。而据农业农村部县域数字农业农村发展水平评价监测数据，北京市数字农业农村发展相对落后，居于全国中下游水平。针对这一现状，北京市于2022年7月印发了《北京市加快推进数字农业农村发展行动计划（2022—2025年）》，旨在补齐数字农业农村发展短板，加快推进农业农村数字化转型。

国家和北京市的数字乡村相关政策文件均提出数字乡村建设要因地制宜、分类推进，海淀区城镇化率已达到97.6%，保留村主要集中在山后区域的上庄镇和苏家坨镇，这些村庄定位为生态涵养区，产业发展遇到瓶颈。而海淀又是"北京国际科技创新中心"核心区，科技聚集优势明显，具有很强的经济实力。海淀区的数字乡村应该怎么建，如何发挥海淀的优势及特点，如何以科技带动乡村数字化、以数字化带动产业发展，都是值得思考和研究的问题。

本研究旨在通过调研了解北京市数字乡村建设现状、政府相关管理部门的发展思路以及数字乡村建设过程中的难点问题，并以海淀区为例，在广泛借鉴国内外成功经验和深入分析海淀区数字乡村建设特点、需求的基础上，提炼出适宜首都近郊发展的数字乡村建设模式，提出具有针对性和可操作性的对策建议。

二、文献综述

目前，学者们关于数字乡村的研究涉及理论、作用机理、影响因素、建设模式、建设路径、水平评价、政策等方面。在理论研究方面，主要论述了数字乡村建设的内涵、特征、框架等方面，对于什么是数字乡村、为什么要建设数字乡村给予了学理上的诠释。不少研究认为数字乡村的本质是"为人赋能"，也即通过"心理—结构—权力"或"个体—组织—社区"等层面的技术赋能，增强多元主体的知识能力、技术能力及治理能力。在作用机理研究上，研究认为数字乡村主要以"数字孪生"为基本原理，重点通过"物理世界"和"数字世界"叠加的虚拟空间，构建包括市场、组织和技术创新在内的双向循环模式，并以"数据要素赋能"和"平台组织搭建"等方式，推动乡村生产关系的数字化变革。在影响因素方面，乡村数字赋能主要受到城乡数字鸿沟大、产业转型难、治理体系差等因素的制约，并且面临政策体系不完善、技术支持不到位、多元主体赋能不足等实践困境。在建设模式研究方面，一是研究总结国外发达国家的数字乡村建设模式，如美国多元共进矩阵型发展模式、日本政策导向与信息技术支撑的联动型发展模式、英国双向协同的秩序化发展模式、法国互联网企业+政府+信息技术推动的多元组团发展模式、加拿大基于高效信息资源整合共享的发展模式等。二是研究分析国内数字乡村建设的一些典型模式，提出中国的数字乡村建设模式，如以广东数字农业的5G智能生产和网络营销为重点的发展模式、云南高原特色农业发展模式、浙江德清数字化综合赋能模式、河南鹤壁数字化改造提升模式、多主体联合共建模式等。在实现路径方面，数字乡村建设需要以技术、历史与政策构筑的复合语境为逻辑起点，应遵循"顶层设计—试点探索—全面推广"的基本路径，重点在生产、生活、生态、治理等应用领域，通过政策嵌入、空间重构与技术赋能的行动策略，真正推进乡村的数字化转型。在数字乡村建设水平测度和评价方面，农业农村部信息中心从发展环境、基础支撑、生产信息化、经营信息化、乡村治理信息化和服务信息化6个方面，构建农业农村信息化评价指标体系，对全国以及各省区市的县域农业农村信息化水平进行测度。多位学者从乡村数字信息基础、数字经济新业态、农业数字化、乡村生活数字化等维度构建了指标体系，对我国数字乡村发展水平进行测度。在政策研究层面可归纳为两个方面：一是在总结国内外数字乡村建设经验基础上提出中国数字乡村建设的政策选择，如梳理总结美国、英国、法国、日本等国以及我国浙江、江苏、上海等地在农业农村数字化建设上的先进做法和经验，提出中国应从强化政策引导、增强数字乡村基础设施、强化数字乡村资源全链条监管、提高农民数字化素养等方面进行数字化转型升级。二是指出中国数字乡村建设存在的现实困境及建设路径。研究认为，我国在数字乡村建设发展的过程中仍然面临着数字技术在乡村的认同感缺失、数字鸿沟和乡村数字治理体系尚未建立、数字形式主义滋生蔓延、公共资源分配不合理等现实问题。实施数字乡村战略，推动农业农村现代化发展，需全面掌握数字时代的新技术、新理念、新业态，处理好人与自然、政府与市场、创新与应用的关系，优化产业、物质装备、劳动力等布局，促进现代数字技术与乡村生产生活生态全面深度融合。

综合而言，现有研究呈现了数字乡村建设的基本蓝图，但仍留有可供描绘探究的空间，特别是对北京市数字乡村发展现状、数字乡村建设的场景等探讨较少，同时，尚未厘清大城市近郊区数字乡村建设的模式、路径和机理。因此，本研究以北京市海淀区为例，旨在探讨大城市近郊的特点、优势和挑战，探索分析适宜大城市近郊的数字乡村建设模式，提出相应的优化对策。

第二节　数字乡村政策梳理

一、国家数字乡村相关政策

当前，新一代信息技术创新空前活跃，不断催生新技术、新产品、新模式，推动全球经济格局和产业形态深度变革，为数字乡村发展创造了前所未有的重大机遇。党的十八大以来，以习近平同志为核心的党中央作出一系列重要战略部署。2018年中央一号文件《中共中央 国务院关于实施乡村振兴战略的意见》首次提出"数字乡村"概念,提出要实施数字乡村战略,大力发展数字农业。之后,中共中央、国务院、人大、各部委等从法律、规划、行动计划等多个层面不断强化完善数字乡村政策制度体系(见表2-1)。

表2-1 国家数字乡村主要政策法规

发布时间	政策名称	发布单位
2019年5月	《数字乡村发展战略纲要》	中共中央办公厅、国务院办公厅
2019年7月	《〈数字乡村发展战略纲要〉主要任务分工方案》	中央网信办、农业农村部
2020年1月	《数字农业农村发展规划(2019—2025年)》	农业农村部、中央网信办
2020年5月	《2020年数字乡村发展工作要点》	中央网信办、农业农村部
2021年3月	《中华人民共和国国民经济和社会发展第十四个五年规划和2035年远景目标纲要》	国务院办公厅
2021年4月	《中华人民共和国乡村振兴促进法》	全国人民代表大会常务委员会
2021年9月	《数字乡村建设指南1.0》	中央网信办、农业农村部
2021年12月	《"十四五"国家信息化规划》	中央网络安全和信息化委员会
2022年1月	《数字乡村发展行动计划(2022—2025年)》	中央网信办、农业农村部等部门
2022年2月	《"十四五"推进农业农村现代化规划》	国务院办公厅
2022年3月	《"十四五"全国农业农村信息化发展规划》	农业农村部
2022年4月	《2022年数字乡村发展工作要点》	中央网信办
2022年5月	《乡村建设行动实施方案》	中共中央办公厅、国务院办公厅
2022年8月	《数字乡村标准体系建设指南》	中央网信办等四部门

在法律层面,《中华人民共和国乡村振兴促进法》规定,"国家鼓励农业信息化建设""推进数字乡村建设"。

在规划层面,2019年中共中央办公厅、国务院办公厅印发《数字乡村发展战略纲要》,明确指出数字乡村是伴随网络化、信息化和数字化在农业农村经济社会发展中的应用,以及农民信息化技能的提高而内生的农业农村现代化发展和转型进程,既是乡村振兴的战略方向,也是建设数字中国的重要内容;指出要将数字乡村作为乡村振兴的战略方向,加快信息化发展,整体带动和提升农业农村现代化发展。同时,《中华人民共和国国民经济和社会发展第十四个五年规划和 2035 年远景目标纲要》《"十四五"国家信息化规划》《"十四五"推进农业农村现代化规划》《"十四五"全国农业农村信息化发展规划》等，都对数字乡村建设作出进一步部署。

在行动计划层面，2020 年，农业农村部联合中央网信办印发《数字农业农村发展规划（2019—2025 年）》，提出新时期要以数字化引领驱动农业农村现代化，为实现乡村全面振兴提供有力支撑。2022 年，中央网信办、农业农村部等七个部门联合印发《数字乡村发展行动计划（2022—2025 年）》，提出了行动目标，部署了 8 个方面 26 项重点行动和 7 项重点工程，并提出了 6 个方面的保障措施，确保行动落到实处。2022 年，中共中央办公厅、国务院办公厅印发《乡村建设行动实施方案》，提出实施数字乡村建设发展工程。特别是 2021 年和 2022 年的中央一号文件继续对数字乡村建设作出部署安排。

在推进落实层面，2020 年中央网信办、农业农村部会同相关部门制定印发《〈数字乡村发展战略纲要〉主要任务分工方案》，明确各项任务的职责分工，扎实有序推进数字乡村建设，确保各项任务落到实处。同时，自 2020 年起，每年中央网信办都会联合农业农村部等部门印发《数字乡村发展工作要点》，对当年的数字乡村工作进行部署。此外，中央网信办、农业农村部等部门印发了《数字乡村建设指南 1.0》，提出了数字乡村建设的总体参考架构以及若干可参考的应用场景，指导各地数字乡村的建设、运营和管理。目前，已启动指南修订工作。中央网信办等四部门印发《数字乡村标准体系建设指南》，指导当前和未来一段时间内的数字乡村标准化工作，以标准化建设引领数字乡村高质量发展。

二、北京数字乡村相关政策

自 2019 年《数字乡村发展战略纲要》印发以来，北京市在数字乡村建设方面也作出了一系列部署。《北京市关于加快建设全球数字经济标杆城市的实施方案》提出，要加快数字化赋能现代农业，推动农业企业数字化转型。《北京市"十四五"时期乡村振兴战略实施规划》提出发展智慧农业，大力推进应用场景建设。《关于全面推进乡村振兴加快农业农村现代化的实施方案》和《关于做好 2022 年全面推进乡村振兴重点工作的实施方案》提出要大力推进数字乡村建设。2022 年 7 月，经市政府同意，北京市农业农村局、北京市委网信办联合印发了《北京市加快推进数字农业农村发展行动计划（2022—2025 年）》，制定了发展目标，部署了数字底座和基础支撑、全面提升乡村产业数字化水平、推进乡村治理数字化、推进乡村服务数字化、加强农业信息化技术研发和转化应用等5大类29项重点任务，明确了工作机制和保障措施，为北京市"十四五"时期数字农业农村工作提供了全面指引。

同时，数字农业农村是北京市数字经济标杆城市建设、智慧城市建设的重要组成部分，北京市出台了《北京市数字经济促进条例》《北京市"十四五"时期智慧城市发展行动纲要》《关于加快培育壮大新业态新模式促进北京经济高质量发展的若干意见》《北京市加快新场景建设培育数字经济新生态行动方案》等一系列政策文件，也对数字农业农村工作提出了要求（见表2-2）。

表2-2 北京市数字乡村相关政策法规

发布时间	政策名称	发布单位
2020年6月	《关于加快培育壮大新业态新模式促进北京经济高质量发展的若干意见》	中共北京市委、北京市人民政府
2020年6月	《北京市加快新场景建设培育数字经济新生态行动方案》	中共北京市委、北京市人民政府
2021年3月	《北京市"十四五"时期智慧城市发展行动纲要》	北京市大数据工作推进小组
2021年3月	《关于全面推进乡村振兴加快农业农村现代化的实施方案》	中共北京市委、北京市人民政府
2021年8月	《北京市关于加快建设全球数字经济标杆城市的实施方案》	中共北京市委办公厅、北京市人民政府
2021年8月	《北京市"十四五"时期乡村振兴战略实施规划》	北京市人民政府
2022年4月	《关于做好2022年全面推进乡村振兴重点工作的实施方案》	中共北京市委、北京市人民政府
2022年7月	《北京市加快推进数字农业农村发展行动计划（2022—2025年）》	北京市农业农村局、中共北京市委网络安全和信息化委员会办公室
2022年12月	《北京市数字经济促进条例》	北京市人民代表大会常务委员会

第三节 北京市数字乡村发展概况

为全面了解掌握北京市数字乡村发展情况，对北京市13个涉农区开展数字农业农村情况调研，调研方式为座谈和实地调研。通过与各区农业农村局进行座谈，详细了解各区数字农业农村建设总体情况。通过调查了解和各区推荐，遴选了数字乡村建设典型单位，以座谈讨论、现场走访等形式开展调研，详细了解各单位基本情况、数字技术和装备应用现状、创新应用、存在问题和发展需求。结合全国农业农村信息化能力监测数据，对北京市数字乡村发展情况进行了全面分析。

一、北京市数字乡村发展现状

（一）农业农村信息化发展总体水平逐步提升

近年来，北京市围绕政策支持、设施农业、电子商务、试点示范等开展了一些工作，取得了一些成效，北京市农业农村信息化发展水平稳步提升。据《中国数字乡村发展报告（2022 年）》，2021 年北京市农业农村信息化发展总体水平约为 40.23%，较 2020 年提升 5.33 个百分点，在全国 31 个省（自治区、直辖市）中排名第 11 位，较 2020 年提升了 6 个名次。

（二）数字乡村发展支撑环境持续优化

1. 加强顶层设计和统筹协调

经北京市政府同意，北京市农业农村局、市委网信办于 2022 年 7 月 5 日联合印发了《北京市加快推进数字农业农村发展行动计划（2022—2025 年）》（以下简称《行动计划》）。《行动计划》部署了 5 大类 29 项具体任务，并提出了具体实施内容和量化指标，明确了实施步骤、工作机制和保障措施，为"十四五"时期北京市数字农业农村建设提供全面指引。同时，为加强市级各部门间的统筹协调，2022 年 12 月，北京市农业农村局、市委网信办联合印发了《北京市加快推进数字农业农村发展统筹协调机制》，各单位形成合力，共同推进落实数字农业农村工作。

2. 管理服务机构进一步完善

北京市数字乡村工作由市委网信办和北京市农业农村局负责全面统筹推进。2018 年机构改革后，北京市农业农村局成立了市场与信息化处，负责编制本市农业农村经济信息体系建设规划，指导农业农村信息化有关工作和指导农业信息服务和有关农产品市场信息服务工作。13 个涉农区农业农村局均设置了主管或承担信息化相关工作的行政科室，7 个区设置了信息中心或信息站等事业单位。《行动计划》印发后,各涉农区纷纷响应,着手成立专班和编制本区数字农业农村工作实施方案。

3. 数字乡村建设投入逐年递增

2021年北京市农业农村信息化财政投入比2020年同比增长14.6%,财政投入和社会资本投入总体呈现逐年递增趋势,但在全国依然处于落后位置。各区在数字乡村的财政投入仍以市级财政为主,且多用于数字农业试点、区级大数据平台建设等。总体来看,全市数字乡村建设整体资金投入力量薄弱,且财政投入资金数量不稳定,持续性投入不够,社会资本投入机制仍有待完善和激发。

(三)乡村数字基础设施建设加快推进

1. 夯实农村网络基础设施

基本实现了乡镇、重点行政村的5G网络覆盖,市行政村5G通达率为96.94%;乡村固定宽带用户向高速率迁移,乡镇宽带通达率100%,光纤网络接入城乡、行政村通达率达100%;北京市互联网普及率为87.65%,比2020年提升16.9个百分点,乡村基础设施进一步夯实。

2. 加强新型基础设施建设

持续推进北京市乡村振兴大数据平台建设。北京市农业农村局依托"三京"和"七通一平"北京市共性基础平台,采用"数据一仓库、管理一平台、决策一张图、应用一掌通"的总体架构,持续推进北京市乡村振兴大数据平台建设。2021年已完成了一期"数据一仓库、决策一张图"的建设,2022年重点推进"管理一平台、应用一掌通"建设。

(四)数字农业建设持续推进

1. 农业生产数字化水平略有提升

推动大数据、云计算、物联网等技术在农业生产经营领域的示范应用,农业生产信息化水平逐步提升。但不同产业间差异较大,畜禽养殖信息化水平>水产养殖>大田种植>设施栽培。2021年,北京市实现质量安全追溯的农产品产值占比为27.54%,比2020年提升5.52个百分点。

2. 种业数字化稳步推进

组织实施玉米、奶牛和鲟鱼等9个物种联合攻关,推进全基因选育技术在种质创制和品种选育中应用。支持首农食品集团打造国家级畜禽种业核心分子育种中心，建设成集育种全业务流程数据采集、存储、计算、利用为一体的综合性种业科技创新平台，为畜禽新品种创制奠定坚实的数据基础，加速推进北京地区畜禽育种进入育种 4.0 时代。持续推进种业行业数字化监管，对全市农作物种业、畜禽种业和种企信息等开展统计调查、监测和分析，及时掌握全市种业现状。

3. 种植业数字化多点突破

推动数字农业试点建设，以点带面，引领带动北京市智慧农业发展。推动完成了朝阳区、海淀区国家数字农业创新应用基地建设，开展设施生产全程信息技术集成应用示范，打造了北京首个全国产化智能装备连栋温室，并在连栋温室、日光温室、春秋棚等多类型设施温室的基础上开展了智能化应用示范，取得了不错的效果；完成了国家数字农业装备创新中心建设，推广了各类数字农业传感器及装备，打造典型样板工程；推动"京西稻智慧农场""露地蔬菜无人农场"等农业生产应用场景建设；开展了"数字菜田"建设，部署农业物联网智能监测设备 1.97 万套，实现了设施数据的自动化采集。

推动种植业数字化监管。建成了"北京市种植业综合管理系统"，实现了对生产经营主体、农业设施数据的精准管理；依托系统发放菜田补贴、耕地地力保护补贴、小麦一次性补贴等 4 类补贴；基于"数字菜田"项目采集的温室图像数据，开展设施生产状态和作物品种识别研究，并应用到北京市种植业综合管理平台，有效提升了设施温室智能监管水平；建成了种植业领导驾驶舱，对种植业生产、主体、经营等数据进行全方位的展示分析，为决策提供支撑。

4. 畜牧渔业数字化不断提升

新建一批智能化猪场，提升畜牧业数字化水平。近两年，全市新建、改扩建了一批设施设备自动化、智能化、粪污处理和生物安全防控方面具有较高水平的生猪养殖场，提升了畜牧业生产信息化水平。

畜牧业监管数字化水平逐步提升。一是利用全国养殖场直联直报信息平台、北京市水产业务报表系统等，实现了本市畜牧渔业在产规模企业统计数据全覆盖，数据完整性、准确性有大幅提升。二是将全市现有有效备案生猪运输车辆、生鲜乳收购站、生鲜乳运输车全部纳入系统监管，提高了监督检查效率和准确率，加大了违法行为的识别力度。三是强化外埠调入种猪、仔猪调运监管，实现了重点环节的全程在线监管。

（五）乡村新业态蓬勃发展

1. 农村电商发展势头良好

农产品网络销售率明显提升。积极引入电子商务、大数据等现代信息技术，形成了线上带动线下、线下促进线上的融合发展格局。2021年，全市农产品网络零售额占比为12.8%，比2020年提升3.19个百分点。

"互联网+"农产品出村进城试点成效显著。延庆区作为北京市唯一的农业农村部的"互联网+"农产品出村进城工程试点单位，充分发挥区域公用品牌引领带动作用，依托现有资源构建冷链物流体系，融合线上线下产销模式，多措并举全面发展，取得了显著成效。一是大力培育"妫水农耕"品牌，建立了品牌管理体系和联盟成员准入准出准用机制，完成了45类全品类的商标注册申请，线上销售产品达50余种。二是扫清了农产品运输障碍，着力打造"农邮通"三级物流体系。三是建成了大榆树农产品进城集中处理中心，实现了乡镇有网点，村村有服务，已成为农产品出村进城重要渠道。四是借力直播销售东风，以"妫水农耕"为主题庆祝中国农民丰收节，举办了多场延庆区优质农产品网络直播活动，助力延庆农产品销售。

通过拓渠道、强培训，积极推进农村电商发展。市级启动"京品营销渠道建设"，通过互联网、大数据等信息技术赋能，强化"市、区、企"三级联动的品牌数字化管理与服务。与头部电商平台对接，在京东平台建设运营了"云上京品"特色馆，整合了北京地区优质农产品资源，打造线上电商直播、线下团购的整合性营销矩阵。同时，市区两级开设了农村电商专题培训班，通过线上线下培训+实操，培训新农人应用信息技术开展农业经营、网络销售的能力，培养了一批懂电商、会直播的新农人。

各区积极探索农产品电商。例如，密云区年销售额千万级以上农产品电子商务企业达到13家，一批年销售额百万级农业电商企业，涌现出密农人家、密园小农、密水农家等一批知名企业和品牌，大学生返乡创业成为电商事业的主导力量，极大地带动了当地农产品的销售，提高了产品知名度；平谷区通过建设镇级电子商务服务中心、举办电商培训、开展直播活动、加强物流企业合作等方式，积极推进大桃电商销售。2022年，通过电商销售大桃达到5200余万斤，电商销售占比由2021年的14.7%提高至20.5%，促农增收1.7亿元；顺义区的顺鑫农业建设了国内首个肉牛产业互联网公共服务平台——鑫牛网，组建了电商专班，积极探索抖音持续直播销售。

2. 智慧文旅持续推进

加强线上公共文化数字供给，统筹全市公共图书馆、文化馆，鼓励引导知名文化企业，联合推出涵盖图书、音乐、舞蹈等数字文化资源，推进乡村文化数字化保护和宣传展示。举办"稻花香里逛京郊"活动，集中推出首批15个不可不去的村庄，打造乡村休闲度假目的地，进一步释放京郊旅游消费潜力。举办"春夏秋冬"四场市级休闲农业推介活动，开展"京华乡韵·桃源深处有人家""京华乡韵·寻味昌平四季青"等系列主题宣传。开展北京休闲农业"京华乡韵"十大休闲农业伴手礼、十大特色乡村美食、十大京郊休闲农业打卡地、十大学农教育和农事体验园等特色评选活动。同时，做好行业数据监测。据 2022 年国庆假期监测数据显示，乡村旅游接待人次和经营收入较 2021 年呈现稳步增长态势，76 个市级以上美丽休闲乡村中 85% 的乡村正常营业，京郊游依然是市民的主要选择。

（六）乡村数字化治理效能不断提升

1. "三务"公开数字化水平有所提升

北京市应用信息技术实现行政村"三务"公开水平为 76.85%，比 2020 年提升 29.51 个百分点。村民在线议事的行政村覆盖率为 97.12%。

2. "互联网+政务服务"不断深化

北京市政务服务在线办事率为 93.59%，比 2020 年提升 3.48 个百分点，排名全国第 1 位。其中，镇街级涉农事项进驻镇街政务服务中心，并 100% 委托受理，实现涉农政务服务事项"全程网办"率达到 100%。

3. 乡村基层治理数字化水平不断提高

北京市积极探索信息技术在基层党建、便民服务、村务公开、人居环境整治等方面的应用，有效提升乡村治理数字化水平。如开发应用"晓村务""智慧村庄"等系统，实现党务、村务和财务公开，智能防汛、智能防火、垃圾分类、物业服务、在线办证等，推动智慧乡村建设。探索数字技术赋能乡村公共服务，通过搭建公共服务网络平台，提供政务服务、便民服务、产业发展服务，畅通沟通反馈渠道，打通乡村公共服务"最后一公里"，有效提升了乡村公共服务的可获得性，如通州区皇木厂村建设的智慧乡村电视云服务平台——"皇木厂生活圈"。

此外,通过"雪亮工程"建设,对农村地区的进出村庄出入口、村内道路、公共活动场所等公共区域补盲补缺,覆盖了所有行政村出入口和重点部位。据监测数据,北京市公共安全视频图像应用系统的行政村覆盖率为92.5%,其中,有8个区覆盖率达到100%。北京市拥有应急广播主动发布终端(包括收音机、机顶盒、电视机、大喇叭、显示屏及其他视听载体等)行政村覆盖率为99.02%。这些信息化基础设施为北京市乡村基层数字化治理奠定了基础。

(七)数字惠民服务扎实推进

1. 全面推进信息进村入户工程

全市13个涉农区建成益农信息社3285家,基本实现了全覆盖。在益农信息社管理和持续运营方面,充分整合涉农资源、融合服务渠道、构筑信息化平台、拓展服务方式,将益农信息社与"产业振兴"相结合,创新思维提出"轻资产建站、跨界运营"理念,因地制宜确定村级"一村一社一产业"、镇级"一镇一店一品牌一直播"、区级"一区一中心一孵化器"的三级运营模式。以房山区周口店镇为试点,探索镇级商业综合体模式和益农社可持续发展机制。在数字化支撑方面,维护"北京信息进村入户工程云平台",数据同步对接部级平台,下接服务小程序和数据库,实现了数据互联共享。开发了"益农村村购"和"京味儿商城",推动农产品上行和农村电商发展。在培训方面,通过现场讲解互动、录制视频教学课件等线上+线下的方式,对村信息员和村书记进行培训,全面提高了对项目的认知和认可程度。

2. 线上线下培训助力农民数字化素养提升

打造"北京农业科技大讲堂"。北京农业科技大讲堂平台打造了"京科惠农""乡村讲堂""市民讲堂"三个特色板块,针对不同用户对于农业科技的不同需求,分别以"传播科学技术,农业提质增效""科普科学知识,提升科学素养""认知农业知识,建立农业情怀"为目标,开展农业科技服务。2022年,共开展直播培训51场,服务京津冀及全国范围14万人次。组织进乡村、进学校、进社区线下活动13次,累计服务1000余人次。制作50部培训课件或视频,累计时长2000余分钟。

开设农村电商专题培训班。市区两级根据农民需求,积极开设农村电商专题培训班，融合农产品保鲜加工、休闲农业和现代种植产业等课程，提升了农民运用数字技术开展农业生产、农业经营管理、网络营销等能力，同时将市级示范培训班全过程录入"农民教育培训信息管理系统"，实现了实时监管和追溯，确保了培训时效。

挂牌成立"北京农产品公益直播间"。设立了新农人直播实训中心1个，免费向全市农业主体开放。建立了电商直播培训课程体系，开设直播培训课程，全年开展直播培训20期，直播实战演练20场，指导农民参与实际直播，通过"培训+实战"模式，培养了一批懂电商、会直播的新农人。

二、存在的主要问题

（一）数字化水平整体偏低，数字技术支撑不足

农业生产数字化应用不均衡，畜禽养殖业数字化程度整体高于种植业和水产养殖业。种植业差异也较大，少部分农业园区或企业数字化应用程度较高，但大多园区处在温湿度监控等基础信息化设备建设阶段，数字化应用程度不高，仍处于探索起步阶段，未形成互联互通，无法构建完整的数字农业生产数据底座。此外，由于数字化投入较大，园区、企业或村集体通常无力承担建设和后期运维费用。

数字乡村发展水平较低，农业农村基础设施、应用意识和应用水平等方面的数字鸿沟依然存在。调研发现，尽管北京市自2014年以来建设了233个智慧乡村，通过配置办公设备、智能广播、软件系统等提升农村管理信息化水平，但在项目结束后，由于缺乏专业的管理人员和相应的维护，多数系统已停用，运行效果欠佳。数字技术在促进城乡一体化、公共服务均等化、人居环境改善提升等方面的作用尚未充分发挥。整体来看，数字技术与农业生产经营、农业休闲旅游、农产品电子商务、乡村文化等业态的融合仍有待深入，数字技术支撑新业态发展的潜能有待进一步发挥。

（二）数字化基础支撑薄弱，缺乏长效管护机制

现有园区农业数字化基础支撑薄弱，目前应用较为广泛的是自动卷膜卷被设备，但大部分仅实现了自动化，并未实现智能化。部分园区或企业虽然建立了相应的信息化管理软件或平台，但属于通用型平台，并未与园区需求进行充分对接并进行个性化定制，导致应用效果不佳。设施农业专用的小型智能农机装备较为缺乏，国内有竞争力的企业较少，产品质量不高、寿命短、

售后差，且不能享受购置补贴，部分老旧设施不适宜进行机械化作业。此外，由于当前农业数字化装备厂家众多，部分产品质量良莠不齐，农业企业面临选择困难、购买渠道不畅等问题，导致购置积极性不高。产品升级迭代快、售后服务差、运维费用高等问题导致设备缺乏有效养护和运维，造成损坏、闲置或废弃，使用户对产品信心不足，持续应用需求不旺盛，极大地阻碍了数字化装备的普及应用。

（三）缺乏内生动力，数字技术应用积极性不高

尽管已有部分生产经营主体运用现代信息技术实现了生产、经营和管理等环节的重塑，但大部分生产经营主体对数字化认识不深，应用信息技术的意识不强，缺乏深入思考，对应用效果往往持怀疑和观望态度，且数字化建设涉及软硬件投资、人员培训，甚至业务流程的重组和再造，需要进行整体设计，部分主体依然存在"等、靠、要"思想，不愿承担应用成本，项目建设期结束后的运维、流量等费用及可能产生的风险。部分生产经营主体基于优惠政策或主管部门的项目投资应用了部分数字化装备，但与其自身发展需求对接不够紧密，节本增效效果不显著、投入产出不成比例，导致内生动力缺乏、应用积极性不高等问题。

（四）专业技术人才短缺，阻碍了数字化发展进程

农业数字化人才对专业素质要求较高，既要具备现代农业技术知识，又要能够熟练使用各种信息工具。与逐步完善的农业数字化硬件设施相比，农业数字化人才的"量和质"显得尤为薄弱，人才短缺的矛盾日益凸显。农业农村数字化缺乏人员支撑，扎根农业、农村的数字化人才缺乏，服务队伍不够稳定。此外，当前从事农业生产和村务管理的人员年龄普遍偏大，文化素养较低，数字化意识不强，数字化装备应用能力差，一定程度上限制了数字化设备和系统的推广应用。

三、北京市数字乡村建设典型案例

（一）北京市华都峪口禽业有限责任公司

北京市华都峪口禽业有限责任公司隶属北京首农食品集团，是集蛋/肉鸡品种选育、种鸡扩繁、雏鸡推广和科技服务于一体的世界级家禽育种企业、全球最大的蛋鸡制种企业和农业产业化国家重点龙头企业。产业布局立足北

京、辐射全国、放眼"一带一路"沿线，种鸡规模世界第一，产品全国市场占有率50%。公司深度融合应用物联网、移动互联网、大数据、云计算等现代信息技术，首创智慧蛋鸡物联互通模式，探索出蛋（种）鸡数字养殖技术集成应用解决方案，不仅做到了从品种选育到种鸡生产、种蛋孵化再到雏鸡销售、物流运输等过程的智能控制、数据集成及共享，实现了企业育种精准化、扩繁数字化、服务智慧化，而且开启了全产业链数据智能分析、有效利用的新局面，加速推进了产业生产智能化水平，带动了养殖户增收增效，发挥了产业示范带动作用。

主要做法及成效：

1. 信息化培育家禽中国芯

建立以生物技术为核心、现代信息技术为支撑，具有自主知识产权的现代化家禽育种技术体系，研发集数据自动采集、实时储存、智能分析等功能于一体的家禽育种管理系统，有效集成和高效处理育种核心群、配合力测定、生产性能测定等年亿万级海量育种大数据，实现精准采集、无纸化记录、智能分析和选种选配可追溯，选种选配效率提高40%以上，育种效率提高50%以上。精准培育出满足国人多元化需求的家禽新配套系6个，将家禽种业"中国芯"牢牢掌握在自己手中。其中：选育出的5个京系列蛋鸡已成为国内最适合规模化、集约化饲养的农业农村部主导品种，累计推广55亿只，国内市场占有率50%。沃德168肉鸡是国内首个获得国家畜禽新品种（配套系）证书的小型白羽肉鸡配套系，开创我国白羽肉鸡自主育种先河，已累计推广商品代雏鸡5亿只，打响突破国外垄断的攻坚战。

2. 信息化打造扩繁新典型

公司致力于现代信息技术在蛋种鸡企业的研究与应用，开发规模化种鸡场物联网自动化设备控制及环境控制系统、种鸡生产数据移动采集系统、BI大数据分析系统等，并将物联网与信息管理系统进行有效集成，首创蛋种鸡养殖物联互通模式，打造百万蛋种鸡产业园集约化数字化生产新样板，创造出集约化数字化生产高效能：人均饲养种鸡量由3000套提高到8000套，公母鸡比例由1∶30降低至1∶80。年产健母雏达到8000万只，可满足全国8%的蛋雏鸡需求。

装备自动化。应用国家科技攻关最新成果，国内首例六层H型蛋种鸡笼，单栋种鸡存栏量中国第一，实现人工输精模式下劳产率最高。引入喂料自动化控制系统、水线乳头饮水系统、AC2000自动控制系统等，鸡舍内通风、降温、光照、喂料、饮水全部实现自动化；采用中央集蛋系统，实现鸡蛋自动收集、自动传输、自动分级、自动装车。

饲喂数字化。通过鸡舍控制系统将与其匹配的脉冲水表、上料传感器和称重计量器等附属设备进行连接，实现可根据舍内饲养鸡群的品种、存栏量、舍内温度自动匹配对应上料量，然后进行自动喂料和以栋为单位的每日耗料量的精准计量，通过将实际耗料量与标准耗料量进行对比，提前预判鸡群健康状况；而且可通过对不同条件下参数范围的设定，实现超范围预警及实时自动调节，提高了问题处理及时性及养殖效率。

环控精准化。基于物联网感知技术及自动化设备控制技术的规模化种鸡场物联网自动化设备控制及环境控制系统，在线采集蛋鸡养殖场环境信息，并通过传感设备将获取的海量信息传输到生产数据采集平台、大数据平台等应用平台进行融合、处理，建立环境数控模型，实现远程集中控制、自动调节通风、湿帘、照明等环境参数；同时，通过预警数据配合实时监控系统，远程控制、调节设备运行状况。

3. 信息化开启服务新探索

联合国家高新技术企业、中关村高新技术企业——北京沃德博创信息科技有限公司，在业内率先开展产业+互联网实践，打造了蛋鸡行业首个实现养殖资讯、生产技术、疾病诊断、在线培训、农资农产交易和金融贷款服务全覆盖的智慧蛋鸡公共服务平台，一站式解决了产业各环节的痛点和难点，推动了行业数据管理和智慧经营。

技术精准推送。首创精准养殖服务系统，形成了不同蛋鸡品种全生命周期的精准养殖调控机制和数据分析体系，实现了"点对点"时时精准推送，并对异常数据进行预警提醒，提高了数字化养殖水平。

疾病智能诊断。构建蛋鸡疫病智能诊断模型，研发AI智能兽医诊疗系统，实现了蛋鸡38种常见疾病智能识别，3秒即可给出诊断结果和解决方案，免费、高效解决养殖疑难杂症，打造出养殖场户贴身的兽医博士。

养殖智慧经营。创新中国蛋鸡市场大数据集成技术和数据处理方案等，构建了中国蛋鸡市场四大指数，充分发挥大数据智能分析和预测预警功能，提高了从业者对蛋鸡市场收益的预见性，为其经营决策提供可靠的市场依据。

（二）长子营航食基地现代农业产业园

长子营航食基地现代农业产业园位于大兴区长子营镇，2017年9月获得了北京市的第一批现代农业产业园创建资格。长子营航食基地现代农业产业园立足镇域实际，提质提速发展蔬菜这一主导产业，通过科技引入集聚现代农业发展要素，布局统一品牌建设、统一生产管理、统一农资销售、统一产品追溯、统一质量检测、统一农残回收的"六统一"模式，打造农产品生产销售全过程、农作物生长全过程、农残回收利用全过程的可追溯、可监控、可循环的现代农业产业模式。

1. 坚持安全为先，优势特色产业构建取得新进展

依托镇域资源禀赋，规划建设13600亩航食蔬菜生产基地，不断深化与高新企业和科研院所的合作，制定了《长子营镇航食现代农业产业园种植规范》和《长子营镇航食基地现代农业产业园鲜切蔬果加工技术规范》等一系列生产规范文件，实现了统一种植标准的全覆盖。

建立农业投入品销售连锁经营机制，将全镇12家农资经营主体纳入产业园统一农资销售监管平台，实时监管农业投入品的进货、销售、使用的所有环节。在长子营的农资销售店买到的任意一种农药，在外包装上都多了一个条形码标签，这个小小条形码就是农药的身份证和合格证：一方面统一农资销售行为，另一方面便于农户滥用农药的管理；同时扫描条形码，还可快速进入产业园农资服务平台，查询农资采购配送服务信息等。

建立长子营镇县级标准的农产品质量检测中心，实现对全镇农业产业的环境监测、过程检测和产品检测。同时建立田间农产品检测服务队，移动式高效检测监管全覆盖。

2. 坚持科技为源，全程追溯信息网络迸发新活力

紧抓现代农业产业园建设契机，围绕区域农业现代化建设目标，推动互联网技术在农业全产业链的深度融合，建设长子营航食产业园农业智慧物联网大数据平台。平台开发了基于智能手机的移动数据采集终端，在镇、村、生产主体建立农产品质量安全权限管理机制，实现了镇域农产品质量安全信息采集全覆盖。后台通过用户管理、数据管理等实现功能输出、终端展示和农事服务等35项物联网数据功能。

平台收录了全镇13600亩航食种植基地的产品信息、位置信息、生产信

息，布局多家核心园区生产全过程可视化通道。通过物联网技术，自动采集农产品生产配送全过程的品牌信息、产品认证信息、农事记录、环境数据、生长期图片、实时视频、加工配送信息等数据。一物一码，通过可追溯监管平台系统，为每一品类每一批次的上市农产品生成对应唯一的二维码，包含了独立的追溯信息，意味着航食现代农业产业园产出的每一件商品都贴上了独有的"身份证"。扫描二维码，即可查看对应产品的生产全过程，实现了产品的全程可追溯。为产业园提供了生产、运输、销售的全产业链智慧农业解决方案。

3. 坚持品牌为要，线上线下销售网络实现新融合

按照"一平台、三支点、五统一"模式实施长子营航食基地品牌推广的线上线下销售网络搭建，以长子营智慧物联网平台种植、加工、包装等信息的全面对接为基础，以新媒体、新技术、新零售为支点，形成自动化、智能化和智慧化销售模式，实现长子营"凤河源"品牌农产品的实体化运营和规模化销售。开发并运营长子营"凤河源"商城网络端和手机 App 端，植入全程可追溯线上信息模块，实现科技赋能的线上产品销售。建设产业园农产品直销店，24 小时无人售卖销售柜。同时对接大型企业、餐饮集团、大型商超拓展销售渠道，构建线上线下零售新生态。

4. 坚持生态为本，农业生产循环系统得到新拓展

长子营镇耕地总面积 5.3 万亩，近万亩设施农业、8000 余亩果林，年蔬菜种植面积 4 万亩，蔬菜年产量 7.1 万吨。年产出农林废弃物将近 5 万吨。长子营镇积极探索和实施农林废弃物循环利用，由农林废弃物循环利用中心对经营主体生产过程中产生的秸秆、尾菜、农资废弃物进行统一回收利用，打造全域覆盖的资源化利用模式，形成节能减排、低碳排放型循环的农业废弃物处理体系。

（三）北京密农人家农业科技有限公司

北京密农人家农业科技有限公司位于密云区河南寨镇，是一家由大学生返乡创业人员创立的集品种引进、生产、加工、配送、开发于一体的现代农业电商企业。目前密农人家团队共 72 人，吸引了 20 余名大学生回乡一同创业，通过天猫、淘宝、京东、微信等电商平台，全年稳定供应蔬菜、水果、禽蛋、杂粮等 160 余种密云优质农产品。2020 年销售收入达到 3500 万元，9

年来累计销售密云农产品超过6500吨，带动460名农户72家合作社实现增收。密农人家先后荣获国家级星创天地、全国农业农村信息化示范基地、北京市农业好品牌等荣誉称号，并入选"北京优农"品牌目录。创始人孔博也先后荣获第九届全国农村青年致富带头人、全国农村创业创新优秀带头人典型案例、第三十届北京青年五四奖章、首都精神文明建设奖等荣誉称号，曾当选全国青联委员、北京市青联副主席、北京市第十五届人大代表，2017年9月受到时任国务院副总理汪洋同志的接见。

主要做法及成效：

1. 农商融合推动产业转型升级

"密农人家"通过对阿里、京东等终端13万余名用户数据进行深度分析与挖掘，了解消费者的需求、消费趋势和偏好。在对大数据分析挖掘的基础上，筛选优质新品种进行试种，试种成功并获得消费者认可后，组织合作社和基地按照统一生产标准实施订单生产，实现了由"种什么卖什么"向"要什么种什么"的转变，引导农户调整种植结构，助力农业供给侧结构性改革。

2. 农科融合促进企业转型发展

与科研机构开展广泛合作，建立农产品试验推广基地。通过与专家对接，根据密云自然环境和消费者喜好，遴选适合的新兴品种在位于河南寨镇两河村的实验推广基地试种，并通过销售平台进行新产品测试，获得认可后向种植户进行推广。密农人家年均试验试种新品种达50余种，引进种植"甜蜜薯""紫霞水果萝卜""老北京白菜""沙地甘蔗"等多个特色品种，成功打造"两河沙田红薯"和"紫霞萝卜"2款网红产品。"密农人家"利用敏锐的市场嗅觉为种植户把好品种关、市场关，已成为区域特色品种示范推广的排头兵。

3. 线上线下融合，提升品牌影响力

2016年注册了"密农人家"品牌，并先后注册了两河沙田红薯、栗面贝贝南瓜、流沙番茄等特色产品的子品牌。公司着力打造"安全、新鲜、好味道"的品牌形象，并通过线上线下融合，不断提升品牌影响力。一是通过特色农产品试验示范推广基地进行"土地认领""线下体验"等活动，共吸引5000余名北京市民前来体验，600余组家庭认领土地，让顾客在品尝特色农产品的同时还能体验农耕的乐趣，拉近了与消费者之间的距离，加深了消费者的品牌认可度，提高了消费者黏性，从而推动了公司可持续发展。二是创新销售模式。在华润万象汇四层开设密农人家体验店,并与多家精品水果超市展开战略合作,进行密农人家特色农产品的推广。

4. 建立利益共同体,助力农民增收致富

密农人家与密云区17个镇460名农户、72家合作社达成生产合作关系,发展标准化生产基地800余亩。公司对合作社和农户采用订单式生产,严把质量关,为消费者提供安全、放心、新鲜的农产品,实现农产品优质优价。合作社和农户严格按照公司要求进行标准化种植,不用担心销路和价格。公司、合作社和农户三方结成了紧密的利益共同体,互惠互利,共同发展。

5. 精准帮扶,助力低收入户脱低增收

密农人家自成立之初始终坚持"诚信经营、回馈家乡"的初心。为助力低收入村发展和促进低收入户增收,企业发挥自身优势,从产业、销售、人才等方面进行精准帮扶。一是探索在低收入村开展特色红薯产业帮扶。密农人家在燕落村、塔沟村、西白莲峪村、流河峪村免费发放特色红薯种苗,并回收特色红薯,累计回收特色红薯超过2万斤。特色红薯产业可持续帮扶,实现了将低收入地区多样化的资源优势逐渐转化为产业优势,为低收入村"造血"。二是采取"互联网电子商务+线下资源整合"的扶贫方法,将西白莲峪村、燕落村、黄土坎村、新王庄村、大城子镇等低收入镇村农产品在互联网上进行推广和销售,帮助低收入农户拓宽了销售渠道。成功打造了网红品牌"林下清香木耳",并在湖南卫视《天天向上》节目推介密云板栗。三是在区农委的支持下,开展实用人才技能培训,课程包括"农产品标准化种植""区域农产品电商运营""农产品质量安全等",累计培训超过10000人次,为培育"一懂两爱"的农村科技队伍提供支撑服务。

(四) 昌平区南口镇

南口镇位于昌平卫星城西北部7.5千米处,其中64%的面积为山区,依托得天独厚的区位优势、方便快捷的交通优势、地域开阔的山前暖带优势和景点众多的旅游资源优势,重点发展特色农业和旅游业。南口镇2018年开始进行数字乡村建设,2019年实现了全镇28个村数字乡村建设全覆盖。目前运行效果凸显,破解了镇、村两级在乡村治理中的诸多难题,在全面提升农村地区生态环境建设水平、基础设施建设水平、公共服务水平、社会治理水平等方面具有示范引领效应。

主要做法及成效：

1. 建立"晓村务"数字乡村治理平台，全面提升治理能力

"晓村务"数字乡村治理平台为南口镇乡镇、村委会提供了一套有效的乡村管理工具。主要功能包括乡村治理一张图、乡村数据资源库、乡村治理工具箱、便民服务工具箱等。具体应用场景包括"三务"公开、积分管理、片区清扫、党建、巡查台账、OA审批等。结合物联网智能化装备的应用，在山区防火、防汛、人居环境、垃圾分类、厕所革命等方面支撑平台运行，全面提升乡村治理能力。

2. 布控防汛监测设备，实现防汛智能化

在重要沟域和流域布控12个点位防汛监测设备，对雨量、水位数据进行实时监测，并与镇级监管平台对接，监控人员通过电脑及手机随时查看，并通过手机微信推送的方式，将汛情预警推送给村委会，不仅节省了劳动力，还避免了现场监测人员的意外风险。截至2021年9月，系统共获取有效数据529875条，为防汛工作提供了指导及防汛预警。

3. 精细化管理，全面提升政务服务水平

一是在线公开党务、村务、财务信息，实现公开经常化、制度化和规范化。二是提供乡村报修、就业、社保、医疗、培训等方面的便民服务信息，为村民提供便利。三是实现资料数字化存储，将乡村人口、资源等纷繁杂乱的材料全部录入村务管理平台，极大地提高了村委会的管理效率。四是面对重大突发事件，第一时间通过平台将信息传达到村两委以及村民手机端，例如新冠疫情暴发之初就上线了"乡村防疫"功能，为村民发送防疫通知、疫情资讯、便民服务等信息。在"北京健康宝"全面使用前，南口镇就已启用"数字出入证"实时掌握村民出入数据，减少直接接触，两个月内登记村民出入村记录共计87497条。

4. 搭建基础设施台账，实现管护记录和巡查数字化

完成了28个村基础设施台账（包含路灯、街坊路、公厕、绿化等公共设施）搭建，实现了乡村基础设施一物一码，管护人员可通过扫描二维码对日常管护记录进行实时上传，村民也可随时通过扫描二维码对基础设施进行报修，数据全部上传到管理平台并形成电子档案。镇级相关管理人员通过对平台数据的归纳整理，能够更加直观和快速地了解各村人居环境情况，并安排

相对应的工作内容。管护人员工作可查可追溯，村镇管理更加有依据，大大提高了南口镇人居环境整治工作效率。

5. 积分制激活村民自治，破解乡村治理"小问题"

建设了积分管理系统，信息管理员、管护人员、村民通过"晓村务"进行的相关操作都会得到相应的积分，村民参与垃圾分类、门前三包、人居环境整治等主题活动也可以获得积分，积分可用于到乡村小卖部或超市兑换消费，使村民真正获得实惠，同时举办文明村、文明家庭、星级文明户、五好家庭评选等积分奖励活动并发放荣誉勋章。积分制管理提高了村民对于信息化的认知和参与乡村自治的积极性和主动性，增强了村民主人翁意识和荣誉感，将"要我参与"变为"我要参与"，极大地促进了乡风文明。

（五）平谷区刘家店镇

刘家店镇地处平谷区西北部，镇域面积35.76平方千米，户籍人口8000余人，经济形态以经济作物和畜牧业等农业产业为主，是平谷区典型的农业大镇。近年来，为切实贯彻落实中央数字乡村建设工作部署，推进先进信息技术与当代农业农村发展各领域的快速融合，实现乡村振兴目标，刘家店镇坚持以政策为指导、以问题为导向，基于村级"民情反馈"渠道，依托"三资管理平台""政务服务平台""电商销售平台"三个平台，推进村镇基层治理和产业经济发展，将村民生产、生活中的各类需求转移到线上，实现了乡村"网络"社区营造。

主要做法及成效：

1. 说事议事服务，深化基层民主自治

一是开通"民情反馈"，确保信息互通互动。利用线上渠道的"民情反馈"，自上而下进行"三务"公开、村情动态发布等，确保村民能实时了解关乎村民切身利益的信息。同时畅通自下而上的反馈渠道，如村民对发布信息存疑，可直接向村委和有关部门等进行留言询问或电话咨询，确保问题的快速反映和解决。针对村内管理疏漏及村民生产、生活面临的各类问题，村民都可通过"民情反馈"渠道进行主动反映，并由村镇相关部门进行统一查阅、解决和回复。

二是组建"会商小组"，集中解决潜在诉求。为确保村民诉求得到专业、权威、满意解决，由镇党委牵头，村党支部、村委会及镇政府各相关工作科室全力配合，党员、乡贤等全民参与，共同组建"会商小组"，参照接诉即办流程，推进解决村镇群众潜在诉求，并进行统筹解决、统一回复。通过嫁接接诉即办业务流程及机制，赋予群众更多的话语权和参与度，实现对一般性诉求和疑难问题的多方会商解决，促使村民由原来的被动接受管理服务转变为主动参与乡村建设。

2. 多维便民服务，政务服务云上开展

刘家店镇积极推进"互联网+政务""互联网+管理"和"互联网+便民"工作，全面开通"云上服务"功能，为村民提供一站式政务办理、三资管理和便民服务，提升乡村治理成效和服务质量，推进基层治理现代化。

一是"互联网+政务"，提升基层服务质效。推进"放管服"改革，推进基层迫切需要的政务服务事项线上办理，助力"互联网+政务"服务深入乡村。刘家店镇开通"云上政务"服务，村民足不出户即可在线办理社保、就业、生育服务等服务事项，解决村民办事"跑断腿"问题，提高村镇各部门的办事效率和服务成效。

二是"互联网+管理"，强化农村透明管理。推进试点村落建设使用"三资"信息平台，实现农村"三资"的透明管理。按照"村地区管镇主责"工作要求，区级层面建立农村管理信息化平台，为试点镇村、企业、社会大众提供"农村土地、农村合同、农村产业、集体资金、集体资产"等管理服务，实现管理、决策、审批等功能，全面摸清试点村"人""地""物""事"等各种信息并纳入资源库管理，全面实现"以地找人""以人找事"等关联功能，实现农用地、宅基地、建设用地"三块地"的统筹管理，基于有效的地块数据，探索合同、资金等重大事项网上审批试点，实现数据多跑路，群众少跑腿。

三是"互联网+便民"，强化多元便民服务。深入推进"云上服务"建设，吸引社会力量参与，开展市场化合作，构建集"政、养、病、康、文、乐、保"为一体的线上综合服务中心，兼顾便民代办、教育培训、药物配送、社保救助、家政维修、助老助残等功能，打造一站式便民服务平台，满足基层群众多元化需求。

3. 产业发展服务，引领农民增收致富

一是大力实施互联网+大桃工程。全面推行"平谷国桃"标准，优化品种结构，健全服务体系，强化信息支撑，创新销售模式，加强品牌建设，有效促进大桃产业转型升级，打造大桃全产业链，发展精品农业，实现丰产丰收富民。围绕"一核、二产、三线、四品、多平台"(即一核:振兴大桃产业,促进老百姓增收致富;二产:农业与休闲文化产业互融互动互促互补;三线:大桃全年不离线、大桃全链不断线、大桃全员不掉线;四品:立品行、优品种、提品质、树品牌;多平台:互联网+大桃、龙头企业带动平台、合作社经营平台、品牌营销平台、农民培训平台、土地管理平台、农业社会化服务平台、育苗育种技术发展示范平台),提升大桃产业发展水平,促进农民增收,用"好路子"鼓起"钱袋子",让人们过上"好日子"。

二是建立多元果品营销体系。发展"电商+大桃"。通过与物流企业进行销售对接,与线上电商渠道、生鲜平台合作,积极配合相关部门建立物流揽收点,提高大桃物流效率。加大对果农线上培训的力度,邀请新农人讲师团到田间地头讲课,充分发挥诚信果农、"国桃"示范户、好桃户的带动作用。着力做强"丫髻果品汇"电商平台,打造全产业链闭环可溯源生产体系,坚持"四品"战略,开展"一生一世百里桃花"活动,举办大桃认购,助力村镇大桃销售。发展"直播+大桃"。开启"直播带货"新模式,举办第五届丫髻山"蟠桃会"、第二届丫髻山太极文化节等文化活动,将大桃销售搭载文化活动,镇村领导、国桃种植户、诚信之星、新农人在各类媒体活动中直播销售大桃,并对刘家店大桃品牌进行广泛宣传、全面推广,打造地方大桃品牌。

第四节 国内外数字乡村建设经验

数字经济驱动经济高质量发展已成为世界各国高度关注的热点问题。发达国家数字经济战略在农村经济中的应用和实践较早,并取得了良好的效果。国内一些省份也开始探索数字乡村建设,成效显著。本研究选取了3个国家(美国、英国、日本)和3个国内典型案例(浙江德清、上海宝山、南京浦口),总结分析了其在数字乡村建设发展方面好的做法,为北京数字乡村建设提供若干参考意见。

一、国外数字乡村建设经验

(一)美国

1. 基本情况

美国是全球城市化水平最高的国家,2017年农村人口占比不足总人口的

2%。目前，美国已实现高度城乡一体化发展，以公共服务为导向，采取城乡一体化治理模式，重点依托小城镇建设推动整体农村社会进步。作为美国"促进农村繁荣和经济发展"的关键，农村电子互联得到美国农业部的大力支持。近年来，美国积极推进政策数字化转型，加速推动数字政府的建设。2012 年发布的《大数据研究和发展计划》，提出将大数据技术作为提升政府治理能力的重要手段。此外，《2018 农业进步法案》要求提高对农村宽带计划的支持水平，为更多农村居民提供宽带服务。随着时间的推移，美国数字农业政策不断完善和更新，政策的范围和覆盖面也越来越广泛，以满足数字化农业领域的需求。

2. 主要做法及成效

一是建立完善的乡村宽带网络。从 20 世纪 90 年代开始，美国政府每年拨款 10 亿多美元建设乡村农业信息网络，进行技术推广和在线应用。2009 年国会拨款 72 亿美元用于开展宽带和无线互联网接入项目建设，由美国联邦通信委员会（FCC）制定国家宽带计划，保障每个美国人能拥有接入宽带的能力。2019 年，微软公司发布的数据报告显示，80% 以上的美国地区覆盖了网络，余下未覆盖网络的地区主要是农村人口占比较大的州。为此，2020 年 FCC 再次调拨 20 亿美元农业宽带基金，资助农村地区的网络基础建设。

二是构建乡村电子政务管理体系。美国乡村社区依托国家已有的成熟的国家政务处理系统 Data.gov，进行自主的社区事务管理。Data.gov 可以保证机构内部以及跨机构合作，确保信息创造和交互的连贯性，确保村民能够便捷地获取家庭能耗等公共信息，同时该平台也为私营企业提供开发便民应用服务所需的数据基础，有效提升乡村公共服务效率。数字技术对乡村公共事务管理体系同样有极大的促进作用，美国通过建立数字政府管理标准，增强数据存储的安全，保障信息的准确可靠，增强公众对政府的信任度，确保公民关键数据的安全，如医疗保健记录、财务信息和社会保障号不会受到损害。

三是广泛应用数字农业技术。美国政府投资大量资金用于农业科技研发，开展数字农业技术研究和应用，提高了农业生产效率和质量。20 世纪 80 年代，美国雨鸟公司与摩托罗拉公司率先联合开发了智能中央计算机灌溉控制系统。90 年代后期，该系统发展到可根据温室特点与要求自行调控。目前，美国已实现了 GPS、电脑和遥感系统共同服务于温室生产，多数美国中等规模及以上的农场都已经安装了 GPS 定位系统。2019 年，美国监测土地状况的软件升级为 SoilWeb 2.0，土地信息的准确性和监测的准确度进一步提升。此外，美国国家农业图书馆数据库（AGRICO-LA）、国家海洋与大气管理局数据库（NOAA）、地质调查局数据库（USGS）等影响力较大的涉农谷信息数据库为美国农业研发提供了大量的数据支持。

四是鼓励建立数字农业合作伙伴关系。美国政府积极鼓励数字技术公司和农业科技公司参与数字农业合作伙伴关系，提供数字技术和解决方案，帮助农民提高生产效率和降低成本。2000年初，美国国家农业统计局开始推出数字农业统计和分析系统，为农业部门提供数字技术支持。此后，美国的数字农业合作伙伴关系不断发展和壮大，涉及农业信息化、农业物联网、农业大数据等方面，成为推动美国农业现代化的重要力量。随着数字技术的不断发展和应用，美国的数字农业合作伙伴关系还在不断变化和扩大，涉及新的技术和应用场景，例如人工智能、区块链、生态农业等，为美国农业的可持续发展提供了新的思路和机遇。

五是注重开展数字农业技术培训。美国数字化技术培训计划是美国政府为了帮助农民和农业工作者了解和应用数字技术而设立的培训计划，有助于他们更好地应用数字技术提高农业生产效率和经济效益。该计划由美国农业部（USDA）和其他联邦机构共同开展，旨在通过在线培训、面对面培训和技术援助等方式，为农民和农业工作者提供数字化技术方面的知识和技能。

（二）英国

1. 基本情况

英国是世界上城镇化率最高的国家之一，2005年城镇化率就已经达到90%以上，乡村人口较为稀少。20世纪90年代中后期，电子邮件、互联网移动电话和数字电视等数字化设施在英国乡村基本普及。随着移动通信和互联网的发展，英国政府大力投资数字农业的研究和应用。1998年，英国政府成立了农业网络（AgriNet），旨在帮助农民利用互联网进行业务操作和交流。目前，数字化治理已经成为英国数字化发展的重要领域，自2012年首次提出打造"数字驱动"政府，英国就在数据能力发展、政府数字化转型、农业信息技术应用、乡村发展等层面，陆续制定并出台了相关国家战略规划。这些战略规划的出台从数字政府、数字农业、数字乡村等多元角度推动了英国整体数字化治理发展。

2. 主要做法及成效

一是缩小城乡数字设施差距。为缩短城乡之间的数字鸿沟，2015年英国政府铺设覆盖全国范围的宽带网络，平均网速达到2m/s，建成欧洲最佳高速宽带国家网络。2019年英国政府宣布，将推出一个商业竞赛项目，在10多个乡村地区进行5G技术应用方案，并简化相关法规开展公众咨询，以便改善乡村地区的移动通信网络覆盖状况。2020年3月，英国政府宣布"共享农村网络"（SRN）的协议，该协议将四家大型网络运营商联合起来，共同推动投资总额为10亿英镑的SRN建设。预计到2025年，95%的英国人都能接入5G移动网络。

二是打造乡村政务数字服务。英国依托其全球领先的电子政府系统，打造了政府在线身份识别系统、政府支付系统以及政府通告系统，为民众提供快速、安全的身份识别、在线支付、政务通告等便民服务，其中政府通告系统自启动以来已发送超过5亿条消息。此外，英国环境食品和农村事务部将共同农业政策计划进行数字化转变，推出共同农业政策款项系统，目前已为超过10万农民提供在线服务。

三是完善农业数据库建设。英国十分重视农业相关数据信息的收集和整合，特别是农业生产经营一线的基础数据，自上而下逐级完善了农业数据库系统。英国联邦农业局建立了庞大的农业数据库系统，包括农业环境、作物种植、动物科学等农业信息，迄今为止更新数据超过35万条。同时，英国政府统一规划建设并运行了"全国土壤数据库""农业普查数据库""单一补贴支付数据库"等基础数据库系统。此外，英国国内大学、农业机构和各类企业也与政府联合，根据众多农民的工作需求建立了农业基础数据库，成为国家数据库系统的重要补充。

（三）日本

1. 基本情况

日本是集约式数字乡村建设的典型代表，其数字乡村建设的主要驱动力来源于政府在农业信息化投资政策上的全面干预和宏观调控，以及先进技术的广泛应用。20世纪90年代末和21世纪初，日本经历了经济衰退和人口流失，尤其是农村地区的人口老龄化和外流问题越来越严重。为了解决这些问题，日本政府和企业开始推动数字乡村建设，旨在利用信息技术来提高农业生产力、改善居民生活和促进地方经济发展。这一举措得到了政府和企业的广泛支持，并在日本全国范围内推广。2002年，日本出台了乡村振兴战略，通过推动数字乡村建设、发展农业、加强地方自治等方式来促进乡村地区的发展。同时，利用资金投入和政策引导等方式，推动农村地区基础设施建设的数字化和智能化，包括宽带网络、智慧农村、数字电视、数字电话等。此外，还通过鼓励企业投入、建设农村电商平台等方式，促进农村地区的电子商务发展。

2. 主要做法及成效

一是完善相关数字化法规制度。20世纪90年代，日本制订了名为"21世纪农林水产领域信息化"的计划，提出大力建设农村信息通信基础设施，先后发布了"E-Japan"（2001—2005年）、"U-Japan"（2004—2010年）和"I-Japan"国家层面的信息化战略，旨在进一步提升日本ICT领域整体的基础设施水平，大力发展电子政府和地方电子自治体系，全面推动医疗、健康和教育的电子化，从制度上保障日本农村数字化设施和工程建设有序开展。

二是构建农村信息服务体系。得益于乡村内互联网等信息技术的发展和普及，早在20世纪90年代初，日本建立了农业技术信息服务全国联机网络，即电信电话公司的实时管理系统（DRESS），该系统可提供农业技术、文献摘要、市场信息、病虫害情况、大雨保护、天气预报等信息。从E-Japan战略开始，日本便利用现代信息技术，以政府为主导，全力推进电子政务及行政改革和电子政务数据开放。通过《官民数据活用推进基本计划》，选取电子行政、健康医疗护理、观光、金融、农林水产、制造业、基础设施与防灾减灾、移动8个重点领域，推动电子化、开源化、行政IT化和BPR（业务再造流程），为数据流通奠定基础，完善服务平台。

三是重视农产品数字交易市场。早在1997年日本就开始对各地的农业市场进行数字化改造，通过制定《生鲜食品电子交易标准》，对农业生产资料的订货、配送和结算标准均进行了统一。同时，日本十分重视农业信息化体系建设，建立了完善的市场信息服务系统。一方面，由"农产品中央批发市场联合会"主办的市场销售服务系统负责向农业工作者们提供各种农产品的实时销售数据。另一方面，由日本农协自主统计发布的全国1800个"农业协同组合"组成的各种农产品生产数量和价格行情预测系统及时对农产品的生产数量和市场行情进行预测。借助于较完备的电子交易标准和交易市场体系及时准确发布的数据，日本整个农业市场朝着数字化的方向有序推进。

二、国内数字乡村建设经验

（一）浙江德清

1. 基本情况

德清县位于浙江省北部，东望上海、南接杭州，位于长三角腹地，具有良好的区位优势。近年来，德清地理信息产业快速发展、地理信息小镇快速建设，不仅成为数字经济发展的重要基础，更为数字经济发展提供了重要技术支撑。依靠这一特色产业，该县坚持实施数字经济"一号工程"，以"全域数字化治理试验区"建设为契机，通过整合50多个部门的数据壁垒，实现了"数字乡村一张图"141个村（含村改居）全覆盖，在全省率先探索"一图全面感知"乡村智治新模式，提升了乡村治理现代化水平。

2. 主要做法及成效

一是打造数字产业融合发展的新模式。大力培育乡村智慧旅游、创意农业、观光农业、都市农业等新业态，建成数字农业示范园区11个、物联网应用示范点4100个，获评省级数字农业工厂8家，省级未来农场1个；创新打造"宅富通——农房激活一件事"应用，实现宅基地（农房）流转全程网办，全国首宗农村宅基地在德清县成功完成线上盘活。截至2022年，已累计盘活闲置宅基地（农房）4248户1339亩，实现增收1.1亿元，盘活价值18.3亿元。加快推动地理信息、人工智能等数字经济赋能现代农业发展，基本实现了农业特色主导产业智能建设全覆盖，推动农业企业用工成本降低43%，生产效率提升40%以上。

二是构建数字驱动品质生活的新形态。创新打造"数字生活智能服务站"县域共配一体共富模式，成功建成数字生活智能服务站102个，多个农产品生产基地实现农产品线上销售的供应链新模式；成功打造15分钟服务圈，加快省级重大应用在基层集聚贯通，不断推动城乡基本公共服务均等化。

三是探索数字乡村整体智治的新路径。迭代升级"数字乡村一张图"应用并以此为基底，成功叠加18个部门图层，实时共享基层治理四平台等15个系统数据，逐步整合规划布局、疫情防控、垃圾分类等120余项场景化功能，正式开启"一图感知乡村"的智治模式。

四是推动农业农村现代化助力共同富裕。创新"运营商+服务商+农户"

三方合营模式，依托数字生活智能服务站，快递进村率达100%，加速实现"工业品下乡、农产品进城"的双向循环，拉动消费1200余万元；创新"电商+合作社+农民""电商+旅游+农产品销售"等多种供销模式，在实现产销精准对接的同时，推动百姓增收致富，2021年以来，县域农产品网络零售额占比达65.3%；吸引2000余名返乡人才围绕乡村一二三产业创业兴业，全面实现"一村一客"。

3. 经验借鉴

一是"整体智治"理念。将乡村的方方面面看作一个整体，融合在一张智慧图上，动态掌握乡村生产、生活、生态发展态势，加快提升服务"农业、农村、农民"现代治理体系和治理能力。

二是数据共享交互。利用省域空间治理平台，整合多部门、多层级的数据，构建上下协同、多方参与可持续的数据更新维护机制。

三是以五四村试点先行。从1个试点到137个村的复制；依托众多地理信息企业，组建专班高效推进，快速完成数据库建设；闭环管理配套，建立了各种全流程闭环管理配套机制，确保技术应用落地。

（二）上海市宝山

1. 基本情况

宝山区位于上海市北部，面积293.71平方千米，辖3个街道、9个镇和2个工业园区。为切实提升新时代党建引领下服务群众的精准性、实效性，着力运用新理念、新技术破解民生工作"堵点"，宝山区运用移动互联网、大数据分析等现代信息技术，探索建立了以党建为引领、以移动互联网为载体、以村居党组织为核心、以城乡居民为主体、以有效凝聚精准服务为特点的智能化治理系统——"社区通"。自2017年2月创立以来，全区461个居委、104个村全部上线，超过63万村（居）民实名加入，覆盖46万余户家庭，给新形势下的城乡社区治理带来了深刻改变，进一步连通了党心民心，基层组织力持续强化；进一步连通了需求供给，城乡服务更加精细智能；进一步连通了多元主体，基层治理体系进一步完善。

2. 主要做法及成效

一是打造"移动互联"治理载体。"社区通"作为"一站式"服务平台，实现了资源和信息的整合共享，为政府、社区和居民提供全方位的服务。各部门加入后台提供支撑，通过设立议事厅、警民直通车、党建园地、社区公告、左邻右舍、家庭医生、公共法律等功能板块，实现医疗、物业、警务、司法、教育、党建宣传等各类资源在村级层面整合，推动职能部门的层级联动和基层导向的"上下联动"，有效解决群众难题。截至2020年，"社区通"已发布社区公告31万篇，互动交流6300万余人次，村民成为信息发布的主体之一，群众与党和政府之间的互动沟通从单向、模糊转为多维、清晰。

二是精准把握基层脉搏。"社区通"通过对村民发帖、点赞、评论等数据进行深度分析，描绘基层"社区画像"，发布不同人群、街镇、阶段的十大需求列表，对社区舆情苗头进行实时预警，实时发现群众"痛点"、民生"堵点"，实现精准治理。此外，通过建立村情问题"自动收集、分层处置、全程记录、结果反馈、群众测评"的跟踪系统，对群众问题在15小时内予以回应处置，并将处置情况纳入考核，确保问题处置无遗漏。截至2020年，"社区通"共及时回应解决群众问题4.7万余个，其中90%在村居有效解决。

三是激发城乡社区参与活力。依托"社区通"，宝山区一体推进党建引领下的"自治共治德治法治"，积极打造城乡社区共同体。城乡社区参与人员从少到多，从老到青，注册用户中，50岁以下群体占比达60%，参与结构更加优化。建立"提出议题—把关筛选—开展协商—形成项目—推动实施—效果评估—建立公约"的议事协商操作链，"自下而上"议事协商，已产生议题1.5万余个，形成公约和项目2000余个。依托"社区通"建立真实的"线上宝山"，确保上线的是"真正的邻居"，讨论的是"真切的社区事"，传播的是"社会正能量"，持续打造城乡社区共同体。

3. 经验借鉴

一是要建立党建引领主阵地，牢牢把握基层社会治理的主导权。"社区通"把党的领导植根于基层群众，线上线下结合，组织发动基层依法管理、有序参与。通过建立党建引领主阵地，强化网络主导、服务引导，积极传播正能量，为加强和完善社会治理提供有力保障。

二是要强化和运用互联网思维，助力党组织调动各类资源共同解决社会治理问题。首创"社区通"不仅是信息化社会的现实要求，更是党建引领下解决社会治理问题的需要。在党建引领基层社会治理中引入互联网的开放型思维、大数据思维、粉丝思维等,调动各类资源共同解决群众问题,有效激发社区活力。

三是要推进基层治理能力提升和机制创新,形成可复制可推广的基层社会治理经验。"社区通"通过科学设计、创新机制、培养能力,切实提高了基层党组织的工作精准度、基层治理的群众满意度。宝山区的实践形成了可复制可推广的党建引领基层治理模式。

(三) 南京浦口

1. 基本情况

浦口区位于南京市西北部,是一个"农"字特征鲜明的郊区。全区乡村地区面积超过 600 平方千米,占全区总面积的 77%,形成了以粮油、畜禽、蔬菜为基础产业,水产、茶叶、花木、果业为特色产业,休闲农业与乡村旅游为新兴产业的现代都市型农业产业体系。作为国家级数字乡村建设试点区,浦口区紧扣"建设都市近郊型数字乡村"的发展定位,确立了"1(一批数字基建)+2(制度保障体系+技术保障体系)+3(数字产业+数字治理+数字服务)+N(多个信息化应用系统)"数字乡村建设顶层设计,不断以数字化赋能乡村建设。搭建完成的"浦口数字乡村大数据中心"对接省区市 20 余个信息化系统,整合了浦口区内 47 个相关单位涉农数据,梳理了 600 余项数据表单,数据量达 7000 余万条,基本实现了涉农数据一屏全览、一网统管。

2. 主要做法及成效

一是加强数字基建和制度、技术保障。搭好数据底座,不断加强 5G、云计算、物联网等基础设施建设。全区涉农街道均已实现 100%光纤到户覆盖,广播电视网络覆盖率达 100%,农村地区也基本信号全部覆盖,智慧电网、智慧交通、智慧水利等方面都实现了改造升级。在制度保障方面,构建以一把手统筹协调、数字乡村专班具体推进的强执行体系,颁布了《浦口国家数字乡村试点区建设整体规划》《关于加快推进浦口国家数字乡村试点区建设实施意见》等 10 多个文件,从政策方面保障了数字乡村试点区建设稳步推进。在技术层面,拥有全国范围内批复建设的首家也是华东地区唯一的现代农业产业科技创新中心,集聚了赵春江、邹学校等近 10 个院士团队,打造出农业集群式院士创新基地。引入省部级重点实验室、江苏省农业农村大数据中心等高价值平台 15 个,累计签约项目超 200 个。

二是提升乡村数字治理综合能力。搭建区县—镇街—社区—网格四级数字化治理体系，以永宁东葛社区为试点，搭建数字乡村综合治理平台，提供村社党建、村务等基层治理服务，实现了信息数据的共建共享，进一步推进了乡村治理能力提质增效。开展"互联网+党建"建设，打造"浦口红云"智慧党建系统，全区 26 个行政村党务、财务、村务工作网上公开比例达100%。推进政务服务网上办理，政府服务代办点实现行政村覆盖率达100%，2195 项政务服务事项线上办理率达 96%以上。加强智慧应急管理平台建设，以"技防"代替"人防"，实现地震、大风、森林火灾等自然灾害实时动态监测预警。加强农村人居环境数字化治理，污水处理、垃圾分类等实现智慧监管，全面提升了社会综合治理能力。

三是实现信息惠民服务融合发展。搭建"我的浦口"一站式"三农"服务平台，设置了供求信息、市场行情、病虫害查询、专家库、订单农业、请工务工、农技学习等栏目。加强乡村教育信息化建设，农村中小学光纤宽带覆盖率达 100%，农村中小学利用"e 起学""金陵微校"等平台实现"三个课堂"全部应用落地。发展"互联网+医疗健康"，全区 7 家乡镇医疗机构远程医疗覆盖率达 100%。建设乡村网络文化阵地，全区 26 个行政村农村书屋覆盖率 100%。在三大平台应用的主干之下，做好 N 个应用系统建设，即通过整合集成提升，建好 N 个特色鲜明、先进实用的数字乡村应用场景，加快数字技术对农村地区生产、生活、治理、服务等全面渗透，完善浦口乡村数字产业、数字治理及数字服务体系。

3. 经验借鉴

一是提升信息承载能力。着力完善乡村信息基础设施。在提升软件质量的同时，逐步优化乡村网络的硬件设备质量，支持部分有条件和有需求的地区加快 5G 网络的全覆盖建设，并充分利用 5G 网络在农业生产、加工和销售等众多环节上的应用。

二是整合相关平台资源。针对不同的服务平台，为村民办事提供一站式服务，尽量将复杂且多余的手续有效地进行缩减，全面提升在线行政服务的智能化水平，尤其是对那些不能够熟练使用智能手机的农户，开展有针对性的教学培训，帮助他们掌握基本的使用方法。

三是引导社会企业广泛参与。数字乡村建设是庞大的系统工程，需要社会化大协作、广协同、政府指导和企业服务深度融合。特别是在新农人技能培训、农产品品牌策划、农产品上行、农业综合智能化推广等方面需要大量不同业务层级的社会化企业融合服务和发展。

第五节　数字乡村建设模式研究

加快推进数字乡村建设是实现农业现代化、实现农民美好生活、提升乡村治理体系和治理能力现代化的必然要求，对于全面推进乡村振兴、建设数字中国、促进共同富裕具有重要意义。近年来，我国各地政府积极探索数字乡村建设路径，将数字乡村建设视作落实乡村振兴战略的具体行动和推动农业农村现代化的有力抓手，加速释放数字红利催生乡村发展内生动力，不断加速数字化赋能农业产业数字化发展、农村数字化建设、农民信息素养提升，开启数字乡村振兴新模式。课题组基于各地数字乡村建设发展实践，明确了数字乡村建设的目标与业务推进逻辑框架，梳理了数字乡村建设的实践场景与建设维度，总结了当前阶段我国数字乡村建设主要模式，支持各地因地制宜深化数字乡村建设与发展。

一、数字乡村建设核心要素

（一）政策环境

我国较早开启了农业农村信息化的探索之路，重在实现农业生产、农村电商等产业领域的突破，为系统建设数字乡村奠定了基础。在当前加速推进阶段，中央及地方政府更加重视数字乡村建设顶层设计，加速推进数字乡村建设，以全面实现农业强、农村美、农民富。

随着 2019 年《数字乡村发展战略纲要》的落地，各地开始推进数字乡村建设，多项政策指向明确，国家、省（自治区、直辖市）、市等各级政府促进"数字乡村"发展的政策支撑体系基本完善，初步形成了政府统筹协调、各方整体推进的工作格局，充分考虑到区块链、大数据、人工智能、物联网、5G 等现代新技术与当地农业农村的深度融合，新一代信息技术在乡村治理中的应用对乡村社会关系、社会结构的重塑等。

（二）数据资产

党的十九届四中全会正式将数据列为新的生产要素，数据作为一种资产，贯穿产业与社会发展全过程。信息技术与农业产业链有效融合产生的数据要素，在改造传统农业、转变农业生产方式、优化农业生产经营方式、缓解信息不对称、激活城乡要素流动等场景中不断发挥作用。在农业生产领域，产前生产预测、产中标准化管理与精准管控、产后销售分析等均是依托数据开展资源优化配置的过程。

在数字乡村的建设中提升乡村数据汇集与资产管理能力是基础。通过标准化的数据采集、数据资源管理及归集与管理应用，对乡村各类要素资源进行规范、整合。构建完善以"三农"大数据为特色的数字乡村数据库系统，推动农业生产流程及乡村管理数字化升级，打造乡村数字引擎。

（三）数字技术

数字经济时代，数据是新的生产资料，算力是新生产力，算法是新生产关系。IT智能技术体系的问题在于，IT智能技术的突破主要是在算法、算力和数据上。数字乡村是云计算、区块链、大数据、人工智能、信息安全、元宇宙等数字技术在乡村发展、乡村建设、乡村治理中的应用及其成果展现。数字技术的创新应用，核心是利用数据业务系统与数据分析模型系统，根据场景需求与问题、目标、价值诉求等，集成数据、算力和算法，自动组建新的数据驱动业务优化方案单元，实现业务、管理、管控等自动化调整与最大限度优化利用。此外，数字技术实现了农业生产过程和结果的可视化、智能化，加速了农民生产、生活、服务需求的智能化、便捷化传递与匹配。

（四）建设主体

《"十四五"数字经济发展规划》明确支持数字经济治理体系建设的重点任务是强化协同治理和监管机制、增强政府数字化治理能力、完善多元共治新格局。移植到数字农业经济领域，数字乡村建设既是软硬件环境的同步改善与提升，也是多元主体协同建设的过程。数字乡村建设是一个跨领域、跨行业、跨地区，涉及面广，动态性强的系统工程，参与者众多，政府、IT企业、农业企业、农民专业合作社、农民，各类主体既是数字乡村建设的"承建方"，也是数字乡村建设的服务与受益对象。建立完善政府、平台、企业、行业组织和社会公众多元参与、有效协同的数字乡村建设格局，形成数字乡村建设合力也是建设的重要基础。

乡村建设行动强调主体多元性，其中政府部门通过各项政策改革和制度创新来不断促进各种发展要素回归乡村，是加速推进资源集聚与数字乡村建设战略部署的主体；平台企业（IT企业）实现信息技术、数字技术等在农业农村经济社会发展场景中的创新与应用，是推进农业农村数字产业化的主体；农业企业、农民合作社、规模农户等明确农业智慧生产、农业产业智慧运营的需求与技术突破点，加速技术在现代农业数字化转型中的应用与迭代，是加速推进产业数字化的主体；农民群众是激发数字生活方式、共享数字经济福利、加速数字生产经营转型的主要受益者与参与者。数字乡村建设需要在组织统一协调领导下，将经济、社会、文化和生态等多元素与各类主体行为相融合，实现乡村的多元数字化价值提升。

二、数字乡村建设模式内涵

数字乡村建设是针对业务场景的具体问题与需求，由数字乡村建设主体组织开展建设要素调动与统筹，最终通过数字化技术有效解决业务问题的过程。

数字乡村建设模式是以数字乡村建设场景为核心，主体、数据、技术与人才等要素有机组合与协同作用的方式，数字乡村发展模式是以"三农"为核心的所演绎的数字化农村经济持续运行、农业产业智慧化发展以及智能化迭代应用的逻辑过程及状态。围绕数字乡村建设模式的探讨涵盖多个方面，包括实施主体、资金来源、建设应用场景、数据组织、技术应用等内容，本研究按照"主体—驱动载体—组织方式"的逻辑框架开展数字乡村建设模式分析。

三、数字乡村建设主要模式

由于区域经济发展水平不同，乡村生产、生活和生态条件不一致，历史地理基础水平不一样等，各地数字乡村建设所要解决的问题、实现的目标，以及推进的模式和策略选择必然存在很大的不同。数字乡村建设模式本身具有动态化特征，也是数字乡村建设逻辑、建设场景、建设要素等的有机结合与协同作用的科学化表达。

（一）政府项目拉动模式

政府项目拉动模式以政府为主体，基于网络环境、大数据中心等基础设施建设项目拉动营造地方数字乡村建设氛围，发挥财政项目的杠杆作用，可以称为地方数字乡村建设的引擎。

项目投资是推动经济发展的重要载体，包括新基建项目和数字乡村大数据中心或智慧大脑项目两类。一方面，以新基建项目建设为抓手，聚焦于信息化、数字化基础设施建设，包括基站、数据中心、互联网、物联网等板块；另一方面，基于大数据中心或智慧大脑建设实现现代乡村产业数字化。以数字化手段提升乡村产业效率效能，面向乡村新产业、新业态、新产品提供智慧种植、智慧养殖、数字供销、数字普惠金融、农产品溯源、智慧园区等先进产能，助力产业升级与覆盖全产业链的产业数字化服务。仅2020年，各地政府农业农村信息化招投标项目数量显著提升，包含数字乡村建设方案、数字乡村建设"方案+服务"、数字乡村建设规划咨询等多类项目大规模启动，数字乡村建设政策环境与建设投入环境初步建成。该模式的应用基本解决了基层公共数字基础设施建设问题，形成了政府引导数字乡村业务应用的基础框架。

案例2-1：云南省建设新型基础设施，推进"5G+数字乡村"建设

云南省政府投资以5G、千兆光网为代表的新型基础设施正逐步向有条件、有需求的乡村延伸。2021年5G基建全面展开，其中高黎贡山区域新寨万亩咖啡园，布设了5座最大化可达700 Mh的基站，实现了新寨万亩咖啡园网络覆盖的同时，加速了物联网设备的应用，同时为往来游客属地咖农提供了优质5G服务，有效提高了用户感知。园区年产量4000吨以上，通过旅游增值等方式确保农业产值达1.2亿元，咖农年收入7000多万元，为保山咖啡产业插上数字化"翅膀"。

该案例属于政府投资开展数字化基础设施建设范畴，通过5G项目建设实现信息提速，提高了产业场景与用户场景感知度，有效促进了产业转型并为农村旅游引流提供了信息化支持。

案例2-2：江苏省丰县建设农业大数据平台，打造数字乡村建设底座

江苏省丰县政府积极推动"数字新动能"向农业农村延展，促进了信息技术与农业农村全面深度融合，立足丰县农业大县的实际，拓展建设包含16个子系统的农业大数据平台。其中包括数字农牧场管理平台，采用"互联网+设施农业"模式，以及大数据、物联网、人工智能、GIS等现代技术，打造了数字化农牧场管理平台，努力实现智能采集畜牧和作物生长大数据，建立了本地域畜牧和作物生长模型，为畜牧和作物提供最优化的管理；农村人居环境智能监测平台，依托数字丰县"城市大脑"，建立了垃圾收运、污水治理、农废处置等全方位、全天候的农村人居环境智能监测平台。

该案例属于政府投资加速农业农村数据治理与数字化应用场景建设范畴，通过数字建设项目带动农业农村基础数据汇集、治理，并选择管理决策、作物生长预测、农村环境管理等业务场景开展应用，为数字乡村建设框架提供底座支撑。

（二）政府吸纳合作模式

政府吸纳合作模式是以政府招商、鼓励奖励办法、产业园区建设等引导性政策为抓手，通过多级联动、多部门、多主题协同工作，建立健全数字乡村建设体系的应用模式，是基于新基建基础设施的引导性业务场景前沿与延展。

各地数字乡村建设前期，政府仍是建设的指挥棒，需要明确问题与需求导向的数字乡村建设发展路径，以问题为核心开展资源调配与重组，吸引企业、科研院所、社会团体共同参与数字乡村建设，形成数据驱动、信息技术与新型人才相互协同的业务逻辑与问题解决方案。其中政府主要负责乡村信息基础设施的保障运维工作，吸纳平台团队开展乡村公共服务、产业发展服务以及数据平台建设与生态化运营，吸纳技术团队主要负责公共服务相关技术、农业等产业相关技术以及数据分析与系统服务等相关技术的实现及维护。该模式在增强农村数字化服务产品有效供给、农业农村网络化经营管理、农村技术服务与教育数字化等半公益领域应用较多，多可作为各地数字乡村战略的样板工程。

案例2-3：山东淄博联合打造数字农业农村改革试验区

淄博市抢抓"农业3.0时代"，全链条推动数字赋能农业转型升级，联合中国农业科学院农业信息研究所、神州数码等形成政科企联合建设模式，推进淄博数字农业农村建设，集中打造数字农业农村改革试验区。建立了相关知识库、模型库，形成10余类近200个时空云图，构建病虫害、农作物产量、农产品市场价格等八大类数据监测预警模型，为耕地质量变化、灌溉需求变动、重大自然灾害等风险提供监测预警；整合医疗、民政、交通、教育等多维度数据，精准为农画像，提高了防返贫监测大数据筛查、预警能力。数字化农业企业、园区、基地提供更加广泛和精准的数据。

该案例属于政府吸纳企业、科研院所，引入创新与应用资源集中开展数字农业农村建设范畴。淄博市政府与中国农业科学院联合成立中农数院（淄博）加速政研合作推进数字技术、机器视觉技术、智慧农场管理等技术与成果的落地应用。

（三）平台企业技术渗透模式

平台企业技术渗透模式主要指以电信运营商、IT头部企业等为核心的互联网企业加速技术下沉，实现业务向农业农村领域的渗透与延伸应用，该模式与地方新基建项目、大数据平台项目等相结合，实现信息技术、数字技术硬件支撑与软件平台载体不断孵化，成为有效加速农业农村网络化经营管理的重要应用模式。

互联网企业向农业农村领域业务的渗透，加速农村数字基础薄弱、在5G等新兴前沿信息基础设施方面相对落后等基础问题。实现农业农村领域在信息化互联互通建设中的快道超车，各地以此为契机提升地方乡村网络设施水平，加快农村宽带通信网、移动互联网、数字电视网和下一代互联网发展，推进农村地区广播电视基础设施建设和升级改造。开发形成了一大批适应"三农"特点的信息终端、技术产品、移动互联网应用软件，构建为农综合服务平台。以2020年各地数字乡村建设项目为例，由于技术与市场布局优势，大型互联网企业联合农业科研院校、地方信息技术企业等深度参与地方特别是县级政府数字乡村建设，成为数字乡村建设的主力军。

案例2-4：京东搭建农产品流通大平台

2020年，京东成立数智农业生态部，着力打造农产品流通大中台，通过联合政府与行业力量，打通农业产业链及现代流通体系，基于商品集采、数字化改造、仓配网络、渠道拓展四大能力，通过培育新农人、打造数字农场、创建农业现代化产业园、农批市场数字化改造、智能化仓配网络、大数据精准营销等众多手段，全面提升农产品生产、流通与营销的数智化水平。2020年京东承接了西藏全部47个县国家级电子商务示范项目，通过这四大体系全面助力西藏等地农产品的销售。

该案例属于平台企业借助了强大的平台运营能力推进特色农产品电商流通体系建设，提高农产品上行和消费品下行双向流通体系、农村电商产业集聚服务体系和农村电子商务培训体系等建设扩大就业，加速农村电商队伍培育，提升特色产品附加值与市场覆盖度。

（四）服务商反哺促进模式

服务商反哺促进模式特指电信运营商、电商平台、社会化服务供应商、科研单位等第三方服务主体加速自身业务与农业农村业务场景结合，探索数字乡村技术创新与推广应用，孵化壮大新型数字乡村服务新产业、新业态、新产品的发展形式。

该模式围绕数字乡村建设技术应用创新，加速数字乡村产业生态，特别是数字技术与传统农业相互融合，改造传统农业供应链体系，再造智能化的供应链生态，推动传统农业转型升级，创建高质量发展的现代农业产业体系，加快农业农村现代化。阿里巴巴、腾讯、拼多多等互联网企业纷纷布局农业农村领域，阿里巴巴在成都、淄博、南宁、昆明、西安建设五大产地仓，覆盖了18个省份的300个县域。京东升级"京心助农"战略，计划打造百亿级流量池、培养100万农业电商人才，共建10万农产品直播基地。平台企业逐步实现从单纯网络交易平台向农业全产业链服务平台转型，除了形成了电商基地直采、直播带货等新型产业业态，推进农业农村流通现代化外，还在乡村产业、乡村治理、乡村文化等领域进行数字乡村的全方位战略部署，加速科技赋能农业农村数字化。

案例2-5：先正达集团推进MAP战略，加速农业全产业链数字化

中化先正达集团中国MAP与数字农业业务单元以中化现代农业有限公司作为运营平台，推广MAP（Modern Agriculture Platform，现代农业技术服务平台）模式。MAP定位于"农业价值链共创和共享平台"，在消费升级与新型农民之间搭建起桥梁，为广大种植者和食品价值链合作伙伴提供线上线下相结合、涵盖农业生产销售全过程的全产业链服务。在全国布局建设MAP技术服务中心和MAP农场，开展先进技术应用推广和生产托管服务，开发应用MAP数字农业系统，打造MAP beSide全程品控溯源体系，投资构建MAP+生态圈，实现"为消费者种出好品质、为种植者卖出好价钱、为产业链集好大数据"，帮助农民增收、产业增效、消费者得实惠，引领农业现代化发展和数字化创新。

先正达集团作为农资服务商全面参与农业产业链建设，通过将农资服务嫁接到农业技术推广和农业生产托管运营服务之中，通过MAP数字农业系统建设推进生产规模化与标准化，加速产品品质提升与产品增值。

（五）产业主体内驱动模式

产业主体内驱动模式是农业企业、农民合作社等农业生产主体在农业信息化、数字化以及大数据技术发展的新形势下，明确产业转型方向与路径，积极参与探索产业数字化转型的业务形式，也是智慧农业、数字农业发展，加速现代农业生产智慧管理的主导应用模式。

农业企业以数字化提升农产品标准化生产、数字化推进农产品质量全链追溯、生产环境智慧监控、农业生产智能管控等，促进新一代信息技术与种植业、种业、畜牧业、渔业、农产品加工业全面深度融合应用。该模式运行实现将物联网技术运用到传统农业中去，运用传感器和软件通过移动平台或者电脑平台对农业生产进行控制，使传统农业更具有"智慧"，参与形成农业信息化、农业电子商务、农业产业互联网、农业大数据、农产品溯源、农业休闲旅游、农业信息服务、农村智慧政务等方面的数字农业农村应用体系。该模式是推动农业产业链转型升级、加速现代农业高质量发展的主导模式。

案例2-6：北京极星农业打造荷兰式智慧农业园区

北京极星农业科技园是一座占地3.3万平方米的芬洛式玻璃连栋温室，内含2.2万平方米的番茄种植区、2000平方米的水培生菜区以及2000平方米的育苗区。极星农业从荷兰全面引进智能温室控制系统、水处理系统、自动补光系统、智能幕布、智能劳动力管理系统等先进技术和智能化设备，打造了一个绿色、高效、智能化农业园区。园区智能化系统通过实时分析温室内外的气候参数，自动运行加热、开窗、喷雾、幕布遮阳、补光等系统，调节温室内的温度、湿度、CO_2浓度、光照等条件，为作物的生长创造了绝佳的环境。温室已基本实现全自动、智能化管理。园区叶菜可全年不间断生产，小番茄、大番茄和水培生菜产量均达到国内领先水平。

该案例是企业借助于智慧农业技术加速产业升级改造的典型应用。智慧农业技术应用既为作物创造了最佳的生长环境，也确保了节水节肥，降低了生产成本，同时提高了产业智慧化展示度。

（六）基层组织共建推动模式

基层组织共建推动模式是在使技术革命加速农村生产生活方式和理念的全新转变进程中，以乡村治理、村民发展与政务服务等为核心的技术、理念、方式向农村生活渗透的过程,也是提高乡村治理智慧化、村民发展智慧化、政府服务便捷化应用导向在数字乡村建设中的具体落实。

基层政府围绕新集体经济创新运营、农村资产管理、集体收益分配、集体经济组织盘点、经营状态摸排等政务管理需求打造的集体资产管理平台,围绕社会提升村民获得感、幸福感、安全感的发展需求开展的乡村振兴专家、乡村经营主体、党政干部、社会各界共享沟通平台,围绕方便村民查询与办理服务的业务需求,开展的村务智能化管理、医共体一体化运营管理、基层疫情防控管理等业务平台、农村返致贫监测平台等,均在数字乡村治理场景中形成了基层组织共建推动数字化、便捷化提升角度实现的深度应用与迭代。

案例 2-7:湖南省新化县村级事务积分考评管理

湖南省新化县油溪桥村开展村级事务积分考评管理系统建设,以积分考核管理为主要形式,通过登记、审核、公示、讲评、奖惩等各个环节,使村里大小事务都能通过积分制得到快速处理,村民根据积分多少参与村级集体收入分红,从而有效地组织引导村民参与村庄建设、产业培育、文明创建等各项事务。党员干部根据积分管理考核,数字化实现了基层治理与村级发展的互促互进,赋予了乡村社会治理新动能。

案例 2-8:上海市宝山区:利用移动互联网创新乡村治理方式

运用移动互联网、大数据分析等现代信息技术,探索建立"社区通"网上工作系统,党员干部和村民实名认证,书记当"群主"、党员为中坚、群众为"铁粉",干部群众便捷互动,群众需求精准把握,群众问题快速处置,网上网下践行群众路线,提升了党建引领下服务群众的精准性、实效性。依托"社区通",宝山区一体推进党建引领下的"自治共治德治法治",积极打造城乡社区共同体。优化参与结构,城乡社区参与人员从少到多,从老到青,大量"上班族"参与到城乡社区治理中。在注册用户中,50岁以下群体占比达60%。"自下而上"议事协商,建立"提出议题—把关筛选—开展协商—形成项目—推动实施—效果评估—建立公约"的议事协商操作链,持续打造城乡社区共同体。

宝山区以提升基层组织数字化业务能力、数字化服务效率为目标,以业务信息系统建设与应用为依托,提升互联网数字乡村治理效率。

四、数字乡村建设模式特征分析

从典型特征、主要优势、主要劣势、适宜应用场景及条件等方面进行数字乡村建设模式的特征分析（见表2-3）。本分析的目的是便于不同地区在数字乡村建设过程中围绕农业产业、乡村管理、乡村服务、农民素质提升等数字技术应用的可能或具体场景实践推荐适宜建设方式。

表2-3 数字乡村建设模式特征分析

序号	模式类型	典型特征	主要优势	主要劣势	适宜应用场景及条件
1	政府项目拉动模式	①农业农村领域新基建项目，公益产品属性 ②由政府主导协同共建 ③产业数字化、管理高效化、应用便捷化的集成	①良好的区域数字乡村建设典范 ②能够集合区域数字乡村建设力量 ③项目展示度较高 ④数字乡村建设应用可随时接入平台	①投资高，运维管理成本高 ②需要专职运维团队 ③需要良好的顶层设计与持续性应用接入	①搭建数字化平台 ②建设数字治理与分析应用基础环境 ③具备较好的资金、人才保障，做好数字乡村平台建设设计与规划
2	政府吸纳合作模式	①具有准公益产品属性，支持兼顾社会公平与市场效率多重应用 ②应用场景明确，建设推进效率较高 ③应用数字化、应用智慧化特征	①具有自动造血能力，持续运营能力较强 ②问题导向形成数据驱动问题解决方案，产品业务应用强，普适性强 ③具有较好的复制性	①政府、企业或金融机构等对业务边界的界定难度大 ②数据安全管理需引起高度重视 ③政府参与合作的稳定性不足	①农业数字金融、农业社会化服务、农业土地流转等具有较好市场收益的业务场景 ②具有较好的业务基础，需要数字化提升业务覆盖度与业务办理效率
3	平台企业技术渗透模式	①平台企业市场化行为 ②特色农产品销售精准化 ③特色产业市场化服务数字化	①能够充分发挥平台企业市场高覆盖力与强渗透力 ②符合供给侧结构性改革与区域农产品品牌打造需求	①小规模农户平台进入门槛较高 ②平台与生产企业/合作社利益分配失衡 ③农户服务能力匹配度失衡	①农副产品品质优良，具有较高市场增值潜力 ②农业生产组织化程度高 ③农产品分级分类管理及标准化程度高

续表

序号	模式类型	典型特征	主要优势	主要劣势	适宜应用场景及条件
4	服务商反哺促进模式	①农业产业链整合应用 ②农业规模化智慧生产 ③产业链数字化	①服务商整合资源开展全链条服务 ②服务商促进土地集中运营	①用户参与度偏低 ②服务商与农户利益分配失衡	①促进城乡资源数字化流通 ②构建一体化农产品产销平台 ③产业对统一社会化服务依赖度较强
5	产业主体内驱引动模式	①农业企业智慧化生产管理 ②数字技术应用成熟,具有较好推广价值 ③生产决策模型化应用	①有效提高农业生产效率 ②有效节约农业人力投入 ③有效提高农产品标准化、商品化程度	①前期研发投入较大 ②数字技术迭代成本高	①适用于附加值高的产业应用 ②劳动密集型产业应用
6	基层组织共建推动模式	①公益服务性较强 ②符合数字政府与数字惠民建设需求	①基层政务管理、便民事务办理效率显著提升 ②业务治理工作强度降低	数据安全风险不容忽视	①数字人才培育建设 ②数字政务、数字党建管理 ③民政、社保、医疗等便民服务业务场景

第六节　海淀区数字乡村建设研究

一、海淀区基本情况

(一) 区位情况

海淀区位于北京中心城区西北部,东与西城区、朝阳区相邻,南与丰台区毗邻,西与石景山区、门头沟区交界,北与昌平区接壤。区内交通发达,地铁16号线贯通南北,北区"五纵六横"路网骨架基本完成。区域面积430.77平方千米,约占北京市总面积的2.6%。

(二) 功能定位

根据海淀区"十四五"规划,海淀区定位为北京国际科技创新中心核心区、首都"四个中心"功能集中承载区、中华民族精神重要象征地、经济高质量发展引领者、体制机制改革创新"试验田""两区""三平台"建设示范标杆、城市治理体系和治理能力现代化先行区、现代化国际化创新型宜居宜业城区。

（三）经济社会情况

2021年，海淀区GDP为9501.7亿元，位列北京市各区第一。其中，第一产业1.9亿元，占比0.02%，在全市13个涉农区中处于倒数地位。全区居民人均可支配收入9.35万元，位于北京前列。

（四）农业情况

全区农林牧渔业总产值4.3亿元，其中，农业实现产值2.3亿元。划定1.5万亩耕地保护空间，农作物播种面积1.7万亩，设施农业播种面积0.65万亩，果园面积2.2万亩，农业观光园和休闲农业实现产值1.57亿元。全区农业生产主要集中在四季青镇、西北旺镇、温泉镇、上庄镇、苏家坨镇。

（五）农村情况

农村集体经济创新发展。2020年底，全区农村集体总资产达到2133.6亿元，"十三五"期间年均增速12.6%；农村集体净资产728.2亿元，年均增速9.4%，农村集体总资产、净资产均居全市首位。全区农村集体经济组织服务4000余家企业，其中57家为上市公司。

城市化进程迅速。目前，海淀区已全部完成农转非，全区基本没有身份上的农民，并在全市涉农区中率先实现城镇社保体系全覆盖。按照规划，"十四五"时期，海淀区非保留村基本实现腾退和撤村建居，仅保留24个行政村。

二、海淀区数字乡村发展现状

在文献调研的基础上，拟定了"海淀区数字乡村建设情况调研提纲"，针对海淀区数字乡村建设情况，与海淀区农业农村局、区农技服务中心、上庄镇、苏家坨镇进行了座谈，并实地调研了太舟坞村益农信息社、中关村科普农庄、翠湖农业创新工场。通过调研，全面了解了海淀区数字乡村发展现状，分析了海淀区发展数字乡村的优势和机遇，找出了存在的问题。

（一）建立完善的工作机制

海淀区的数字农业农村工作由区农业农村局、区经信局、区委网信办会同有关部门统筹推进。同时，成立以局主要领导任组长，局主管领导、区农经站主管领导任副组长，相关业务科室抽调专门人员的数字农业农村工作专班。建立起副组长半月调度、组长每月调度的日常调度机制，专题研究全区数字农业农村工作推进情况。同时，为组织发动更多社会力量参与到数字农业农村工作中来，正在筹备成立海淀区科技农业创新联盟。

（二）出台了一系列政策

2021年11月，海淀区印发了《北京市海淀区"十四五"时期农村城市化规划》，指出要率先基本实现农业现代化取得明显成效。科技支撑现代农业，推进生态农业、数字农业、智慧农业发展的良好格局基本形成。2022年7月，北京市印发了《行动计划》后，2022年10月，海淀区制定印发了《海淀区推进数字农业农村工作方案（2022—2023年）》，提出建设一个平台，实施农业智慧监管、农业生产数字化提升和乡村治理数字化改造三项行动，推动全区数字乡村发展取得阶段性进展。

（三）进一步夯实发展基础支撑

目前，海淀区5G基站五环内室外区域实现全覆盖，五环外重点区域室外全覆盖；实现网络光纤入户、有线电视等全覆盖。政务光纤已铺设到各村委会、集体经济组织；"雪亮工程"视频监控已实现主要路口全覆盖。

（四）大力推进数字农业建设

在农业生产信息化方面：目前，已经形成了以建设应用场景、示范基地为抓手，以点带面辐射带动周围共同发展的格局。完成国家数字农业创新应用基地建设项目（设施蔬菜），在海淀区上庄镇翠湖农业创新工场和四季青镇墨蔬苑蔬菜种植基地对1栋150亩连栋温室、1栋育苗温室、37栋日光温室和2座冷藏车间进行智能化建设和示范应用，建立了可复制、可推广的设施蔬菜农业集成应用模式，积极打造应用场景。"京西稻智慧农场"项目顺利落地，无人作业农机覆盖了水稻耕、种、管、收全过程，实现了京西稻由传统人工管控到远程数字化智能管控的转变，在科技的"加持"下，2022年实现稻田亩产比往年增收三成左右；此外，还形成了5G云端草莓、大跨度高保温塑料大棚、智慧果园、海淀区组培室特色植物应用示范园等生动实践。

在行业监管数字化方面：基本建成海淀区智慧农业综合监管平台，逐步理顺区、镇、村三级及农业生产主体的业务逻辑，初步搭建起全区农业基础数据资源体系，建设农业一张图、农用地保护监管、农业生产监管、农产品质量安全监管、农业专题库五大板块，实现了智能感知、智能预警、线上办公、智能分析，为农业发展提供支撑；深化无人机辅助渔政执法机制，将禁渔区和非法捕捞高发水域作为重点巡查对象，增加放飞频次，结合每月专项夜查行动，提高无人机辅助执法能力。同时，海淀区初步为规模化园区的 1087 栋日光温室各配置 1 套设施环境土壤图像传感器，实时采集设施棚室空气温湿度、土壤（基质）温湿度、光照强度，定时拍照采集设施内图像等监测数据，数据上传至海淀区智慧农业综合监管平台，为设施农业监管奠定了一定基础。

在乡村数字经济新业态方面：海淀区果蔬生产主要供应本地，尤其是果品，多以休闲采摘为主，并不依赖电子商务。但是规模化休闲农业园区如百旺种植园、弗莱农庄等依托微信公众号、小程序等自身宣传渠道扩大园区影响力，通过公众号文章推送、线上商城等形式，进一步展示园区风貌，拓宽了农产品销售渠道。在休闲旅游方面也注重提高游客体验感，融入科技元素，安装监控、无线网与广播系统、视频可视化系统、LED 屏幕等。尤其是海淀区每年举办的樱桃节、丰收节等，近两年都会集中展示一批新科技元素。在农村电子商务方面，海淀凭借科技强区的区位优势，在众多科技企业中有多家深耕数字农业助力乡村振兴的电商企业。其中，一亩田新农网络科技有限公司便是其中的佼佼者，由其开发并运营的一亩田 App，注册用户数超过 4000 万，在售农产品 1.5 万余种，产品来源于 2800 多个县，年交易撮合规模达 2000 亿元以上，已发展为全国领先的农业电商平台。

（五）乡村治理数字化稳步推进

数字化的应用和推广提高了海淀区乡村治理水平。例如，村域视频安防监控，利于实时掌握村内安防动态；重要出入口的人员车辆识别控制系统，为村民的通行提供了便捷，防止外来人员进入，增强了村民安全感；室外 LED 大屏，用于村务宣传、通知，提高了村务办理效率。各村党务、政务、财务网络数字公开，村民在线议事、议政形式及应急通知等，大多依托微信群、数字大屏、短信、广播等形式开展，实现服务村民"零距离"。

（六）有序推进信息进村入户

制定了《海淀区信息进村入户益农信息社运营方案》，探索益农信息社长效运营机制。在 2020 年启动了信息进村入户相关工作，在西北旺镇、温泉镇、苏家坨镇、上庄镇四镇共35个存在村庄形态且未拆除的行政村推动信息进村入户工程标准型益农信息社建设。

三、海淀区数字乡村建设的优势和机遇

（一）优势

1. 科技资源丰富

海淀区拥有34所中央级和省部级农业类科研单位和高校，其中，包括中国农业大学、中国科学院、中国农科院、国家农业工程技术中心、北京市农林科学院等国内农业农村信息化优势科研教学机构；拥有过半数的涉农两院院士、1名农业信息化领域院士，聚集了农业信息化领域过半数的高端人才；北京市9个全国农业农村信息化基地中，海淀占6个。建成了海淀国家数字农业创新应用基地、国家数字农业装备创新中心和国家数字种业创新中心；集聚了农信互联、农芯、京东科技、佳格天地、小龙潜行、农信通等一批国内领先的农业农村信息化企业。海淀区农业农村信息化科技资源和人才资源丰富。

2. 技术实力雄厚

近2年，北京市农业农村信息化科技成果获国家奖4项、北京市科技进步奖5项，其成果完成单位主要坐落在海淀区。研发了农业智能装备数字化设计与测试技术平台、农机深松监测系统、露地甘蓝全程无人作业系统、猪场轨道巡视机器人、果蔬采摘机器人、天空地一体农情监测系统、数智化生物安全智能防控等系列农业农村信息化产品，技术实力雄厚。

3. 经济实力较强

从政府层面看，2022年，海淀区财政收入为490.5亿元，区级财政相对充裕。与远郊区县比，海淀区级财政每年可拿出一定的资金支持数字农业农村发展。从社会资本看，辖区内的一些企业、园区、基地具有较强的经济实力，也有意愿开展智慧农业。例如北京西郊农场出资建设了翠湖农业创新工场，投资过亿元。

4. 乡村信息基础设施较为完备

目前，海淀区5G基站已实现农村地区重点区域室外全覆盖。网络光纤入

户，有线电视等网络基础设施全覆盖。政务光纤已铺设到各村委会、集体经济组织。"雪亮工程"视频监控已做到主要路口全覆盖。完备的基础设施为数字乡村发展提供了基础支撑。

（二）机遇

1. 政策支持为数字乡村建设提供坚强保障

从国家层面来说，2018年中央一号文件首次提出"实施数字乡村战略"，之后连续5年中央一号文件均对建设数字乡村作出了明确指示和部署。2019年《数字乡村发展战略纲要》出台，为各地区、各部门推进数字乡村建设指明了方向。2020年，随着中央一系列文件和政策相继出台，数字乡村建设进入快车道。"十四五"时期是全面推进乡村振兴的关键期，国家对"三农"领域的政策支持和资金投入力度将不断加大，数字乡村建设迎来重要战略机遇期。

从北京市层面来说，当前，北京正在打造全球数字经济标杆城市，建设引领全国数字经济发展高地。北京要建成全球新型智慧城市，以融会贯通的数据为核心、以泛在有序的感知体系为突破、以广泛普遍的连接为手段、以开放协同的全域应用场景为牵引，打造智慧城市发展样板。数字农业农村是全球数字经济标杆城市和智慧城市建设的重要组成部分。同时，市领导高度重视北京市数字农业农村发展，经多位市领导批示同意，印发《北京市加快推进数字农业农村发展行动计划（2022—2025年）》，这为数字乡村发展提供了有利条件。

2. 信息技术的突飞猛进为数字乡村建设提供了技术支撑

以大数据、物联网为代表的新兴技术为经济社会带来深刻变革，不断催生新产业和新模式，成为最具有潜力的经济增长点之一。近年来，我国5G移动通信技术、大数据、云计算、区块链等新兴技术发展迅猛。新技术将助推我国农业经济加快数字化转型步伐，推动乡村新业态新模式不断涌现，实现城乡教育、医疗、社会治理等公共服务"智慧一体化"建设，缩小了城乡差距。

3. 各试点积极探索为开展数字乡村建设提供参考和借鉴

2020年，自国家数字乡村试点工作开展以来，各试点在中央政策的指导下，相继出台本地数字乡村政策文件，对数字乡村建设进行有益探索，投入了各类资源要素，取得显著成效。例如浙江省、江苏省、上海市等在数字乡村建设方面开展了大量工作，形成了一批可复制、可推广的做法和经验。此外，北京市平谷区、房山区作为国家数字乡村试点也开展了一些探索，取得了不错的建设成效，其他区县也在智慧农业、乡村数字化治理方面开展了一些工作，这些都可为海淀数字乡村建设提供有益借鉴和启示。

四、海淀区数字乡村建设面临的问题

（一）缺乏顶层设计和统筹规划

《北京市加快推进数字农业农村发展行动计划（2022—2025年）》指出各区应结合各自不同区位条件和功能定位，因地制宜进行分类规划和建设。海淀区作为中心城区，城市化进程迅速，未来海淀区仅保留24个行政村，其农村地区基础设施、乡村基本公共服务均等化程度等都相对较高。海淀区区情、科技人才优势、农业农村情况等与全市整体情况有较大不同，完全按照市级行动计划进行工作部署不符合海淀区实际。目前，海淀区尚未紧密结合自身情况和本区农业农村实际开展数字乡村建设顶层设计，缺乏统筹谋划，未能有效指导本区数字乡村建设，一定程度上影响了本区数字乡村建设进程和效果。

（二）数据资源共建共享和应用体系不完善

调研发现，农业农村局内数据分散在若干科室中，统计各类数据仍需要到各科室上报，易导致重复统计、数据不准、工作效率低等问题。同时，涉农数据分散在农业农村、园林绿化、商务等二十多个部门，区农业农村部门很难协调到各部门涉农数据，跨部门、跨层级的农业农村数据共享难问题仍然存在。同时，还存在着数据采集困难、整合不充分、开发应用不足以及集成应用不够等问题。此外，据了解，北京市农业农村局正在建设北京市乡村振兴大数据平台，海淀区也在建设本区的智慧农业监管平台，该平台与市级平台是什么关系、功能定位上有何区别、是否存在重复建设、是否会形成新的"数据孤岛"等问题，有待明确。

（三）未能发挥海淀科技资源优势，彰显数字农业先进成果

海淀区在百旺种植园、中关村科普农庄等园区开展了一些农业生产控制自动化提升项目，建设了翠湖智慧农业创新工场，在番茄、黄瓜等连栋温室

全程智能化生产上开展了生产实践，京西稻"无人农场"仍在建设中。但从全市来看，朝阳区朝来农艺园、密云区极星农业等多个园区都已在这方面做了较为成熟的实践，全市首个蔬菜"无人农场"落地昌平。海淀区未能充分发挥其科技人才资源优势，示范应用的数字农业技术成果中规中矩，数字农业应用场景拓展不足。

（四）土地小而散，一定程度上制约了海淀数字乡村发展

以海淀区蔬菜生产为例，2021年海淀区蔬菜生产规模为4067亩，分散在5个镇34个村的2300余个生产主体中，平均规模1.7亩。91%的蔬菜生产主体规模不足2亩，主要集中在上庄镇和苏家坨镇。土地规模小而散、个人承包户应用信息化技术意愿较低，这也在一定程度上制约了海淀区数字农业发展。

（五）数字乡村人才队伍短缺

农业数字化人才对专业素质要求较高，既要具备现代农业技术知识，又要能够熟练使用各种信息工具。与逐步完善的农业数字化硬件设施相比，农业信息化人才的"量和质"显得尤为薄弱，人才短缺的矛盾日益凸显。农业农村信息化缺乏人员支撑，扎根农业、农村的信息化人才缺乏，服务队伍不够稳定。此外，当前从事农业生产和村务管理的人员年龄普遍偏大，智能手机拥有率低，信息化意识不强，文化素养较低，数字化装备应用能力差，一定程度上限制了信息化设备和系统的推广使用。

五、海淀区数字乡村发展模式分析

（一）海淀区数字乡村发展思路

海淀区应充分发挥其科技人才和区位优势，在智慧农业方面积极融入中关村科学城建设，以科技带动农业产业发展，发展成为数字农业科技原始创新策源地、新技术新产品孵化中心、先行示范区。海淀区数字乡村应与智慧城市一体设计、同步实施，深入推进城乡融合发展。到2025年，以人为核心的高质量农村城市化取得新成效，在资源配置、基础设施、产业发展、公共服务、基层治理等方面实现城乡统筹均衡发展的格局基本确立，数字技术与农业农村生产生活深度融合，农民数字化素养与技能全面提升，科技引领智慧农业建设取得初步成效，推动实现数字赋能农业农村高质量发展，为大城

市近郊区数字乡村建设树立样板。

（二）海淀区数字乡村建设重点任务与模式选择

根据海淀区数字乡村建设思路，提炼了五个方面的重点任务。同时，随着经济社会条件、乡村生产生活条件、要解决的问题、建设目标等不断变化，很难能用单一的模式去套用。海淀区可根据区情农情、阶段发展目标、建设内容等，探索采用多模式协同的数字乡村建设方式。

1. 夯实数字底座和基础支撑

推动农村千兆光网、5G、移动物联网与智慧海淀同步规划建设，实现5G基站在重点区域和典型应用场景基本全覆盖。持续推进乡村传统基础设施数字化改造。促进农村地区公共服务、社会治理数智化，推动实现村庄卡口、主要道路等可视化全覆盖。

探索构建海淀区数字乡村大脑。包括智慧农业和数字乡村两大板块，智慧农业监管平台汇聚本区耕地、设施、果园、生产经营主体、休闲农业等基础数据资源，进一步打通各级业务应用和信息资源，实现数据及时更新、分类整理和部门共享。数字乡村板块汇聚农村人口、自然资源、基础设施、农村集体资产、宅基地、承包地、人居环境等，做到底数清、情况明，实现乡村治理智能化、运转高效化。数字乡村大脑纳入城市大脑统一管理。

在数字新基建和数字乡村大脑建设上，适宜采用政府项目拉动和政府吸纳合作的模式。

2. 实施农业资源智慧监管行动

开展耕地智慧监管行动。依托平台卫星遥感、视频监控、田长巡田一体化监测体系，建立结果通报机制和部门间信息共享机制，强化耕地动态监测能力。

开展耕地质量数字化管理行动。依托测土配方施肥、高标准农田质量提升等工程，探索设立耕地质量自动监测点，完善耕地质量数据库，提升耕地质量监测保护数字化水平。

开展特色作物资源数字化保护行动。围绕京西稻、玉巴达杏等区域特色优异种质资源，利用数字化技术，开展种质资源保护工作，探索特色作物生产信息化管理。

在农业农村监管方面，适宜采用政府项目拉动模式。

3. 实施农业产业数字化提升行动

主动融入中关村科学城，加快从传统农业到科技农业转型升级，打造国家农业科技原始创新创业策源地、孵化中心和数字农业先行示范区，重点发展农业关键核心技术研发、智慧农业、数字农业、农业高新科技成果转化示范等农业高新科技产业，打造数字农业高地。

充分利用区内科技、人才优势，进一步搭建科研院所、农业企业等沟通交流平台，加强与中国农业大学、中国农科院、北京农林科学院等科研院所交流合作，推动更多科技农业成果在海淀本地园区转化落地。支持大北农成立海淀区农业科技创新联合会，将区内30家农业科技企业纳入其中，促进科技成果在海淀先行先试、高端装备在海淀首试首用。加快培育农业科技龙头企业。

打造一批智慧农业应用场景。持续打造或建设翠湖智慧农业创新工场、京西稻智慧农场、中关村科普农庄5G空中草莓、玉巴达杏老北京水果示范基地、温泉镇杨家庄樱桃园等一批产能效率突出、数字装备先进、生产方式绿色、辐射带动有力的智慧农场、智慧果园，推动智能感知、智能分析、智能控制技术与装备在农业生产中的集成应用，带动区域农业科技化、标准化、优质化发展。

深入推进乡村文化旅游融合，挖掘京西稻、玉巴达杏等农业文化遗产和民俗风情等特色元素，发展田园观光、农耕体验、耕读教育、森林康养等业态。推动农业与教育、科普、旅游、康养等产业融合发展。依托樱桃节、农民丰收节等农事节庆活动，利用微信公众号、抖音等平台开展宣传推介活动。

在智慧农业应用场景打造、乡村新业态等方面，适宜采用产业主体内驱动和平台企业技术渗透的模式。

4. 实施乡村治理数字化提升行动

推动城市治理模式向农村稳健延伸，在保留村庄改造和推行准物业化管理时加大数字技术应用力度，拓宽数字化应用场景。探索利用App、小程序等信息化手段引导农村居民积极参与乡村公共事务，推进村务、党务、财务网上公开，推进村民在线议事、在线监督，推动基层治理主体多元化、方式智能化。推动农村宅基地、农村承包地、农村建设用地的数字化监管，指导农村土地高效利用。利用信息技术对农村垃圾收运、生活污水治理、村容村貌等人居环境和生态环境数字化监管。建立健全24个保留村农村街坊路、太阳能路灯、排水管网、街坊路绿化等农村基础设施信息台账，推动开展保留村庄基础设施数字化管护。乡村治理部分适宜采用基层组织共建模式。

5. 实施农民数字化素养提升行动

面向乡村产业生产经营人员，特别是外来务农人员，通过整合市区农业技术培训课程，依托弗莱农庄、一品盛园培训资源，开展线上、线下相结合的农业技术培训，助力农民利用信息技术进行学习培训，促进农业生产、经营、管理的能力提升。

面向农村常住人口，特别是农村中老年农民，利用课堂教学、远程教学等方式开设互联网和数字信息科技基础课程，促使农村居民利用信息化手段获取农业农村生产生活信息、开展网络营销、在线支付等，提高农民对数字化"新农具"的使用能力。

第七节 对策建议

一、与"智慧海淀"同步规划、一体化建设

建议海淀区在充分考虑自身区位因素、发展水平等实际情况的基础上，因地制宜，统筹谋划，尽快制定出台符合海淀特色和需求的数字乡村发展规划或实施方案。加强规划在数字乡村建设上的引领作用，在信息基础设施建设、乡村治理、公共服务等领域与"智慧海淀"同步规划、一体化建设。要把握好城乡关系，充分发挥区位优势，借助于城市数字资源的辐射带动效应，使农村居民享有与城市居民同等的服务，探索破除城乡二元结构机制路径，逐步实现城区与乡村全方位、多领域的互融互通互享，推进城乡融合发展。

二、融入中关村科学城发展，打造数字农业建设高地

海淀区拥有34所中央级和省部级农业类科研单位和高校，以及大北农集团等农业龙头企业以及农芯、京东科技等农业信息化企业，科技资源、人才资源丰富。建议海淀区依托农业科技、人才、企业的优势，将数字农业建设融入中关村科学城发展，将海淀区打造为国家数字农业科技原始创新策源地、自主创新主阵地，依托翠湖农业智慧创新工场，建成数字农业先进技术成果

孵化中心和新技术、新装备先行示范区；加强与中国农业大学、中国农科院、北京农林科学院等科研院所交流合作，推动更多科技农业成果在海淀本地园区示范应用和转化落地。

三、推进涉农公共数据整合共享，夯实数字底座

建议市级层面出台公共数据共享细则，明确市、区政府部门间数据共享渠道、共享方式、可共享数据内容等，简化数据共享行政程序，真正让基层简单便捷地共享所需数据。建议海淀区推动本区涉农公共数据的整合共享。建议海淀区与市级平台多沟通，了解市级相关平台建设规划，本区相关平台建设要与市级平台做好数据对接与共享。

四、推进适度规模经营，夯实数字乡村发展基础

规模化是数字农业发展的基础，四季青镇、温泉镇等蔬菜生产土地集中在企业或村集体中，形成了一定的规模，能够发挥信息技术的优势，提高生产效率和收益，生产主体有强烈意愿发展数字农业。而海淀苏家坨、上庄等镇土地小而散，大多为个人承包，一定程度上制约了数字农业发展，经济效益不高。同时，村民因考虑拆迁占地补偿等问题，土地流转意愿较低。此外，保留村发展不充分、集体经济薄弱。因此，建议海淀区先行探索个人承包地向村集体流转机制，推进适度规模经营，夯实村集体产业发展基础，在数字农业、休闲农业等方面发力，通过数字赋能推动农村产业高质量发展。

五、加大人才培养力度，全面提升数字素养

加强农业农村数字化人才培养与宣传教育。通过制定各类政策引导年轻人投身农业和农村建设，成为数字农业农村发展的中坚力量；将乡村振兴协理员、书记助理、信息进村入户的信息员等有一定信息化能力的人员统筹到数字农业农村建设工作中；针对专业人员开展分级分类培训，针对不同群体、不同需求和不同层次制订培训计划；对农业从业人员和农村居民持续开展信息化能力提升培训。

第三章
北京国家数字乡村建设试点调研报告

2018年1月2日,《中共中央 国务院关于实施乡村振兴战略的意见》明确提出实施数字乡村战略。2019年,中共中央办公厅、国务院办公厅在《数字乡村发展战略纲要》中强调,"把数字乡村摆在建设数字中国的重要位置,加强统筹协调、顶层设计、总体布局、整体推进和督促落实。坚持全面振兴,遵循乡村发展规律和信息化发展规律,统筹推进农村经济、政治、文化、社会、生态文明和党的建设等各领域信息化建设,助力乡村全面振兴"。并提及,"到2020年,数字乡村建设取得初步进展""到2025年,数字乡村建设取得重要进展"。2023年,中央一号文件《中共中央 国务院关于做好2023年全面推进乡村振兴重点工作的意见》指出,"必须坚持不懈把解决好'三农'问题作为全党工作重中之重,举全党全社会之力全面推进乡村振兴,加快农业农村现代化",并再次强调,"深入实施数字乡村发展行动,推动数字化应用场景研发推广。加快农业农村大数据应用,推进智慧农业发展"。当前,我国正处于全面推进乡村振兴与大力发展数字经济、推动数字乡村建设两大战略的关键交汇点,数字经济建设取得了一定的成效,但也面临着一系列现实困境,亟须借助于新的路径方式纾困,从而实现提质增效。

开展数字乡村试点是深入实施乡村振兴战略的具体行动,是推动农业农村现代化的有力抓手,也是释放数字红利、催生乡村发展内生动力的重要举措。房山、平谷两区获批为国家数字乡村试点地区以来,北京市高度重视,并将其作为推进全市数字乡村工作抓手,以深入推进农业农村现代化为主线,以增强基层治理体系和治理能力现代化、提升农业生产机械化和智慧化水平、发展乡村数字经济、促进农民增收为使命担当,集聚各类创新资源,因地制宜积极探索数字乡村发展路径,为推进乡村全面振兴提供有力支撑。

第一节　高位谋划推动

开展数字乡村建设是当前"三农"工作的重要组成部分，也是实现乡村振兴和高质量发展的有效途径和坚实保障。北京市认真贯彻落实《数字乡村发展战略纲要》《数字农业农村发展规划（2019—2025年）》《数字乡村发展行动计划（2022—2025年）》等文件精神，谋思路、强举措，加强试点工作统筹协调、资源整合、部门协同、上下联动，着力推进数字乡村试点建设，积极探索数字乡村建设有益经验，为数字赋能乡村振兴提供有力支撑。

一、强化顶层设计，奋力打造数字乡村政策体系

编制《北京市加快推进数字农业农村发展行动计划（2022—2025年）》，全面引领"三农"各领域数字化转型，缩小城乡"数字鸿沟"，实现数字赋能农业农村高质量发展和首都乡村全面振兴；联合印发《2022年北京市数字乡村发展工作要点》，明确2022年数字乡村发展工作目标，部署9个方面28项重点任务。将数字乡村工作纳入《北京市"十四五"时期信息化发展规划》，积极拓展数字乡村建设任务的广度和深度，为高效推动数字乡村工作明确时间表、下达任务书、画定路线图，推动数字乡村建设驶入快车道。

二、强化统筹协调，凝聚形成数字乡村建设合力

贯彻落实市委、市政府领导重要批示精神，成立北京市加快推进数字农业农村发展统筹协调机制，制定相应工作方案，明确成员名单、主要职责和工作规则等。召开加快推进数字农业农村发展行动计划工作部署会，部署数字乡村发展重点任务，推动各项任务落实。为协同合力推进数字乡村试点工作，建立由市委网信办、北京市农业农村局牵头，市发展改革委、市科委、中关村管委会、市经济和信息化局、市市场监督管理局、市通信管理局参与的统筹协调机制，定期分析形势，会商解决问题，研究部署工作，确保试点工作推进有力、步骤平稳有序、全域协调发展。

三、细化工作方案，有序推进数字乡村工作落实

印发《关于做好国家数字乡村试点工作的通知》，要求明确目标、细化任

务、完善措施、精准施策，持续提升数字乡村发展水平。定期对两试点区调研，从政策、资源、项目等方面了解试点工作进展，提出指导意见。组织召开属地网信企业座谈会，邀请全市近 20 家头部互联网企业，共同探索数字乡村发展政企合作新模式。

四、强化督导评估，科学把握数字乡村建设方向

为增强统筹推进数字乡村建设的科学性、权威性、前瞻性，把握全市数字乡村发展战略方向和目标思路，精准解决数字乡村发展面临的矛盾问题，组建北京市数字乡村建设工作专家组，制定《北京市数字乡村建设专家组组成和职责》，定期对数字乡村试点开展线上线下评估、业务指导，促进试点区对自身数字乡村建设路径及时改进优化，牢牢把握全市数字乡村试点工作方向。将数字乡村试点建设和数字农业农村发展工作纳入《2022 年度涉农区党政领导班子和领导干部推进乡村振兴战略实绩考核评分表及考核明细》，发挥实绩考核的"指挥棒"和"风向标"作用。自 2020 年 10 月以来，两个国家数字乡村试点区均在推进数字化建设上取得了明显成效。

第二节　全面高效落实

自 2020 年 10 月房山区、平谷区获批成为国家数字乡村试点以来，两试点区按照各自试点实施方案设定的目标和任务，立足区情农情，紧紧抓住国家数字乡村试点建设机遇，把加快推进数字乡村建设作为乡村振兴的突破口和发力点，积极探索乡村数字化转型和发展的新模式，数字乡村建设全方位、多领域、深层次推进，较好完成了终期任务要求。

一、建立数字乡村领导工作机制，强化数字乡村政策支撑

试点区均成立了区长牵头的试点工作领导小组，完善跨部门工作协调机制，建立联席会议制度，高位统筹推进数字乡村建设，强化数字乡村政策支撑。其中，平谷区自试点以来已召开专题会议 30 余次，将试点建设纳入区委重点督查事项。制定本区国家数字乡村试点建设实施方案，确定"1+7+N"建设思路，明确 48 项年度任务和 44 项评价指标，均已全部完成。编制本区《全面推进乡村振兴加快农业农村现代化建设行动计划》《数字城乡与数字经

济创新发展三年行动计划》等规划计划,将数字乡村建设融入农业农村发展顶层设计;制定区《5G 站址规划方案》《数字菜田项目建设方案》等方案,压实各项建设任务。房山区陆续出台《房山区关于加快推进5G 基础设施建设工作方案》《房山区数字经济标杆城市建设行动方案》等规划方案,将"智慧乡村"建设摆在重要位置,搭建了信息化基础设施建设的组织架构,明确了任务分工,为数字乡村建设明确了方向和路径。

二、促进涉农信息资源整合,加大财政和社会资金投入力度

试点区强化协同联动,持续推动区级层面涉农信息整合,加速农业、商务、邮政、供销、民政等部门在农村的资源共享。平谷区成立涉农数据资源整合工作小组,制定《平谷区政务信息资源共享管理办法》,建立《平谷区政务信息资源目录》,稳步推进涉农数据库建设;建成区级大数据平台,汇聚乡村人口、法人、宅基地、基本农田等数据,搭建区级数据共享交换平台;制定数据交换制度和标准,实现与北京市大数据平台的数据对接。房山区开展农业农村大数据项目建设,打造了跨部门、跨乡镇的农业农村数据共享交换枢纽。同时,不断加大财政资金投入力度,鼓励和引导社会资本参与数字乡村建设,初步形成了数字乡村建设多元化投入格局。平谷区通过整合涉农资金和撬动社会资本参与数字乡村建设,累计投入专项资金约3.5亿元,带动社会资金投入10余亿元。房山区通过出台《房山区政府投资信息化建设项目管理规定的通知》等政策文件,累计整合各级财政资金3亿多元,用于开展数字乡村基础设施建设、智慧农业提升等项目,形成财政资金引导、社会多元投入的投融资机制。

三、推进农业信息化建设,加速乡村产业数字化转型

试点区紧紧抓住数字时代机遇、把握方向,大力推进农业信息化建设,稳步开展种植业、养殖业等领域智慧农业试点,积极探索培育智慧乡村旅游、智慧认养农业、创意农业等新产业新业态。

在农业信息化推进方面,平谷区积极建立数字菜田、智能温室、智慧桃园、智慧农园,实现虫情、墒情、灾情和果树长势自动监测、智能诊断;数字赋能国家现代农业(畜禽种业)产业园建设,蛋鸡种业、奶牛冻精国内市场占有率分别达52.8%和30%以上,均居全国第一,建成新希望、首农中育等一批智能化规模化养殖基地;打造"智慧蛋鸡"互联网服务平台,注册用

户近20万,交易额不断提升;建成农产品检测平台,检测能力1000余项;规模主体食用农产品合格证实现全覆盖、可追溯。房山区以国家现代农业产业园为引领,持续推进智慧农园信息化系统、园区智慧农业可视化管理系统等建设项目,开展数字菜田信息化服务,推进蔬菜棚室智慧化管理,畜禽养殖场环境信息化监测与控制、自动化饲喂、疫病信息化防控覆盖率大幅提升;将种养殖企业、农资店和检测站纳入农产品质量安全管理系统,农药经营门店纳入电子信息化监管平台,农产品质量安全追溯体系更加完善。

在智慧农业科技创新发展方面,平谷区落地都市绿色高质农业研究院,创建"博士"农场45个,建设首农番茄大世界、中国农大无人机系统研究院,为智慧农业发展提供原动力,成为首都科研院所数字化支撑农业科技创新的试验田和成果转化基地。房山区建成农业创新创业工作站35个、创业基地11个,拥有农业科技专利100余项,国家级、市级"星创天地"各3个,带动农民就业超过3万人,为智慧农业发展提供了新动能。

在农村电商发展方面,平谷区实施"互联网+大桃"工程,设立1个区级电商服务中心和6个镇级分中心;成立新农人讲师团,开展电商培训7000余人,培育出20余名电商创业"达人";对接区内"名特优新",打造10余个"平谷好物"、7个农产品电商品牌;2022年全区大桃电商销量达5200万斤,电商销售占比由2021年的14.7%提高至20.5%,促农增收1.7亿元。房山区推出"上房山上京西"、第零农场、京心App等电商平台,建成461个邮政服务站和农村电商服务站,实现快递网点全覆盖。截至2022年9月底,全区限额以上批零住餐业通过公共网络实现零售额达90.5亿元。

在农村新业态培育方面,平谷区举办云上桃花节,上线1000万人次。推广智慧一键游,线上推荐赏花路线、景点、民宿。通过短视频、直播等方式带动民宿和露营地发展,建成精品民宿206家,露营地30余家,成为"北京最受欢迎露营地"。2021年,全区旅游收入合计19.5亿元,乡村游客接待量约370万人次。通过网络营销模式及传统园区数字化改造,发展创意农业、认养农业、观光农业、都市农业,提升休闲乡村7个,建设规模休闲农业园2个、大桃认养平台1个和可认养果园一批。发展智慧物流保供首都,华北新零售智慧物流园、金隅数字供应链产业园、菜鸟中国智能骨干网等项目加速建设,马坊物流基地被纳入国家骨干冷链物流基地,承担首都物资应急中转基地功能。房山区正式上线数字平台"一键游房山",开通试运行"房山区智慧文旅数字化平台",推出"智慧黄山店"等近50条精品旅游线路,"云上旅游"渐成规模。完成蔬菜透明屏 3D 展示、特色中草药 360 幻影成像展示等信息系统建设，房山休闲农业尽显"数字范儿"。

四、打牢信息基础设施底座，夯实数字乡村发展根基

网络基础设施全面建成。试点区不断加强基础设施共建共享，平谷区 5G 网络、无线数字化和高清数字交互电视实现行政村全覆盖，农村地区固定宽带家庭普及率 100%。房山区建成通信基站 1751 座，推进电信普遍服务试点任务落实，全区基本实现村村通宽带，农村固网、有线电视覆盖率均达到 100%。传统基础设施改造升级。平谷区建成区镇（乡）村三级电商流通体系，快递企业网点行政村全覆盖；整合农村信息服务，实现益农信息社行政村全覆盖；建成智能交通体系，拥堵时间缩短 10%，交通事故减少 15%；推进智慧水务建设，基本完成生活水源井远传计量设施安装，入户智能远传水表安装 1.7 万块；建设农业农村天空地一体化监测网络，覆盖 300 亩农田。房山区成立 444 个益农信息社，服务范围覆盖 455 个行政村；精准灌溉等管理信息系统高效应用，智慧水务建设持续推进；打造国内首个 5G 自动驾驶示范区，新建智能信号灯 131 处、非现场监控设备 821 套，建成信号灯智能管控平台，智慧交通建设成效突出；开展"网上电网"示范区建设，新技术助力用电故障抢修进程可视化率超过 90%。新型信息基础设施建设初见成效。平谷区初步建成视图智能算法服务平台、区级智能物联网平台，为应急、消防、环境整治等提供应用支撑；建成农业中关村云园区平台，建设平谷区算力中心、时空地理信息服务平台，搭建"农业中关村"全国农业数字经济区块链应用关键节点，为数字农业农村发展提供基础保障。

五、构建数字化服务新模式，实现乡村治理"新跃升"

（一）乡村治理数字化打开新局面，"互联网+党建"创新发展

平谷区探索"互联网+微网格"治理模式，党员干部落格落责。依托"党员 E 先锋"和"快易训"系统，党员管理和教育线上化率达 90% 以上。房山区依托 5G 技术，410 个村实现影像与纪实系统同步对接，运用"电子眼睛"全面监测各村党建工作情况，实现了"足不出户"掌握基层党建工作动态，党员远程教育系统覆盖率和党员线上培训完成率均达到 100%。"互联网+政务服务"不断深化。平谷区政务服务"一网通办"平台上线并延伸至全部

镇村，服务事项全部实现网上办理，170 项可移动端办理。房山区积极推动"一网、一门、一次"改革，电子政务外网、政务云投入使用，实现了全区数据资源开放共享。建成全区农村集体经济合同规范化管理平台、农村宅基地闲置房屋出租管理平台、电子档案子系统等平台，政务服务事项网办率达92.47%。数字化治理规范有序。平谷区建成推广农村管理信息化平台，促进农村集体资产交易、管理透明公开。"钉钉百姓通"乡村治理平台覆盖 20 个行政村。建立覆盖全部社区村的 1047 处智能卡口，提升基层治理和疫情防控能力。建成天地一体森林防火预警体系及全角度乡村智能监测体系，搭建全区应急视频会议专线。构建农村生态环境质量动态监测体系，对大气、水质自动化监测。房山区积极推广"网格化+大数据+智慧化"基层治理模式，"三务"网上公开实现行政村全覆盖。通过"雪亮工程"建设，农村地区视频监控摄像头，覆盖所有行政村出入口和重点部位。建成森林防火监控网、应急移动单兵系统等信息平台，不断提升乡村各领域精细化治理水平。

（二）乡村数字惠民服务取得新成效，探索智慧教育新模式

平谷区农村中小学光纤宽带和无线网络全覆盖，建成空中课堂和双师课堂，利用网络平台开展农民培训，1.4 万户参与。房山区依托"基于教学改革，融合信息技术的新型教学模式"实验区建设，深入推进教育信息化 2.0，建成房山教师研修平台、学校课例室、双师课堂实验校、智慧校园实验校、学生发展大数据平台和信息中心空中课堂录制基地，积极深化"三个课堂"普及应用，专递课堂、名师课堂实现中小学全覆盖。智慧医疗、社区服务快速发展。平谷区级医院与市级对口医院互联互通，全部乡镇医疗机构及 100 余个农村卫生室实现远程诊疗。通过"互联网平台+智能终端设备+专业服务团队+养老驿站+24 小时人工客服"模式，为乡村老人安装智能设备 4000 台，开展服务 6 万余次。房山区建成覆盖全域社区卫生服务机构的医疗卫生专网以及全民健康信息平台等应用系统，实现远程医疗的县级医院及乡镇医疗卫生机构达到 23 家，年均远程诊断数量达 2 万人次左右。持续推广电子保障卡。平谷区电子社保卡覆盖率逐年提升至 62.8%，电子医保凭证激活率达70%，区内定点医疗机构全部实现医保电子凭证结算。房山区共计发放电子社保卡 4821 张，网上申请灵活就业社会保险补贴农村劳动力人数由 32 人增加到 2651 人。数字文化建设成效显著。平谷区加强区域特色文化宣传，打造上宅文化 IP 动漫形象。建成文化信息资源共享区级支中心、18 家数字文化社区和多个线上文化资源平台，年参加线上活动 3 万余人次。建强融媒体中心，打通广播电视、App、抖音、微博等宣传渠道，制播农业科技节目 156 期。房山区实现区文化活动中心、镇（乡）村电子阅览室三级联动，建成公共文化数字平台，促成乡村文化场景、文化产业等的深层次变革。

第三节　典型经验做法

平谷区围绕数字化畜禽育种、乡村数字经济新业态和智慧农业技术转化开展实践探索，形成了"生物技术+信息技术"育种、"互联网+大桃""政府+企业+科研机构'金三角'合作模式"等特色做法；房山区发挥产业园区和龙头企业引领作用，以点带面推进产业数字化改造，探索出智慧园区、智慧乡村旅游和智慧人居环境治理等发展模式。本研究选取其中一些典型经验和做法作简要介绍。

一、加速生物技术与信息技术交融发展，打造硬核种业"中国芯"

平谷区国家现代农业（畜禽种业）产业园充分发挥科研平台资源与技术优势，加强高水平科研平台搭建，将大数据、云计算、人工智能等新一代数字科技与遗传学、分子育种技术、常规育种技术等生物技术高效融合，打造智慧育种自主创新模式。目前已拥有北京中智生物农业国际研究院、国家蛋鸡产业技术体系平谷综合试验站等国际种业合作平台 3 个、国家级种业研发平台 9 个、北京市种业科技创新平台 10 个。开发集数据自动采集、实时储存、智能分析等于一体的家禽育种管理系统，实现家禽大数据智慧育种，成功培育"沃德"系列肉鸡自主品种 3 个，突破白羽肉鸡核心种源"卡脖子"技术，摆脱了长期依赖国外进口的现状，自主培育"京"系列蛋鸡品种 5 个，市场占有率由初创期的 50% 增加至 55%，居全国第一；利用全基因组重测序技术，破解了红羽鸡产粉壳蛋的世界难题；自主研发我国首款具有自主知识产权的蛋鸡 DNA 芯片"凤芯壹号"，实现国产蛋鸡专用芯片设计零的突破；奶牛冻精市场占有率达 30% 以上，居全国第一。截至目前，产业园拥有自主知识产权的畜禽品种达 10 个，有力支撑北京"种业之都"打造。

二、深化现代信息技术与产业深度融合，赋能特色优势产业发展

平谷区以数字赋能大桃产业、促进农民增收为目标，探索将网络化、信

息化和数字化技术与大桃产业深度融合。推进智慧桃园示范应用场景项目建设，桃园施肥、除草、病虫害防治全程采用智能机械化设备，通过将智能检测监测技术、无人系统、数据建模分析应用到整个大桃生长季，实现大桃种植标准化、精细化，实现生产投入降低16.5%、产出提高至1.5倍、节省人工50%。抢抓"互联网+"新机遇，搭建大桃销售"大舞台"，与盒马生鲜等建立供货联系，入驻京东、淘宝等电商平台，开设"平谷馆"等销售专区，平谷大桃电商网络已基本覆盖全部省区市，300余个主要城市次日达。联合权威媒体开展"平谷鲜桃季"等大型电视直播和网络直播；探索政企合作模式，对接东方甄选在抖音开展户外沉浸式助农带货直播；开展"抖音""快手"等直播平台培训，使广大桃农成为自电商，累计培训果农7000余人、5万余人次。探索农文旅融合发展新路径，举办云上桃花节，让全国各地的游客足不出户即可云上赏桃花，吸引观众从云端走到线下，到平谷认养桃树、采摘大桃；建设"平谷一键智慧游"平台，为游客推荐桃花观赏路线，串联起区内旅游景点及沿线食住商家，拉动集民宿、采摘、露营、农家宴等为一体的休闲农业融合发展。

三、创新产学研合作模式，加快智慧农业技术落地转化

平谷区立足区位优势，积极构建政府+企业+科研机构的"金三角"合作模式，通过政府搭台（组建平台公司搭建企业、研究机构合作平台）、企业运作（提出科技创新需求、实现成果转化）、科技支撑（科研机构赋予科技含量），推动多方要素融合、协同创新、共建共享，促进智慧农业科技创新、集成、示范和应用。目前已与荷兰瓦赫宁根大学、中国农业大学、北京市农林科学院以及首农食品集团、阿里巴巴集团、华为集团、拜耳作物科学等30余家国内外高校院所、头部企业开展深度合作。对接国内外高校科研院所，建成赵春江院士工作站和45个"博士"农场，引入12名院士、175名博士开展智慧农业、分子育种等研发及成果转化；建成9家"科技小院"，一个小院对接一个院校，硕士研究生长期驻村，零距离、零门槛、零费用、零时差开展农业信息化指导和技术示范；柔性引进11名专家担任村"科技书记"，带资金、带技术、带项目，助推乡村产业数字化发展。联合头部企业开展共建，如建立阿里巴巴集团常驻平谷特派员机制，利用阿里资源渠道优势，在电商推广、乡村治理、智慧农业、智慧旅游等方面共同打造数字化助力乡村振兴示范样板；与首农集团、中育种猪、拜耳作物科学等企业，共同创建国家现

代农业（畜禽种业）产业园，建设农业中关村园区。

四、拓展智慧农业应用场景，推进全产业链信息技术集成应用

房山现代农业产业园立足总部基地定位，以内蒙古扎赉特旗国家现代农业产业园为"壹号基地"先行先试，创新建立生产要素上链、生产过程上云、生产价值上账的"总部+基地"园区运营新模式。同时，产业园通过智能化地图灯箱系统，在总部基地随时了解全国各产业园信息，实现信息的实时对接，提高了园区之间互通合作的效率，形成了全国产业园规划建设"一张图"。产业园围绕蔬菜产业数字化转型的重大需求，运用 5G、物联网、大数据等先进技术，构建蔬菜全产业链数字技术集成方案，探索建立可看、可用、可复制、可推广的数字农业发展模式。将全产业园涉农数据资源、物联网监测数据汇聚整合到大数据中心，通过大数据分析决策，服务主导产业全产业链各环节，有效降低了人工成本、绿色防控成本和农作物病虫害发生。产业园积极推进智慧乡村旅游发展，在农业信息中心建成了品牌展销 3D 互动查询系统、3D 互动展销系统、芽苗菜透明屏 3D 展示系统、特色中草药 360 幻影成像展示系统、精品蔬菜品牌推广 VR 体验系统、农业旅游休闲服务推介体验系统建设，形成以一产为主导的"看农业美景、享农业美食、玩农业趣事、学农业科普"的全新展示体验方式，全面提升了数字乡村品牌推介、科普教育、休闲旅游服务能力。

五、构建"数字技术+基础设施管护"新模式，促进人居环境精细化管理

房山区周口店镇黄山店村通过数字化手段建立全村道路、路灯、公厕、太阳能浴室、垃圾站等基础设施管理台账，涵盖设施类型、设施地点、管护人员、管护主体、设施状态、管护周次等信息，为所有类别设施设计并制作二维码识别标牌，做到一物一码。通过数字乡村服务平台地图，可点击查看全村各类基础设施的位置、数量等信息，实现了对全村基础设施全生命周期管理。在建立台账的基础上，通过搭建管控平台，实现对管护人员管理、管护工作规划、设施管护标准制定、管护记录完善与维护等流程全数字化管理，大大提升了设施管护效率。目前，100%的基础设施都有明确的管护人和管护标准，人居环境基础设施的有效管护率从 30%提升到 90%以上，显著提高了人居环境治理水平。另外，黄山店村基于"晓村务"微信公众号，研发"积分制垃圾分类回收"模块，采用"实体卡+云端积分账户"方式，通过积分奖励与兑换体系，形成了由村委会组织引导，村民、清运回收员、乡村小超市（小卖部）积极参与，多方受益的乡村垃圾分类回收长效机制，极大地调动了村民对人居环境治理的热情，超过80%的村民主动参与人居环境保护工作。

第四节　存在的主要问题

虽然北京市国家数字乡村建设试点工作取得了较好成绩，也探索出一批典型经验和做法，但仍存在一些问题和不足。

一、数字乡村建设资金支持方式有待完善

开展数字乡村建设是深入实施乡村振兴战略的具体行动，也是推动农业农村现代化的有力抓手，更是释放数字红利催生乡村发展内生动力的重要举措，迫切需要稳定、可持续的资金支持。虽然试点区为保障数字乡村建设有序开展，都加大了资金投入力度，并取得了一定成效，但是，投入资金仍以整合涉农财政资金和倾斜项目资金为主，资金支持的针对性和稳定性都有待加强。

二、数字技术支撑新业态发展的作用不够突出

《关于开展国家数字乡村试点工作的通知》（中网办通字〔2020〕15号）要求加快农业农村数字化转型步伐，加强技术研发、组织创新和制度供给，推进现代信息技术与农业农村各领域各环节深度融合，探索乡村数字经济新业态。但是，从试点区的总体情况来看，新产业新业态数字化进程有待加速，数字技术支撑新业态发展的潜能有待进一步探索和发挥。农村电商差异化、高质量发展需要进一步解决。

三、数字乡村建设宣传推广力度不够

推进数字乡村建设是新形势下的新战略，需要及时发现和宣传推广试点地区的各类先进典型和做法经验，形成全社会共同参与和推动数字乡村发展

的良好氛围。目前，试点区的做法经验和工作成效得到一些主流媒体的关注和报道，但是，其在数字乡村建设宣传推广方面工作力度仍有待加强。

四、乡村数字化人才队伍建设有待加强

随着农村劳动力的外流，农村数字化复合型人才不足现象越来越突出。缺乏开展数字服务且具备较强实力的专业人才，基层政府数字化管理人员配备不足、农业经营主体文化程度不高等问题长期存在，导致数字化技术应用难度大，亟须加大教育培训力度，打造一支覆盖全面且接地气的专业数字化人才队伍。

五、相关意见建议

针对北京市国家数字乡村建设试点工作存在的问题和不足，提出以下对策与建议，以加快推进相关工作。

（一）完善政策体系，探索设立数字乡村建设专项资金

支持试点地区先行先试开展各项建设工作。结合试点区农业农村实际，研究出台促进数字乡村建设的政策法规和规划计划，加大在信息、科研、教育、基础设施等方面的政策和财政支持，为数字乡村建设及其产业链条的发展提供良好的外部环境。加强对数字乡村领域人才、成果、平台等科技资源的整合，探索设立市区两级专项财政资金，夯实数字乡村建设的资金保障。同时，发挥财政资金的引导作用，探索政府购买服务、政府与社会资本合作、贷款贴息等方式，吸引社会力量广泛参与，引导工商资本、金融资本投入数字农业农村建设。

（二）深化技术应用，发展数字经济新业态新模式

从市到区做好顶层设计，加强产业整体规划，建立区域级大系统，梳理业务流程，打通数据通路，强化品牌培育，避免同质竞争和重复建设。积极推进5G、物联网、大数据等在农村地区的布局与应用，充分挖掘利用自然资源、生态资源、文化资源、劳动力资源等，以数字化赋能"农业+旅游+康养"，推动景观农业、休闲农业、乡村文旅等新业态培育，实现农村地区一二三产业融合发展。拓展以电商平台、社交网络为核心的多元数字流通渠道，形成政府牵头、企业主导、农民参与的乡村电商发展模式，推动乡村电商企业的质量升级与规模化运营，以差异化战略打造规模化、标准化的农村电商

品牌。建设一批线上创业创新中心，开展农产品、农村工艺品、乡村旅游、民宿餐饮等在线展示和交易撮合。

（三）强化宣传引导，营造数字乡村建设良好氛围

创新宣传方式，挖掘试点区数字乡村建设典型和先进经验，向上级单位汇报。积极参加全国性重要会议、论坛进行数字乡村建设相关工作经验交流和汇报。充分发挥试点区重点新闻网站及微信公众号作用，对发现的数字乡村建设典型和先进经验进行宣传推广，形成全社会共同参与和推动数字乡村发展的良好氛围。拓展宣传载体，搭建数字乡村工作专题网，定期通报中央网信办、市委网信办关于国家数字乡村试点工作的新部署和要求，以及区委区政府对数字乡村发展工作的指示批示，展示本试点区及全国其他试点区在数字乡村建设中的好做法、好经验。

（四）落实培训计划，加大乡村数字人才队伍建设

加强培训指导，提高机关干部对数字乡村建设的认识深度和重视程度，提升定向把关能力、项目过程管理能力和数字业务水平。深化与高校、科研院所、企业合作，共建大数据与智能技术服务数字乡村建设实践基地、数字技术本土人才培训实践基地以及大学生社会实践基地，支持校地企共同开展数字技术服务输出、新型职业农民培育项目。构建农民数字技能普及体系，借鉴国际电信联盟（ITU）、经济合作与发展组织（OECD）等机构在改善农村和贫困地区居民数字技能方面的实践经验，研发符合试点区实际情况的"数字技能政策工具包"，有针对性地开展教育培训，着力改善农村地区居民基础数字能力，提升农民对数字经济的认知程度。

第四章
北京数字经济与农业融合发展路径研究结题报告

第一节 数字经济与农业融合的理论分析

一、数字经济

数字经济是随着信息技术革命发展而产生的一种新的经济形态,在加速经济发展、提高产业劳动生产率、培育新市场和产业新增长点、实现包容性增长和可持续增长中发挥着重要作用,是全球经济增长日益重要的驱动力。在2016年举办的G20峰会上,经济合作与发展组织(OECD)对数字经济进行了界定,认为数字经济是:"以使用数字化的知识和信息作为关键生产要素、以现代信息网络作为重要载体、以信息通信技术的有效使用作为效率提升和经济结构优化的重要推动力的一系列经济活动。"[①] 美国经济分析局于2018年将数字经济界定为"包括ICT行业、计算机网络存在和运行所需的数字能使基础设施、通过计算机系统产生的数字交易(电子商务)以及数字经济用户创造和访问的数字内容(数字媒体)"[②],并提出了数字经济的衡量方式。近年来,信息化、电子商务等产业蓬勃发展,我国也高度重视数字经济的发展。2022年国务院颁布的《"十四五"数字经济发展规划》指出,数字经济是继农业经济、工业经济之后的主要经济形态,是以数据资源为关键要素,以现代信息网络为主要载体,以信息通信技术融合应用、全要素数字化转型为重要推动力,促进公平与效率更加统一的新经济形态[③]。本研

---

① 二十国集团数字经济发展与合作倡议。
② 美国数字经济发展报告(2019)。
③ 国务院《"十四五"数字经济发展规划》。

究认为,数字经济是继农业经济、工业经济后的全新经济社会发展形态,已成为经济转型升级的重要驱动力和全球新一轮产业竞争的制高点。作为一种新兴的经济形态,数字经济在不同的数字技术发展阶段有不同的具象表现形式,但从本质上来说,数字经济是与资本、劳动要素、生产要素结合而产生的一种新型经济形态。

面对后疫情时代经济下行压力加大、国际环境复杂多变以及严峻的人口资源环境形势等多重约束,如何稳住农业基本盘、推动数字技术与生产深度融合成为农业农村领域关注的重点。通过智慧化的农业管理技术与方法,组织农业生产经营,对解决发展中国家农户市场信息不对称、带动农民增收致富等问题具有重要意义。因此,在全球疫情防控常态化趋势下,应对经济衰退与人口贫困问题,亟须创新根植数字经济发展土壤的新业态、新模式。乡村数字经济作为数字经济与农业农村经济融合的新产业、新业态,将在加快减贫步伐、推动公共服务普惠共享、实现可持续发展方面,发挥重要作用。

二、数字农业

数字农业(Digital Agriculture)起源于数字地球的提出,是指以数据为核心,科学运用数字地球技术与信息感知技术(包括传感器、摄像头、智能穿戴设备等),将农业生物、环境、技术、经济、社会等要素,进行全系统、全过程的数字化表达、可视化呈现、信息化管理,进而实现农业信息化决策管理的一种现代农业发展方式。常见的表现形式主要有植物工厂、数字农田、数字牧场等,具有投入成本高、产出效率高、管理效能高、产品品质高"四高"特点。

三、数字农业产业

从经济学的概念范畴看,产业是指国民经济的各行各业,包括农业、工业、服务业等一切领域,每一个具体产业由同类型企业集合而成。此外,产业还被定义为,由国民经济中具有同一性质的经济社会活动单元构成的组织结构体系。2020年,中央网信办和农业农村部联合颁布的《数字农业农村发展规划(2019—2025年)》中首次提到了"农业数字经济",并测算出了农业数字经济占农业增加值的具体比重。因此,数字经济与农业产业融合即数字农业产业,是指以数字化的知识和信息为关键农业生产要素,以数字农业技术创新为核心驱动力,以互联网、物联网为重要载体,以产业数字化与数字产业化为主线,通过数字经济与乡村经济深度融合,不断提高传统农业数字化、智能化水平,加速重构经济发展与政府治理模式的新型乡村经济形态。

四、数字经济与农业融合的产业链分析

(一)产业链特征分析

传统农业全产业链是农业研发、生产、加工、储运、销售、品牌、体验、消费、服务等环节和主体有效衔接、协同发展的有机整体。在数字化技术的融合渗透下,传统的农业产业链链条不断拓展、标准化体系更加健全、产业不断优化升级,可以充分调动非农业产业经营主体的参与热情,最终实现数字农业产业的共建共享,实现产业链各参与主体的共生、互利、共赢。

一是产业化链条不断拓展。数字化的快速发展,冲破了传统农业产业的边界,促进了农业产业与信息产业、金融产业、文化产业、娱乐产业等不同产业间的跨界融合,将原先以产品流为主单一、单向、相互割裂的传统农业产业链,拓展为产品流、资金流、物流、信息流交叉融合的网络化、集群化数字农业产业链。

二是标准化体系更加健全。数字信息技术的推广应用,将依靠农民经验操作的传统生产过程转化为以物联网、大数据为核心的数字化生产管理流程,进而塑造了更加标准化、专业化、智能化的数字农业生产体系,促进了数字农业产业向品牌化、高质化方向发展。

三是产业结构不断优化升级。在数字化的共建共享理念影响下,农业产业链逐步舍弃了封闭式的发展思路,接受了科研院所等机构的专业咨询服务,第三方平台等数字化企业的流通销售服务,以及银行等金融机构的融资服务,不断优化产业链各环节的资源获取和价值转化能力,推动数字农业产业的高端化、高附加值化发展。

(二)产业链图谱分析

数字农业全产业链是借助于数字化的技术、装备和平台,实现农资生产、农资流通、农业研发、农产品生产管理、生产服务、农产品流通、农产品加工、农产品销售、质量安全监管、产后服务等多环节紧密衔接,生产主体、

政府机构、科研院所、电信运营商、互联网企业、生鲜电商等多元主体共同参与，B2C、O2O、P2P、数字化监测、无人农场、线上培训等多种数字化模式耦合配套的生态协同发展有机整体。数字农业产业链可划分为产前、产中、产后三个阶段，见图 4-1。

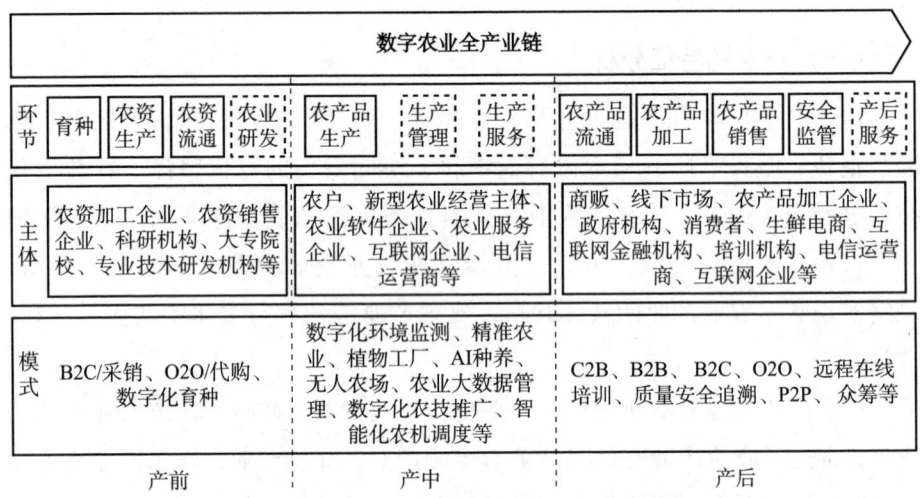

图 4-1　数字经济与农业产业融合的产业链

（1）产前阶段，数字农业产业链在环节上，除了与传统农业一样涵盖育种、农资生产、农资流通等环节外，还新增了研发环节。涉农科研机构、大专院校等，在产业链上游结合农业生产的需求，深度融合数字农业技术与制造工艺，研发农业专用传感器等数字农业生产核心装备，搭建出数字化生物育种平台等农业大数据平台，为数字农业产业链的下一阶段提供支撑，拓展出农业研发环节。因此，该阶段的参与主体也拓展为农资加工企业、农资销售企业、科研机构、大专院校、专业技术研发机构等多元主体，并催生了数字化育种、B2C 农资线上采销等多元化模式。

（2）产中阶段，数字农业产业不仅包括农业生产环节，还包括农业的数字化管理环节和生产服务环节。与传统农业相比，数字农业生产规模更大、集约化更强、分工更精细、标准化需求更高，需要运用上游阶段生产、搭建的数字农业装备、平台等进行数字农业生产管理，或提供相应的数字化专业服务，以满足农业生产的数字化转型需求，故拓展出数字化管理环节和生产服务环节。因此，该阶段的参与主体除了传统的农户之外，也包括新型农业经营主体、农业软件企业、农业服务企业、互联网企业、电信运营商等多元主体,并催生了数字化环境监测、精准农业、植物工厂、AI种养、无人农场、农业大数据管理、数字化农技推广、智能化农机调度等数字化生产模式。

(3) 产后阶段,对比传统农业产业链,数字农业产业链新增了数字化产业服务环节,并对农产品流通、农产品加工、农产品销售、质量安全监管等传统环节进行了优化升级。电子商务等"新业态"的涌现,不仅在销售环节开拓了线上销售的新形式,还将"在线"这种降低沟通成本、提高交流效率、消除信息不对称的新模式,推广至整个数字产业产后环节,将传统的农产品流通、质量安全监管环节优化升级,催生了数字化透明供应链、农产品质量安全追溯平台等新模式。此外,数字农业可以结合农业生产主体的需求,发展农民远程在线培训平台、互联网金融服务平台等新平台,拓展出数字化产后服务新环节。因此,该阶段的参与主体包括商贩、线下市场、农产品加工企业、政府机构、消费者、生鲜电商、互联网金融机构、培训机构、电信运营商、互联网企业等,该阶段的模式包括C2B、B2B、B2C、O2O、远程在线培训、质量安全追溯、P2P、众筹等。

第二节 国内外相关政策梳理

一、国外数字农业战略部署

在新一轮技术革命与产业革命驱动下,世界各国不断加强农业数字化发展的整体谋划,持续推动以互联网、大数据、云计算、人工智能等信息技术为引领的农业科技创新,完善数字基础设施,启动多项重大科技计划,农业大数据、农业机器人、农业精准作业与智能装备、智能传感器等新基建、新技术、新产品、新装备取得一系列突破性创新,世界农业进入生物技术引领、信息技术推进、数字技术支撑的智能化发展新阶段。美国、欧盟、英国、日本、韩国等全球发达国家围绕数字科技创新和竞争力提升,不断加大国家战略引领,从创新体系、产业生态等维度,不断营造良好的发展环境,在数字农业科技创新发展中取得了显著成效。数字经济不仅成为全球经济社会发展的重要引擎,也加速向农业农村领域渗透,农业数字经济已成为各国经济复苏和增长的重要组成部分,见表4-1。

表 4-1　世界各国数字农业相关的战略计划及聚焦的领域和技术方向

国家	年份	重大计划	聚焦的领域和方向
美国	2012	《链接美国基金》	每年支取普遍服务基金用于宽带补贴,以降低农村地区建设网络成本
	2017	《美国农业部战略计划（2018—2022年）》	使信息技术基础设施、设备和支持服务现代化;改进数据收集和利用
	2018	《美国农业提升法案》	利用数据驱动分析强化农业资源管理;改善农村宽带基础设施建设与互联互通;采用信息和科学工具加强土地养护
	2018	美国国家科学院《至2030年推动食品与农业研究的科学突破》	提高作物生产系统的养分利用效率、开发精准家畜生产系统、动植物病害的早期快速检测与预防等
	2019	《新版国家人工智能研发战略计划》	强调维持对基础AI研究的长期投资,优先考虑向机器学习和人工智能在农业等领域的基础研究投资
	2020	美国农业部《科学蓝图:2020—2025年科研方向》	包括可持续农业集约化、适应气候变化、食品和营养转换、增值创新、农业科学等五个领域,重点研发作物病虫害监测、早期发现和快速反应类传感器
	2020	美国国务院《关键与新兴技术国家战略》	高级计算、先进制造、高级传感、农业技术、人工智能、自主系统、通信和网络技术、数据科学与存储、量子信息科学等20项技术
欧盟	2012	欧盟《信息技术与农业战略研究路线图》	在种植业、养殖业领域发展精准农业、精准家畜产业
	2013	《"地平线2020"计划》	制定了基础科学、工业技术、社会挑战3个科技研发战略优先领域,包括食品安全、可持续发展农业、林业和渔业、海洋和内陆水域以及生物经济
	2016	法国《农业创新2025》	优先支持农业数据门户创建与农业数字技术研究
	2016	德国《数字化战略2025》	到2025年德国将建成千兆光纤网络,更多投资用于未来农村地区光纤建设投资基金;为农村地区数字化市场活动提供支持
	2017	欧洲农机协会《未来欧洲农业发展方向》	未来欧洲农业发展方向是以现代信息技术与先进农机装备应用为特征的农业4.0
	2017	《"智慧乡村"行动》	通过数字化和社会创新加快提升欧盟农业和农村发展,提高农民生活质量,振兴农村地区
	2018	德国《数字农业》	通过大数据和云计算的应用,使农机装备实现精细作业,这些智能农机装备由GNSS控制,作业误差在几厘米以内

续表

国家	年份	重大计划	聚焦的领域和方向
欧盟	2019	欧洲农机协会《农业技术2030》	提高机械行业对于农业生产的贡献、推动欧洲进入数字精准农业前沿、加强欧洲先进农业设备研发领导地位
	2020	《欧盟共同农业政策2021—2027》	重点支持动物福利标签、全欧盟范围内的营养标签和农村数字化
	2020	《欧洲数据战略》	推动构建包括农业领域在内的九种欧盟共同数据空间
英国	2013	英国《农业技术战略》	利用大数据（Big Data）、信息技术（Informatics）、农业机械化提升农业生产效率
	2016	《农业技术产业战略：评估范围研究和基线》	工程和精准农业（其中很大一部分是与农业机械、设备和用品有关的活动）和家畜业，每一个部门的附加值都略高于10亿英镑，提供了近2.1万个就业机会
	2017	《农业与粮食安全战略框架》	支持农业中的智慧技术和精准方法
	2018	《健康与和谐：关于未来食品和农业的立法建议》	着力以大数据、数字化、精准农业等科技创新手段助推提高农业竞争力与可持续发展能力
	2019	《农村千兆位全光纤宽带连接计划》	建立以小学为中心，连接农村地区的中心网络模型。除学校外，其他的公共建筑，如健康场所和社区会堂也是计划服务对象
	2020	《新农业法案》	提高"从农场到餐盘"的供应链透明性和公平性，投资新技术，鼓励新研究
	2020	《"后脱欧"粮食安全计划》	重点研发农业智能装备传感器以及土壤等资源环境传感器
日本	2004	《U-Japan计划》	将农业物联网列入日本政府计划
	2010	《信息通信技术新战略》	重视农村信息化的市场规则及发展政策的制定
	2014	《战略性创新/创造计划》	实现农业作业精密自动化管理的智慧农业研究开发
	2014	《科学技术创新综合战略2014——为了创造未来的创新之桥》	重点推进信息通信技术、纳米技术和环境技术三大跨领域技术发展
	2015	《机器人新战略》	启动基于"智能机械+现代信息"技术的下一代农林水产业创造技术
	2015	《食品、农业与农村基本规划》	在农业领域加强机器人、信息通信等现代化技术的应用
	2016	《社会5.0》	融合IOT、AI、无人机等尖端技术，推进超省力、高产出的智能农业

续表

国家	年份	重大计划	聚焦的领域和方向
日本	2018	《综合创新战略》	构建智慧食物供给链系统,包括自动感、农业机械自动化、AI农产品供需对接系统等;将准天顶卫星技术应用于智慧农业
	2019	《农业新技术推广计划》	积极推广无人机、机器人、环境监测与控制等农业新技术
	2020	《食品、农业、农村发展五年计划纲要》	大力发展智慧农业,扩大无人农机(自动行走拖拉机等)的应用范围、加强农业生产自动化系统的开发及运用
	2021	《绿色食品系统战略》	数字农业、智慧林业和智慧渔业等可持续发展措施

(一) 美国

美国是世界上农业最先进的国家,美国数字农业起步较早,已经成为带动其国民经济的支柱产业之一,其农业数字化水平遥遥领先于其他国家。近年来,美国围绕精准农业、农业人工智能、传感器、农业大数据等领域,作出了一系列国家战略部署。2016 年,美国科技部出台的《国家人工智能研发战略计划》,将农业领域列入 15 个人工智能应用领域之一,明确了农业人工智能科技中长期研发计划。2018 年,美国发布《美国先进制造业领导战略》,提出要加快传感器、机器人以及数字技术在粮食方面的应用;2018 年,美国国家科学院发布了《至 2030 年推动食品与农业研究的科学突破》,提出"加强农业传感器的研发、集成与应用,实现数字农业高端化发展"。2020 年 2 月 8 日,美国农业部发布了《美国农业部科学蓝图:2020—2025 年科研方向》,提出利用精准农业技术优化资源利用,加强动物疾病的监测、早期发现、快速反应和恢复,并及时评估传感器、数据分析和精准农业增强技术的采用效果。

(二) 欧盟

近年来,为应对气候变化和解决食品安全问题,欧盟高度重视数字农业技术在推动农业可持续发展方面的应用,针对农业大数据、精准农业、农业人工智能等领域,出台了相应的战略计划。2013 年,欧盟启动"地平线 2020"计划,提出利用对地观测技术为小农户搭建智慧服务平台。2015 年,法国出台《农业创新 2025》,提出优先支持农业数据门户创建与农业数字技术研究两项数字农业领域项目,并建立专门的项目基金,鼓励农业机器人技术研究和产业发展。2017年10月,欧洲农机协会(European Agriculture Machinery Association, CEMA)召开峰会,发布《未来欧洲农业发展方向》报告,提出在信息化背景下,农业数字技术革命正在到来,未来欧洲农业的发展方向是以现代信息技术与先进农机装备应用为特征的农业4.0。2019年7月,欧洲农机协会发布更新版的《农业技术2030》战略报告,重点关注提高机械行业对于农业生产的贡献、推动欧洲进入数字精准农业前沿、加强欧洲先进农业设备研发领导地位3个关键领域,强调加强欧盟共同农业政策中有关绿色、数字和精准技术的资金支持以及知识共导,加强自动化、机器人,数字连接和人工智能等领域的研究资助。2020年12月14日,欧盟宣布,在2021—2027年,将为"数字欧洲"(Digital Europe)计划资助75亿欧元,以促进数字技术的广泛部署及其在欧洲公民、企业和公共部门的应用。2021年4月,欧盟委员会发布《加快欧洲迈向人工智能的步伐》,制订了新的人工智能一揽子计划,将欧盟打造成"从实验室进入市场"的卓越繁荣之地。欧盟多项举措表明,数字科技在农业领域的融合应用,已成为欧盟社会经济可持续发展的重要推动力,加快推进欧盟数字农业发展将是欧盟应对气候变化、发展绿色农业的主攻方向。

(三)英国

英国是最早完成工业化的国家之一,得益于其发达的工业实力和成熟的工业化技术,农业农村信息化起步较早,基础设施较为完善。英国农业农村较早地开始了信息化技术应用,已经将数字化技术应用到农业生产及食品安全追溯等领域,发展成为先进的现代化农业强国。为抢占农业信息科技前沿,2013年英国发布的《农业技术战略》,提出一系列关于大数据、机器人和人工智能在农业领域应用的管理改革措施,并建立了农业信息技术与可持续发展指标中心、农业精准工程创新中心等管理和研发机构,成为较早一批对智慧农业建设进行战略部署的国家之一。2014年12月,英国政府发布《我们的增长计划:科学和创新》战略文件,确定了包括大数据和高能效计算、农业科技、先进材料及纳米技术等在内的8项研究水平世界一流、产业应用广泛、商业潜力大的技术,并计划向这8大新兴技术投资6亿英镑。2017年,《农业与粮食安全战略框架》提出,支持农业中应用智慧技术和精准方法;同年《产业战略白皮书》明确了精准技术改变粮食生产的政策取向。2018年,英国出台的《英国农村发展计划》，提出通过提供补助金的方式，鼓励使用机器人设备、LED波长控制照明灯辅助农业生产。2020年7月，英国国家科研与创新署宣布投资2400万英镑，资助包括下一代自动种植系统、新的垂直农业技术、水果采摘机器人技术、牧场精准技术、农作物收获决策系统等9个新的农业技术重大创新项目。

（四）日本

为应对人口老龄化、农户兼业化问题，日本于2013年6月公布了新IT战略"创建最尖端IT国家宣言"，明确推进信息技术在农业领域的应用，以提高农业产业竞争力、农业产业化以及农业市场化水平。2014年实施的"战略创新/创造计划"（Cross-Ministerial Strategic Innovation Promotion Program，SIP）以及2018年第2期"战略性创新推进计划"（SIP）中，均将智慧农业列入农业科学技术基本计划，提出实现农业作业精密自动化管理的智慧农业研究开发战略。2015年，日本发布"机器人新战略"，启动了"基于智能机械+智能IT的下一代农林水产业创造技术"项目。2016年，日本经济团体联合会提出"社会5.0"，明确"社会5.0时代"以农业与食品产业为主要发展方向，即融合IOT、AI、无人机等尖端技术推进超省力、高产出的智能农业。2019年6月出台的《农业新技术推广计划》提出，积极推广无人机、机器人、环境监测与控制、牲畜管理、生产经营管理等农业新技术，在全国部署小型无人机和无人驾驶农机的智能农业试点。2020年2月，日本农林水产省最新五年规划明确，"大力发展智慧农业，扩大无人农机的应用范围、加强农业生产自动化系统的开发及运用"。2021年5月，日本农林水产省发布《绿色食品系统战略》，指出通过采取发展数字农业、智慧林业和智慧渔业等措施，实现可持续发展。

（五）其他国家

2013年，加拿大联邦政府提出的《MetaScan3：新兴技术与相关信息图》，将土壤与作物感应器（传感器）、家畜生物识别技术、变速收割控制、农业机器人、机械化农场网络、封闭式生态系统、垂直（工厂化）农业等技术，列入智慧农业领域未来5~10年重点发展的对象。2018年，韩国发布《创新增长引擎计划》，提出了包括智能基础设施、智能移动物体、会聚服务和产业基础等四个领域的技术突破方向和发展目标，包括大数据、下一代通信技术、人工智能、无人驾驶机器人、智能机器人等。2019年，澳大利亚发布《澳大利亚农业4.0》，开发了农业4.0数字平台，旨在通过数字技术提升农业生产效率、实现农业4.0远景目标。

从世界各国、各地区和相关组织发布的关于数字农业科技战略的密集部署与政策来看，推动新一代通信技术、云计算、大数据、物联网、人工智能等数字技术在农业生产、经营、管理、加工、销售等环节的深度融合与应用，已成为各国农业科技创新发展的主要趋势，各国对于智慧农业的关注点也从推动农机、物联网、精准农业等技术发展，逐渐延伸至农业大数据、机器学习、智慧育种、农业机器人等领域，数字农业科技已成为各国农业科技战略部署的重点。

二、国内数字农业相关政策

近年来，党中央、国务院在建设数字中国、实施乡村振兴战略、乡村建设行动等重大战略规划中，均对数字农业工作作出了重要部署。党的十八大以来，习近平总书记就农业农村的数字化发展作出一系列重要指示，党中央、国务院以及有关部委先后出台一系列政策文件。"十三五"规划纲要，2016年以来每年的中央一号文件，近年发布的《新一代人工智能发展规划》《数字乡村发展战略纲要》《数字农业农村发展规划（2019—2025年）》《数字乡村发展行动计划（2022—2025年）》等，都对数字农业作出顶层设计和系统谋划。党的二十大报告指出，"加快发展数字经济，促进数字经济和实体经济深度融合，打造具有国际竞争力的数字产业集群"，以及"全面推进乡村振兴，加快建设农业强国，强化农业科技和装备支撑"，进一步为发展数字农业产业指明了方向。在规划引领与重大战略部署下，中国特色数字农业政策体系基本形成。全国各省、自治区、直辖市也积极响应国家号召，相继发布了本省（自治区、直辖市）的乡村数字经济发展战略，旨在抢抓数字经济发展机遇，引领本省（自治区、直辖市）经济发展。在新一代数字信息技术的引领下，在我国数字中国、数字乡村等战略以及各省（自治区、直辖市）相关政策的推动下，我国数字经济规模不断扩大，共享水平显著提升，数字经济政策不断深化落地，有力支撑了现代化经济体系的构建和经济社会的高质量发展，中国数字农业相关战略规划见表4-2。

表 4-2 国内数字农业相关战略规划

时间	政策文件	聚焦的重点内容
2023 年 2 月	《中共中央 国务院关于做好 2023 年全面推进乡村振兴重点工作的意见》	深入实施数字乡村发展行动,推动数字化应用场景研发推广。加快农业农村大数据应用,推进智慧农业发展
2023 年 2 月	《数字中国建设整体布局规划》	推动数字技术和实体经济深度融合,在农业等重点领域,加快数字技术创新应用
2022 年 8 月	《农业现代化示范区数字化建设指南》	加快农业数字化技术创新、产品创新、服务创新、模式创新,探索多元化数字应用场景
2022 年 5 月	《乡村建设行动实施方案》	实施数字乡村建设发展工程
2022 年 3 月	《"十四五"全国农业农村信息化发展规划》	发展智慧农业,推动全产业链数字化,夯实大数据基础,建设数字乡村
2022 年 2 月	《"十四五"推进农业农村现代化规划》	加快数字乡村建设
2022 年 2 月	《中共中央 国务院关于做好 2022 年全面推进乡村振兴重点工作的意见》	大力推进数字乡村建设
2022 年 1 月	《数字乡村发展行动计划(2022—2025 年)》	着力发展乡村数字经济
2022 年 1 月	《国务院关于印发"十四五"数字经济发展规划的通知》	大力提升农业数字化水平,推进"三农"综合信息服务,创新发展智慧农业,提升农业生产、加工、销售、物流等各环节数字化水平
2021 年 12 月	《"十四五"国家信息化规划》	发展农村数字经济
2021 年 4 月	《中华人民共和国乡村振兴促进法》	推进生物种业、智慧农业、设施农业、农产品加工、绿色农业投入品等领域创新
2021 年 2 月	《中共中央 国务院关于全面推进乡村振兴加快农业农村现代化的意见》	发展智慧农业,建立农业农村大数据体系,推动新一代信息技术与农业生产经营深度融合
2020 年 11 月	《中共中央关于制定国民经济和社会发展第十四个五年规划和二〇三五年远景目标的建议》	加快数字化发展,建设智慧农业
2020 年 7 月	《关于开展国家数字乡村试点工作的通知》	探索乡村数字经济新业态,积极打造科技农业、精准农业、智慧农业
2020 年 7 月	《关于扩大农业农村有效投资加快补上"三农"领域突出短板的意见》	将智慧农业和数字乡村建设工程列为 11 个重大工程之一
2020 年 7 月	《全国乡村产业发展规划(2020—2025 年)》	发展数字农业、智慧农业等
2020 年 6 月	《关于深入实施农村创新创业带头人培育行动的意见》	利用 5G 技术、云平台和大数据等创新创业

续表

时间	政策文件	聚焦的重点内容
2020年5月	"互联网+"农产品出村进城工程试点	建立完善适应农产品网络销售的供应链体系、运营服务体系和支撑保障体系
2020年5月	关于深入推进移动物联网全面发展的通知	面向现代农业示范区应用场景实现NB-IoT深度覆盖;深化移动物联网在智慧农业领域应用
2020年2月	《数字农业农村发展规划(2019—2025年)》	推进种植业管理信息化、家畜业智能化、渔业智慧化、种业数字化、质量安全管控全程化;建立健全5G引领的智慧农业技术体系
2019年5月	《数字乡村发展战略纲要》	推进智慧水利、智慧交通、智能电网、智慧农业、智慧物流建设
2019年2月	《关于坚持农业农村优先发展做好"三农"工作的若干意见》	推动智慧农业自主创新
2019年2月	《关于促进小农户和现代农业发展有机衔接的意见》	支持小农户运用优良品种、先进技术、物质装备等发展智慧农业
2019年1月	《国家质量兴农战略规划(2018—2022年)》	发展数字田园、智慧养殖、智慧农机,着力促进数字技术与现代农业的深度结合
2018年12月	《国务院关于加快推进农业机械化和农机装备产业转型升级的指导意见》	推动智慧农业示范应用
2018年9月	《乡村振兴科技支撑行动实施方案》	着力在智慧农业、农业物联网等领域突破一批重大基础理论问题,提升我国农业科技原始创新能力
2018年7月	《农业绿色发展技术导则(2018—2030年)》	对数字农业智能管理技术、智慧农业生产技术及模式、智慧设施农业技术等技术进行推广应用
2018年2月	《关于实施乡村振兴战略的意见》	大力发展数字农业,实施智慧农业工程,推进物联网试验示范和遥感技术应用
2018年1月	《国务院办公厅关于推进农业高新技术产业示范区建设发展的指导意见》	促进信息技术与农业农村全面深度融合,发展智慧农业,建立健全智能化、网络化农业生产经营体系
2017年6月	《"十三五"农业农村科技创新专项规划》	加快构建智慧农业科技支撑体系,形成信息化主导、生物技术引领、智能化生产、可持续发展的现代农业技术体系
2016年12月	《关于深入推进农业供给侧结构性改革加快培育农业农村发展新动能的若干意见》	实施智慧农业工程,推进农业物联网试验示范和农业装备智能化

127

续表

时间	政策文件	聚焦的重点内容
2016年9月	《"十三五"全国农业农村信息化发展规划》	以建设智慧农业为目标,加快推进农业生产智能化、经营网络化、管理数据化、服务在线化,全面提高农业农村信息化水平
2016年7月	《国家信息化发展战略纲要》	培育互联网农业,建立健全智能化、网络化农业生产经营体系,提高农业生产全过程信息管理服务能力
2016年4月	《"互联网+"现代农业三年行动实施方案》	大力发展智慧农业
2016年3月	《中华人民共和国国民经济和社会发展第十三个五年规划纲要》	推进农业信息化建设,加强农业与信息技术融合,发展智慧农业
2016年1月	《落实发展新理念加快农业现代化实现全面小康目标的若干意见》	大力推进"互联网+"现代农业
2016年1月	《全国农业现代化规划(2016—2020年)》	实施智慧农业引领工程

三、北京市数字农业战略部署

北京为大力发展数字农业,围绕农业农村大数据、农业农村电子商务、智慧乡村建设等领域,发布了一系列支持政策与文件,不断提升战略政策的引领性、明确性、可操作性和落地性,有效保障了农业产业的数字化转型与数字农业的健康发展。自2016年以来,北京市先后印发了《关于推进"互联网+农业"的实施意见》《北京市乡村振兴战略规划(2018—2022年)》《关于全面推进乡村振兴加快农业农村现代化的实施方案》《北京市"十四五"时期乡村振兴战略实施规划》等文件,将智慧乡村、数字农业列入全市农业领域重点工作,先后支持全市农业物联网、智慧农园、数字菜田等一系列重点建设项目。特别是2022年7月,为进一步推动数字农业产业化规模化发展,面向数字农业农村发展的重大需求,北京市农业农村局和网信办联合印发了《北京市加快推进数字农业农村发展行动计划(2022—2025年)》,提出夯实数字底座和基础支撑、全面提升乡村产业数字化水平、推进乡村治理数字化、推进乡村服务数字化、加强农业信息化技术研发和转化应用五个方面,共计29项重点任务,这为北京市数字农业今后的发展提供了战略性、方向性指导,见表4-3。

表 4-3 近 5 年北京市数字农业相关的政策文件

时间	政策文件	发文机构	聚焦的重点内容
2023 年 1 月	《中共北京市委农村工作委员会北京市农业农村局 2022 年工作总结与 2023 年工作安排》	北京市农业农村局	强化农业科技和装备支撑
2022 年 9 月	《北京市加快推进数字农业农村发展行动计划（2022—2025 年）》	北京市农业农村局、中共北京市委网络安全和信息化委员会办公室	夯实数字底座和基础支撑、全面提升乡村产业数字化水平、推进乡村治理数字化、推进乡村服务数字化、加强农业信息化技术研发和转化应用
2022 年 5 月	《北京市"十四五"时期农业科技发展规划》	北京市农业农村局	加快智慧农业与智能装备创新与应用
2022 年 4 月	《关于做好 2022 年全面推进乡村振兴重点工作的实施方案》	中共北京市委、北京市人民政府	大力推进数字乡村建设
2022 年 3 月	《北京市关于加快推进农业中关村建设的十条措施》	北京市人民政府办公厅	以北京平谷农业中关村建设为契机，加快推动科技创新引领本市现代农业发展
2021 年 8 月	《北京市关于加快建设全球数字经济标杆城市的实施方案》	中共北京市委办公厅	加快数字化赋能现代农业
2021 年 7 月	《北京市"十四五"时期乡村振兴战略实施规划》	北京市人民政府	建设农业科技创新示范区、发展智慧农业
2021 年 4 月	《关于全面推进乡村振兴加快农业农村现代化的实施方案》	中共北京市委、北京市人民政府	建设乡村振兴大数据平台，构建全市农业农村数据资源"一张图"，推动主导产业全产业链数字化转型
2019 年 1 月	《北京市乡村振兴战略规划（2018—2022 年）》	中共北京市委、北京市人民政府	大力发展"互联网+现代农业"

第三节 北京市数字经济与农业融合发展水平评价体系构建

一、评价指标体系构建

近年来，在智慧农园、现代农业物联网应用试点示范等工程牵引下，北京市数字农业取得了长足发展，已成为促进都市现代农业发展的主要产业形态，在全国范围内产生了积极影响。然而，至今尚缺乏一套科学衡量其总体发展水平的指标体系，制约了其规范化、可持续发展。因此，亟须结合北京大都市小农业特色，编制一套"北京市数字经济与农业融合水平监测评估体系"（Digital Agriculture Development Index of Beijing，DADIB），为动态监测北京市数字农业发展水平提供评判标准与方法支撑。

（一）指标体系内涵

DADIB 是一个评价北京数字农业总体发展水平的综合性指标，用来衡量北京市农业产业（设施蔬菜产业、家畜养殖业、家禽养殖业、休闲农业等）数字化发展水平，也可用来考评北京数字农业产业总体发展水平以及各农业产业数字化发展水平，找出农业产业数字化发展的短板，为提升北京市数字农业产业发展质量提供重要的参考依据。DADIB 可以综合性和概括性地评价与比较北京数字农业发展水平、发展速度和地区差异。尤其是通过对数字农业发展水平的历史比较，能够反映北京数字农业发展进程和变化特征，对于形成北京数字农业发展模式具有重要意义。

（二）指标体系构建原则

1. 科学性与可操作性相结合

根据北京数字农业内涵、层次、内容等，选取反映数字农业发展水平的系列指标，构建综合指数评价体系，体现科学性原则，保证测度结果的客观性和真实性。所选指标不仅要能客观地反映发展进程，而且还要求其能够获取准确数据，使评价与监测可量化。

2. 完备性与简明性相结合

即坚持指标少而精的原则。既要做到能够全面反映北京数字农业的各个方面，还要从广度和深度对北京数字农业发展水平进行评价，在保证评价质量的前提下，指标体系应简单明了，指标间避免重复。

3. 实用性与导向性相结合

北京数字农业发展水平评价指标体系，为相关政府部门在总结分析数字农业发展水平时，提供了评价基准，有利于及时调整数字农业支持方向与重点。在监测评价中的应用，不仅要引导有关部门面向不同地区、不同产业提供科技与政策支撑，更要重视其面向不同产业、不同环节的数字化转型方案，从而加快北京农业数字化全产业链转型,进而引领辐射全国现代农业发展。

4. 数据的可比性与可获得性

采取绝对数据指标相对化的方法进行处理,即尽量避免采用绝对总量指标。考虑到这一评价体系的应用和目标,指标数据来源应尽可能使用具有公开性及可获得性的数据,保证评价本身的公正、公开和科学。因此,本研究主要依赖的数据为课题组定点监测调研数据。

(三) 指标体系构建

1. 一级指标

一级指标就是指北京市数字经济与农业融合发展水平。

2. 维度指标

充分借鉴 OECD 数字经济指标体系、农业农村部"全国农业农村信息化能力监测指标体系"、中国电子信息产业发展研究院"中国数字经济发展指数"、阿里研究院"全球数字经济发展指数"、北京大学"县域数字乡村发展指数"等评估指标体系,参考普渡大学精准农业经销商服务调查等数字农业技术应用调查报告,结合北京市农业产业特点,本研究确定了 DADIB 由数字农业基础支撑、数字农业资金投入、农业生产数字化、农业经营数字化 4 个维度指标构成。

(1) 数字农业基础支撑。数字农业基础支撑是促进数字农业发展的底座体系,是北京市数字农业发展的前提与基础,主要从网络环境支撑与政策环境支撑两方面考量。其中,网络环境支撑,综合参考《农业现代化示范区数字化建设指南》《数字乡村建设标准》,重点选择移动宽带网络服务质量、高速宽带网络接入情况、数据平台共建共享情况、终端应用情况、农产品产地设施数字化改造等指标衡量;政策环境支撑主要采用政府项目支持情况、经营主体对政府服务与支持的主观评价进行衡量。

(2) 数字农业资金投入。数字农业资金投入是促进数字农业可持续发展的关键要素之一,直接影响着数字农业的产出水平。数字农业具有高投入、高风险的特点,在当前农业比较效益低、农民经济水平不高、农业信息化市场化运作不完善的情况下,需要政府加大资金投入力度,同时也需要引导经营主体和社会资本投入,构筑多元投入格局,以此增强数字农业发展内生动力。鉴于此,选择政府项目资金投入、经营主体的信息化建设运维投入以及社会资本投入占比等指标加以衡量。

（3）农业生产数字化。农业生产数字化是体现数字农业生产端发展水平的重要环节。结合北京市农业产业发展特点，主要选择三大农业产业数字化水平进行衡量，即设施蔬菜生产数字化、家畜养殖数字化、家禽养殖数字化。

（4）农业经营数字化。农业经营数字化是反映农业产业经营数字化综合发展水平的重要指标，也是农业全产业链数字化转型的关键环节之一。结合北京市农业农村经营特点，主要选择农产品采后处理自动化水平、质量安全溯源水平、仓储流通数字化水平、营销网络化水平，以及表征乡村新产业新业态经营形态——休闲农业的数字化水平加以衡量。

3. 三级指标的设置与选择

三级指标的设置要充分体现二级指标的含义，并对二级指标进一步解释和拓展，通过专家咨询、指标比较，本研究确定了17个三级指标。

网络环境支撑水平，是指农业生产基地网络、平台、终端设施建设与应用水平，由5个指标构成。

（1）生产基地网络服务质量。采用农业生产经营主体对于网速能否满足其生产经营实际需求的主观评价衡量，采用五等分进行赋值，1~5分别表示非常不满足、比较不满足、一般、比较满足、非常满足。

（2）高速宽带网络接入情况。采用农业生产经营主体是否接入5G网络、Wi-Fi、千兆光纤、北斗卫星信号接入四个指标加以衡量。

（3）信息化管理平台应用覆盖率。采用是否建设有信息化管理平台、信息化管理平台应用渗透率2个指标综合考察。

（4）信息服务终端设施应用覆盖率。采用每10人拥有电脑数量、是否使用农业生产移动端应用软件（App）、基地所在村镇是否有益农信息社或信息服务站点3个指标综合衡量。

（5）农产品产地设施数字化改造情况。采用所在村镇、田间地头是否建有冷藏保鲜设施衡量。

政府环境支撑水平，是指各级政府对于基地信息化建设方面的支持情况，由2个指标构成。

（1）政府项目建设支持情况。采用是否获得过政府信息化项目投资衡量。

（2）政府总体支持力度。采用农业生产经营主体关于政府对本地数字农业支持力度的主观评价。按照5等级赋值，1~5分分别为基本没有、比较小、一般、比较大、非常支持。

数字农业人才投入。采用每10人拥有信息化专员数量、每10人拥有技术人员数量、每10人拥有研发人员数量3个指标综合衡量。

数字农业资金投入。采用每万元农业产业收入信息化建设运维投入来衡量。

数字农业数据投入。主要衡量既有数据平台共建共享与应用情况，采用相关涉农数据是否与县级以上平台对接、是否使用数据进行决策2个指标综合衡量。

设施蔬菜生产数字化率。采用信息技术在设施蔬菜种植过程中的应用覆盖率衡量，由育种育苗数字化与生产数字化2个综合指标构成。其中，育种育苗数字化由育苗基地视频监控系统、温室环境监测系统、温室自动化控制设备、智能农机应用4个指标构成；生产数字化采用测土配方施肥技术、视频监控系统、温室环境监测系统、温室自动化控制设备、水肥一体化技术、病虫害监测预警系统、智能农机装备等技术与装备应用情况综合衡量。

家畜养殖数字化率。采用信息技术与装备在生猪、奶牛养殖过程中的应用覆盖率衡量，由繁种数字化与养殖数字化2个综合指标构成。其中，繁种数字化由育繁种软件、育繁种基地视频监控系统、育繁种基地环境控制系统、母/仔畜个体识别系统、母畜健康监测系统、母畜发情监测系统等技术应用情况综合衡量；养殖数字化由养殖基地视频监控系统、养殖基地环境控制系统、动物个体识别系统、动物精准饲喂系统、动物行为监测与疾病智能诊断技术、动物病死处理装备，以及其他养殖智能装备技术应用情况综合衡量。

家禽养殖数字化率同家畜养殖数字化率。

休闲农业经营数字化率。采用信息技术在休闲农业经营过程中的应用覆盖率衡量。包括：园区环境监测、客流量监测、门票预订、虚拟体验、电子地图、电子交易等技术的应用情况。

农产品采后处理自动化率。采用信息技术在农产品采后处理、初加工、仓储过程中的应用覆盖率衡量。包括：自动分级、自动分选、自动包装、冷链流通等应用情况。

农产品质量安全追溯数字化水平。采用通过接入农产品质量安全追溯平台来实现质量安全追溯的占比衡量。由设施栽培产品质量安全追溯数字化应用率、家畜产品质量安全追溯数字化应用率、家禽产品质量安全追溯数字化应用率3个指标综合衡量。

农产品网络销售率。采用合作社/企业通过网络在线交易农产品的零售额占其销售总额比重衡量。

二、评价过程

(一) 评价指标权重的确定

考虑到本评价指标体系用于未来五年甚至更长时间的动态监测评估，一般的赋权方法在权重上会因样本的变化而变化，不宜发展水平的纵向比较，因此本研究采用等权重法进行指标赋权。

(二) 评价指标标准的确定

在进行实际测算的过程中，关于评价指标的标准，本研究综合考虑以下因素：

各评价指标的历史数据表现及由此决定的预测值。这也是保证评价的客观性因素之一。在本研究中主要对标国家与北京市2035年基本实现现代化、2050年全面实现现代化的目标任务。

对标发达国家、发达地区的农业产业数字化发展指标值。

配套原则。乡村数字经济发展作为农业农村现代化发展的重要组成部分，其发展述评指标及相关的评价标准应与国家现代化评价指标相配套。此外，在乡村数字经济评价指标体系中还存在各个指标之间的配套，特别是其中的关键性指标，如农业从业人员、城乡收入差距等，本研究的出发点——将中国农业农村现代化的标志确定为农业从业人员的大幅度降低、农业生产效率的大幅度提高、农村居民收入的持续增加，这些指标将决定其他评价指标。

(三) 评价指标的标准化

在计算具体数值时，本研究采用比值法对指标进行无量纲化处理。该方法首先选取一个评价基数值，把被评价方案的指标实际数据与其相比，从而得到一个比例系数。

对于效益型指标（正指标）：

$$P_i = c_i/c_0 \text{（当} c_i \text{为正作用指标时）}$$

对于成本型指标（逆指标）：

$$P_i = c_0/c_i \text{（当} c_i \text{为逆作用指标时）}$$

其中，c_0 为标准值。

(四) 评价指数的合成

权重确定后,采用线性加权的方法计算农科城信息服务指数,即对每个具体指标的标准化数据进行计算,分别得出各个分类指数,然后通过各个分类指数加权平均计算得出总指数。

计算公式为:

$$DADLB_{ij} \sum_{i=1}^{n} W_i \left(\sum_{j=1}^{m} W_{ij} P_{ij} \right) \times 100$$

其中,$DADIB$ 为北京数字农业发展水平的数值,n 为北京数字农业发展水平维度指标的个数,W_i 为第 i 类维度指标在总水平中的权重,m 为数字农业发展水平第 i 类维度指标的个数,P_{ij} 为第 i 类维度指标的第 j 项指标标准化后的值,W_{ij} 为第 j 个指标在第 i 类维度指标中的权重。由此,$\sum_{j=1}^{m} W_{ij} P_{ij}$ 则表示北京数字农业维度指标的综合得分。

三、数据采集

本研究所用数据来自课题组 2022 年 8—11 月开展的"北京市数字农业发展情况调查"数据。调查核心内容为北京市设施蔬菜产业、家畜、家禽、休闲农业 4 个产业的数字农业技术应用现状、问题和需求等。在本次调查过程中,课题组与北京中益农信息科技股份有限公司合作,采用线上调研的形式,由中益农负责发放电子版问卷,共回收有效问卷 306 份,其中设施蔬菜 102 份、家畜 53 份、家禽 50 份、休闲农业 101 份,本研究基于此数据开展北京市农业产业数字技术应用水平评价研究。

第四节 北京市数字经济与农业融合发展现状及问题分析

一、设施蔬菜产业

(一) 产业总体数字化水平

经测算,目前北京设施蔬菜产业数字化水平为 0.423。从不同维度来看,该产业流通数字化水平最高,为 0.591,生产数字化水平次之,为 0.489,管理数字化水平相对较低,仅有 0.190 (见图 4-2)。

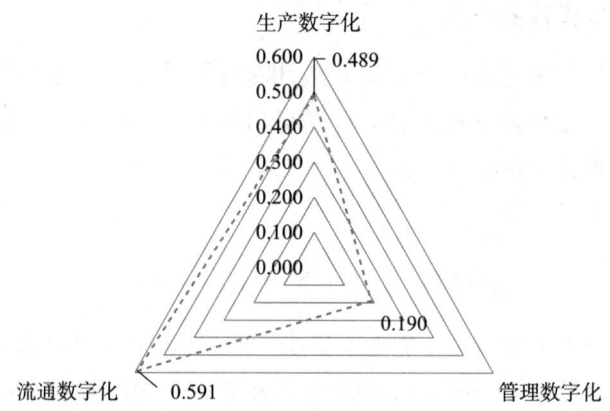

图 4-2 北京设施蔬菜产业数字化水平

(二) 数字技术应用现状

视频监控、传感器、自动化耕种设备、水肥一体化等技术装备在设施蔬菜生产环节应用较广。在生产环节，有超过 2/3 的企业、合作社应用了视频监控系统，传感器，自动旋耕机、自动起垄覆膜机，自动移栽机械装备，水肥一体化智能调控系统与装备（见图 4-3）；有 70.59% 的企业与合作社实现了水泵与通风自动化控制（见图 4-4）。

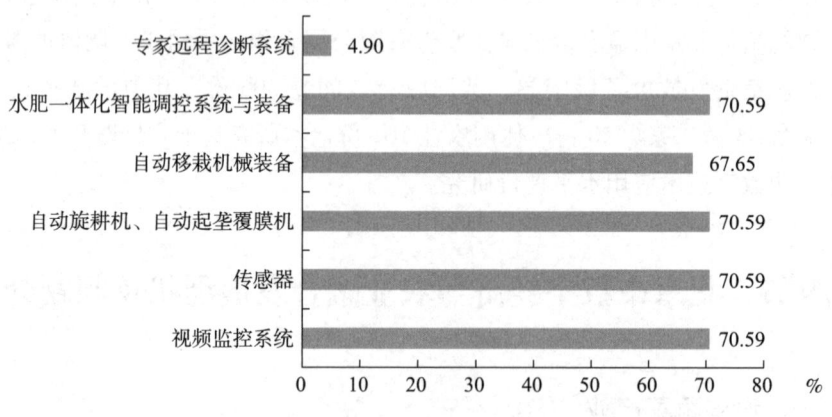

图 4-3 设施蔬菜生产环节数字化应用情况

自动分级包装线、质量追溯平台、冷链物流在设施蔬菜流通环节有较多应用。在流通环节，有 1/2 左右的企业、合作社实现了产品采后自动包装与自动分级；有 53.92% 的企业、合作社应用了质量安全追溯平台；有 86.27% 的企业、合作社租用或拥有冷库或冷藏车（见图 4-5）。

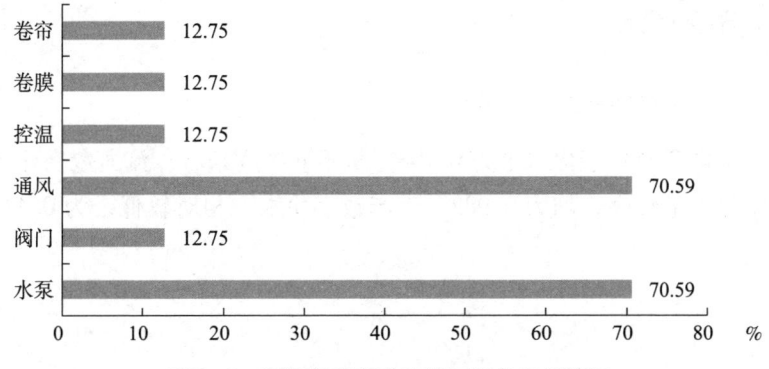

图 4-4　设施蔬菜自动化控制设备应用情况

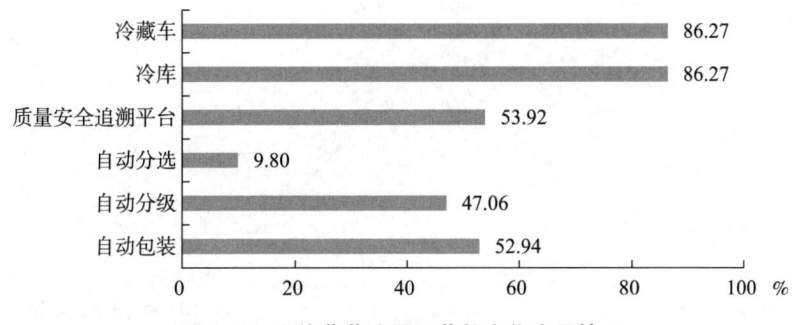

图 4-5　设施蔬菜流通环节数字化应用情况

企业基本信息、财务管理、农事生产等方面初步实现数字化管理。在管理环节，有超过 20% 的企业、合作社实现了基本信息管理、财务管理、农事管理与生产信息服务（见图 4-6）。

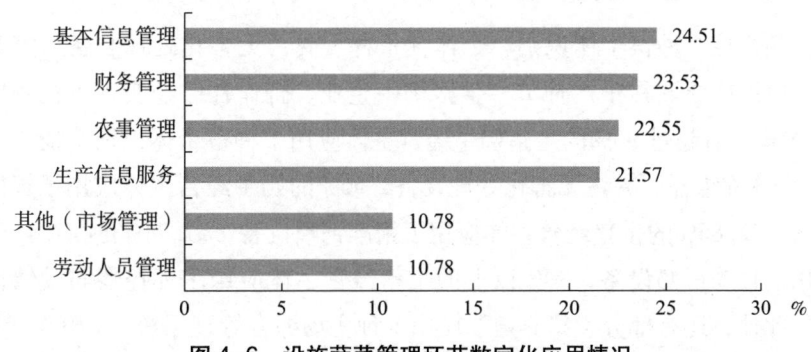

图 4-6　设施蔬菜管理环节数字化应用情况

二、家畜产业

（一）产业总体数字化水平

北京家畜产业数字化水平为 0.798。从不同维度来看，流通数字化水平与管理数字化水平较高，均为 0.982，生产数字化水平相对较低，为 0.430（见图 4-7）。

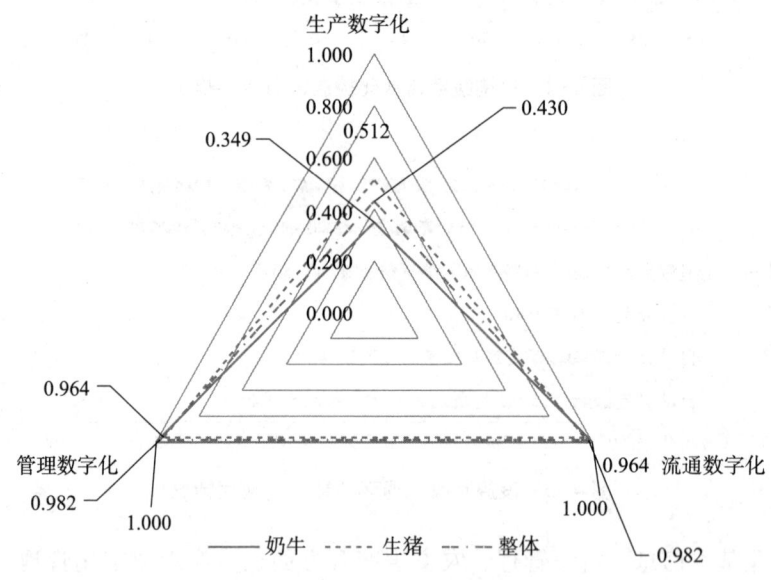

图 4-7　北京家畜产业数字化水平

（二）数字技术应用现状

视频监控、种畜个体识别、个体称重秤、粪污无害化处理装备在家畜生产环节应用广泛。在生产环节，生猪奶牛企业、合作社已经实现了视频监控 100% 覆盖，有超过 95% 的生猪奶牛经营主体应用了种畜个体识别系统（耳标等）、个体称重秤、粪污无害化处理设备，56% 的奶牛经营主体应用了智能喷淋设备，42.86% 的生猪经营主体应用了精准饲喂设备，37.74% 的奶牛经营主体应用了自动挤奶设备，30% 以上的生猪经营主体应用了环控器与发情监测系统。此外，还有部分生猪养殖场应用了种畜场综合管理系统（ERP）、分娩监测系统和智能 B 超设备（见图 4-8）。

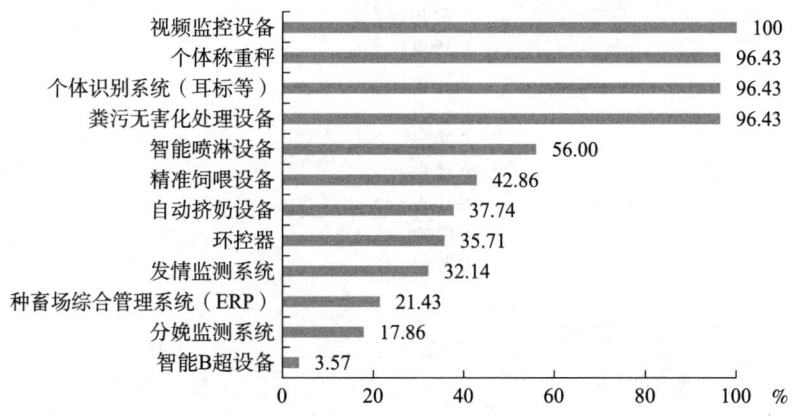

图 4-8　生猪奶牛生产环节数字化应用情况

冷链物流体系建设较为完备，但生猪产业冷藏车亟须配强。在流通环节，奶牛企业、合作社基本均租用或拥有冷库、冷藏车，生猪企业、合作社有 96.43% 租用或拥有冷库，冷藏车配备较少（见图 4-9）。

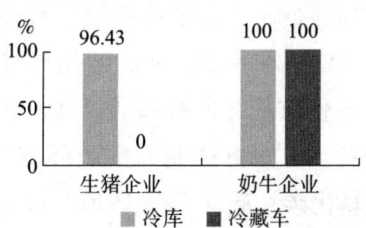

图 4-9　家畜流通环节数字化应用情况

数字化管理服务体系已基本形成。在管理环节，奶牛企业、合作社基本全部实现数字化的管理，生猪企业、合作社有 96.43% 实现数字化管理。

三、家禽产业

（一）产业总体数字化水平

北京家禽产业数字化水平为 0.2396。从不同维度来看，管理数字化水平最低，为 0.1089，生产数字化和流通数字化水平相对较高，分别为 0.3233 和 0.2867（见图 4-10）。

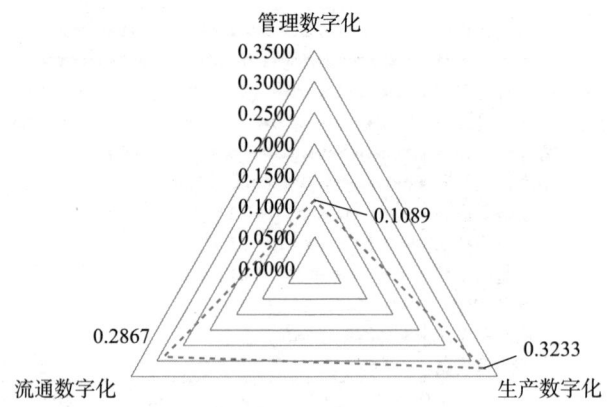

图 4-10 北京家禽产业数字化水平

(二) 数字技术应用现状

家禽的育种、孵化等生产环节实现了不同程度的数字化。在家禽产业的育种环节,种禽场监控覆盖率可达2%,10%的企业、合作社应用了精准饲喂系统和清粪带等装备,8%的企业、合作社应用了死淘巡检机器人和粪污无害化处理系统(见图4-11)。在家禽产业的孵化环节,仅有2%的企业、合作社在孵化场安装了信息化监控,监控覆盖率为30%,并初步使用了自动断喙器等自动化孵化设备。在家禽产业的生产环节,初步实现了对孵化场温度、湿度、氨气、二氧化碳、硫化氢等环境气体的实时监控,其实现程度分别为66%、66%、28%、40%和10%(见图4-12)。此外,自动捡蛋装备、智能清粪装备等信息化装备得到了初步应用,其平均覆盖率分别为32.9%、38%。

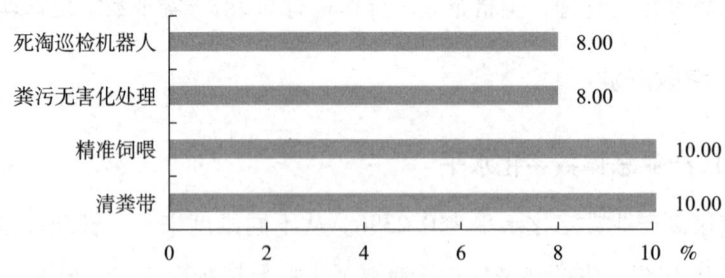

图 4-11 北京家禽产业育种环节数字技术应用情况

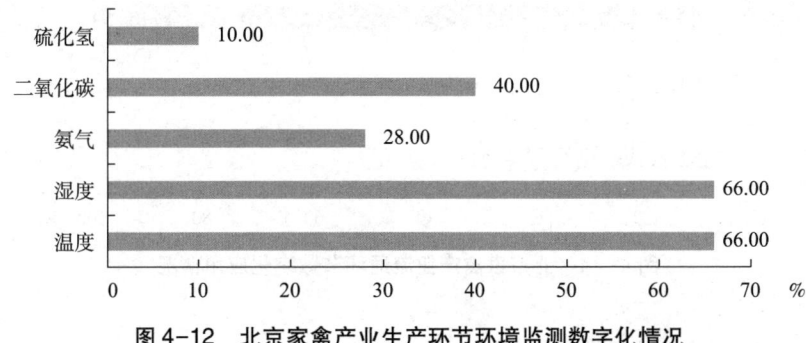

图 4-12　北京家禽产业生产环节环境监测数字化情况

初步实现了对生产信息、客户信息、销售信息、财务信息以及基本信息的信息化管理。在家禽产业的管理环节，目前有 34% 的企业、合作社应用了信息化系统与装备进行数字化管理。其中，34% 的企业、合作社应用了基本信息管理和财务管理系统，10% 的企业、合作社应用了生产信息服务、客户管理、销售管理系统（见图 4-13）。

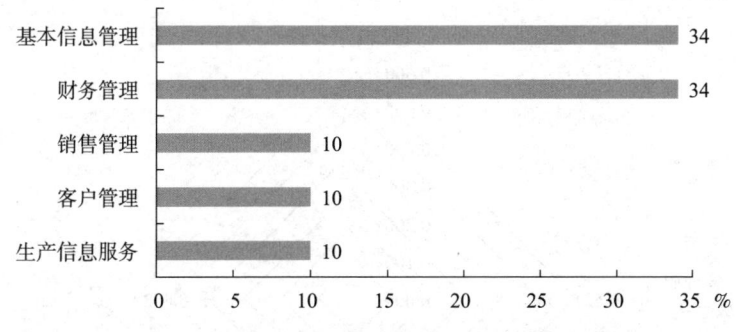

图 4-13　北京家禽产业管理环节数字化应用情况

在冷库、冷藏车、冷链环节初步探索应用信息化技术装备。在家禽产业的流通环节，目前有 94% 的企业、合作社都拥有自建/租用冷库，并且，在冷库内部初步实现调温功能；有 26% 的企业、合作社拥有冷藏车，并初步实现了冷藏车位置轨迹、定位的实时监控；有 26% 的企业、合作社实现了冷链配送（见图 4-14）。

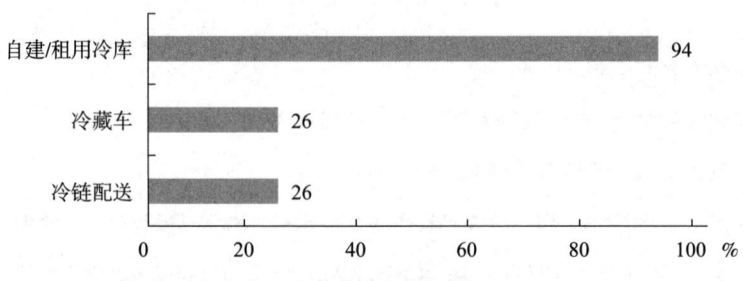

图4-14 北京家禽产业流通环节数字化应用情况

四、休闲农业

（一）产业总体数字化水平

北京休闲农业产业数字化水平为0.377。从不同维度来看，休闲农业管理服务数字化水平最高，为0.521，宣传推广数字化水平、生产数字化水平位列第二、第三位，分别为0.403、0.336，电子商务水平相对较低，为0.249（见图4-15）。

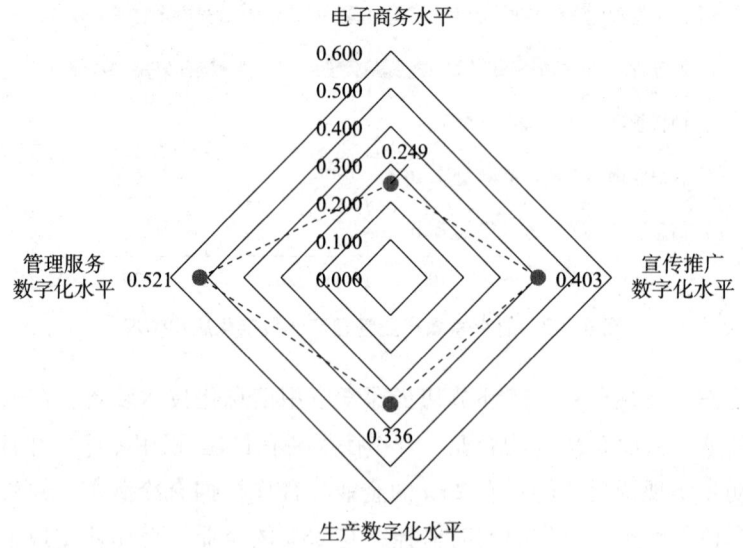

图4-15 北京休闲农业产业数字化水平

（二）数字技术应用现状

电商平台、旅游门户网站在休闲农业电商交易领域应用广泛。在电子商务环节，有92.08%的休闲农业经营主体应用了电商平台。其中，抖音平台应用最多，占比 62.38%；小红书、淘宝、拼多多、京东也有一定应用（见图 4-16）。有 59.41% 的休闲农业经营者应用了旅游门户网站，主要集中在携程，此外，途牛、芒果、艺龙、穷游等网站也有少量应用。

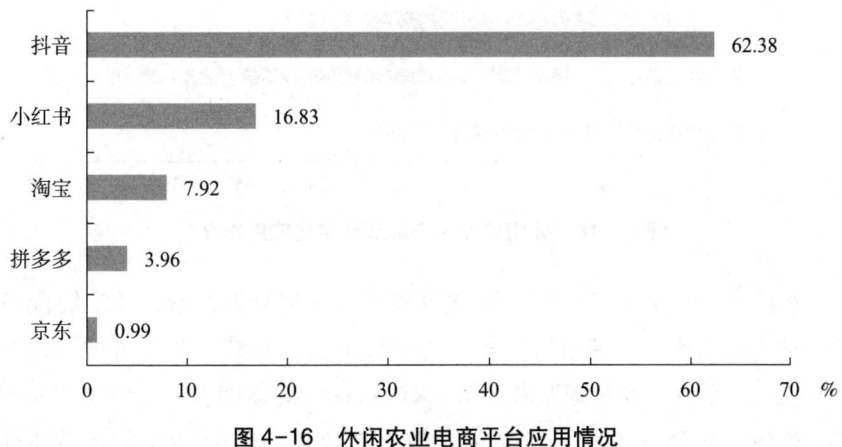

图 4-16　休闲农业电商平台应用情况

微信公众号、抖音是休闲农业主要的在线宣传推广渠道。在宣传推广环节，有 58.42% 的休闲农业经营主体通过微信公众号开展宣介；有 48.51% 的休闲农业经营主体通过抖音开展宣介；此外，大众点评、门户网站、小红书也是主要在线宣传推广渠道，占比均在 20% 左右（见图 4-17）。

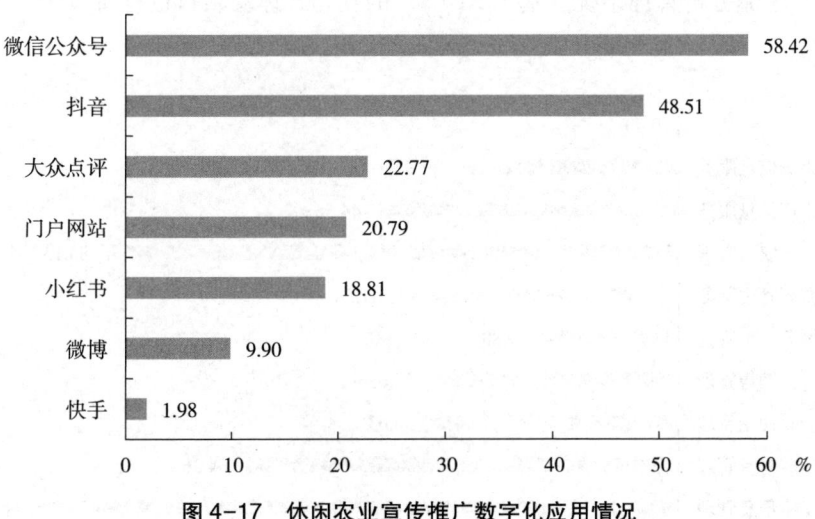

图 4-17　休闲农业宣传推广数字化应用情况

视频监控、传感器、水肥一体化、环境控制系统与装备等在生产中已有所应用。在生产环节，传感器的覆盖率为 35%，视频监控、水肥一体化及环境控制系统与装备的覆盖率均在33%左右（见图4-18）。

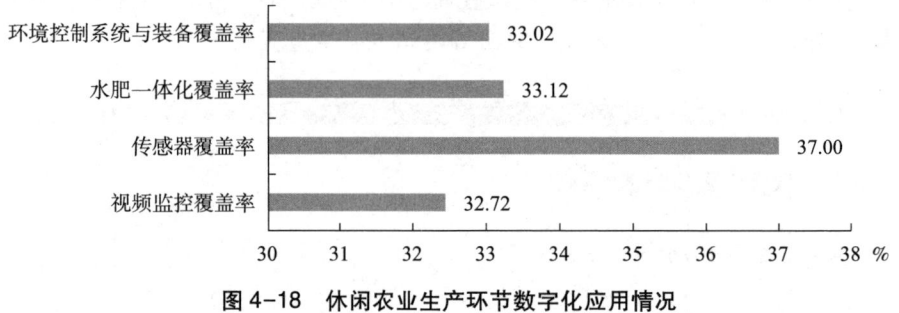

图4-18　休闲农业生产环节数字化应用情况

基本信息、农事生产、财务等方面数字化管理较为普遍，并广泛配备有信息实时播报系统、一键报警设备、游客反馈投诉系统、车位管理系统等管理服务软硬件系统。在管理服务环节，有96.04%的休闲农业经营主体实现基本信息管理，有85.15%的经营主体实现农事管理，有64.36%的经营主体实现财务管理，有超过40%的经营主体实现生产信息服务与游客管理服务（见图4-19）。同时，休闲农业经营主体也配备有数字化的管理服务系统和设备，其中，信息实时播报系统已实现100%覆盖，一键报警设备与游客反馈投诉系统应用占比均为61.39%，车位管理系统应用占比超过一半，此外，电子解说系统、客流分析管理系统、基于AR/VR的互动式体验项目也有所应用（见图4-20）。

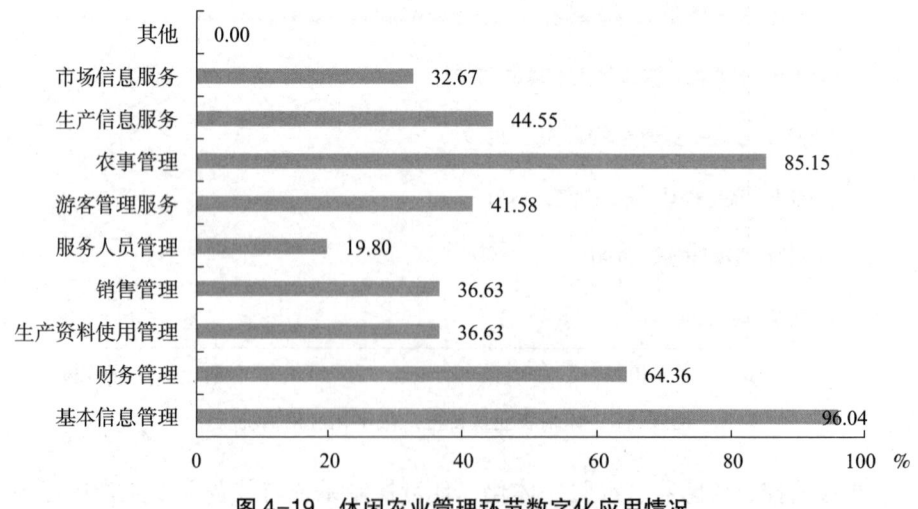

图4-19　休闲农业管理环节数字化应用情况

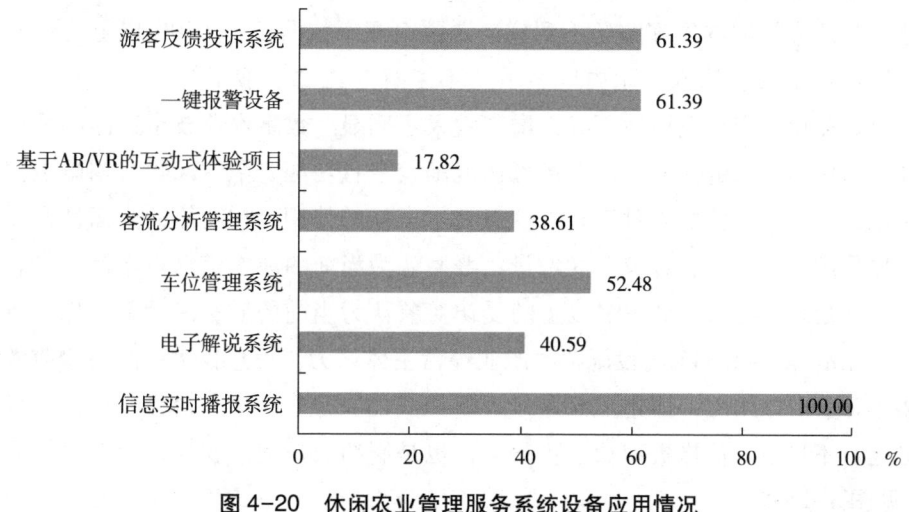

图 4-20　休闲农业管理服务系统设备应用情况

五、存在的问题

（一）数字化基础设施建设仍然薄弱

虽然，北京市已经实现 4G 网络的全覆盖，但是调研发现，部分地区依然存在移动通信网络信号差的情况。在种植养殖基地和休闲农业园区内仍有部分地方没有实现 Wi-Fi 覆盖。部分休闲农业园区虽然建设了网站、微信公众号等新媒体，但未投入使用，因此存在信息更新不及时、宣传推广效果欠佳等问题。对于智慧农业生产经营和休闲观光农业以及智慧乡村建设来说，网络基站少、信号差，无线网络覆盖率低、带宽低网速慢等高质量网络应用环境建设不足，无法满足数字农业农村发展需要，严重制约了数字农业农村建设的步伐。

（二）数字技术与农业产业融合不够

从各产业数字化水平来看，北京市家畜产业数字化水平最高，养殖环境监测技术、智能精准饲喂技术、自动化挤奶、农产品质量追溯系统、动物疫病智能监测等数字化技术和产品应用覆盖范围较广，应用效果较好，但设施蔬菜生产的数字化水平相对较低，远没有发挥出数字技术对农业增产的催化作用。一方面，经营主体对数字技术认知模糊。课题组在调研过程中发现，大部分生产经营主体对于数字农业技术的理解更多体现为"自动化与信息化结合基础上的智能化",对于"利用现代化设施设备高效化、便利化、智慧化地完成任务"的本质理解还不到位。课题组调研数据显示,60%以上的经营主体对数字农业技术应用内容表示"不了解"或"一般了解"。另一方面,数字农业技术产品适用性不好,增产效果不明显。数字农业技术产品的适用性、易用性、稳定性不高,设备可选范围较窄且功能受限。课题组调研数据显示,养殖业经营主体对于涉农信息技术产品的使用,在功能的全面性和设备操作的便利性上有着较多的考量,普遍认为当前的涉农信息技术尚不能较好地满足现实需求,如30%以上的受访对象认为当前的质量追溯系统操作难或易出故障。46.34%的设施蔬菜产业经营主体认为,信息技术产品对增收效果不显著。以水肥一体化技术为例,45.77%的农户表示安装麻烦。此外,设备运行不稳定、价格贵和功能不齐全,也是制约农户使用积极性的关键因素(见图4-21)。

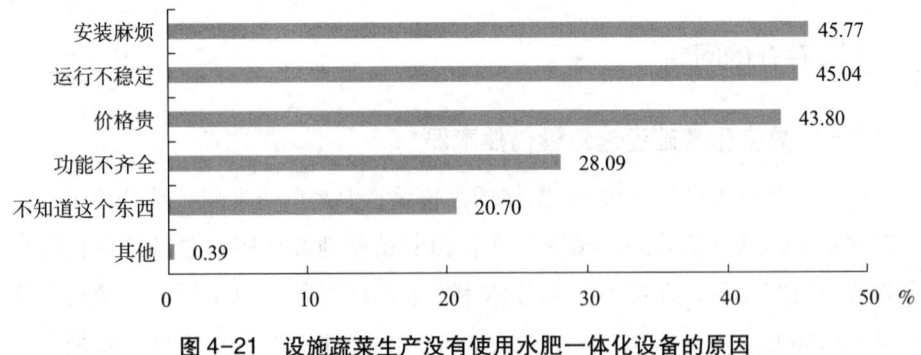

图4-21 设施蔬菜生产没有使用水肥一体化设备的原因

(三)数字化品牌营销体系尚未建立

从休闲农业产业数字化建设情况来看,目前北京市休闲农业经营主体在利用数字技术进行品牌宣传推广方面仍然不足。借助于微信、微博、抖音、快手、大众点评等新媒体平台开展品牌营销的经营主体较少。对游客搜索、点击、交易、评论等信息采集利用不足,不能有效挖掘游客旅游心理和行为等信息,难以为游客提供更具个性化的旅游产品和方案,实现精准营销。调研发现,有28.5%的休闲农业经营主体对智慧游客分析系统(如客流量分析)提出了需求。38.1%的休闲农业经营主体对加强在微信、微博、抖音等新媒体渠道的宣传提出了需求(见图4-22)。

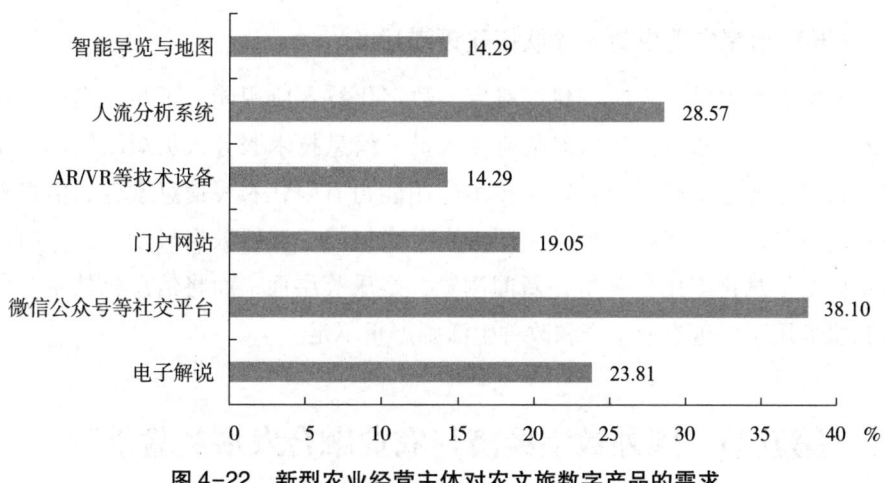

图4-22 新型农业经营主体对农文旅数字产品的需求

(四) 数字农业技术增收效果不明显

课题组调研数据显示,农业生产经营主体对于数字农业技术收益有不同看法,将近一半的受访对象认为没有节省人工成本;20.0%的受访对象认为比原来节省人工,幅度为10%以内;22.22%的受访对象认为比原来节省人工,幅度为11%~20%;认为节省人工幅度在40%以上的仅有4.44%(见图4-23)。在产量提升方面,35.6%的生产经营主体认为采用了相应技术后没有增加产量;22.2%的生产经营主体认为采用了相应技术后产量增加幅度在10%以内;6.7%的生产经营主体认为采用了相应技术后产量增加幅度在40%以上。

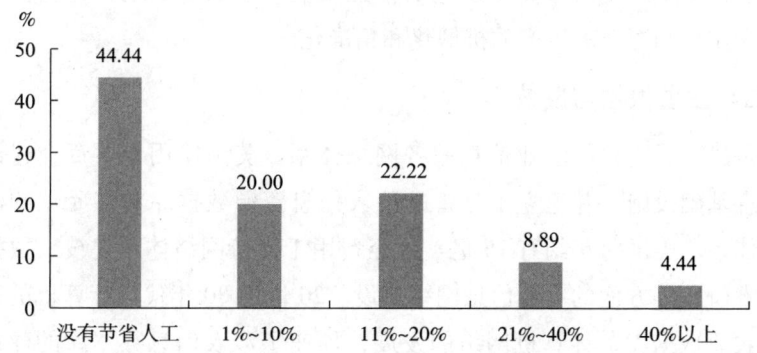

图4-23 数字农业技术采纳带来的人工节省情况

（五）数字农业农村人才队伍建设滞后

数字农业农村人才队伍建设滞后，数字化技术应用能力不足。当前，从事农业生产的经营主体普遍面临研发人员、信息技术服务人员短缺问题，生产经营主体普遍年龄较大，数字技术应用能力有限，农民信息素养、信息意识长期不足，给数字技术推广应用带来巨大挑战。调研数据显示，大多数经营主体的信息化应用仅停留在新闻浏览、娱乐等层面，而将信息化技术、设备和服务用于促进农业生产和改善生活则严重不足。

第五节　国外数字经济与农业融合发展经验借鉴

一、美国精准农业

（一）基本情况

美国作为世界上农业信息化程度较高的国家之一，信息化已渗透到美国农民生产、生活的方方面面，从市场动态、生产经营分析，到技术咨询、农资选购，形成了全要素融合的农业信息化发展模式。美国多个大型农场采取了"全要素信息融合发展"的模式，将生产过程中采集到的信息（如温度、湿度、化肥、天气等）、市场信息、劳动力信息和资本信息等进行全要素融合，选定最佳种植（养殖）方案，自动完成通风、喷水、施药等工作，极大地提高了劳动生产率。在高度发达的精准农业技术的基础上，美国基本实现了所有农作物和畜产品生产的机械化和精准化。

（二）主要做法与成效

一是建立了完善的农业信息服务网络体系。美国使用专项资金建设乡村网络信息基础设施，并建立了完善的涉农信息资源数据库和多元化的涉农信息服务体系。美国每年约有15亿美元经费用于支持网络体系建设、数据库建设和技术研发等方面的农业信息网络建设。20世纪80年代，计算机的商业化推广，农业数据库、计算机网络的发展，加速了涉农信息数据库的建设，至今经过美国农业部编目的电子化农业数据库超过400个，其中应用最广的Agricola数据库逐渐成为服务业农业生产、管理、科研等方面的重要资源。世界最大的农业计算机网络系统AGNET，现有200多个适合于不同用途的应用软件，可为农业企业提供便捷的信息传播渠道。自20世纪90年代以来，3S技术、互联网等手段在农业农村领域的应用以及美国宽带战略的实施，大幅推动了美国农场生产管理的信息化。

二是积极开展精准农业技术推广应用。以信息技术为支撑的精准农业20世纪90年代初在美国开始出现，在发达的农业网络体系基础上，精准农业在农业生产全过程、全环节得到快速发展，并形成了一套互联互通的系统，这种模式可总结为全程全网化的精准农业模式。目前，美国20%的耕地、80%的大农场均采用了物联网设备和技术，其中玉米小麦主产区39%的生产者使用了物联网技术。2022年，美国普渡大学最新的精准农业应用调查数据显示，农业生产者长期以来在农业生产中使用精准技术。其中，85%的经销商在其应用设备上使用自动导航，91%的提供精准服务的经销商使用各种类型的导航（包括手动导航或光靶），70%的经销商使用GPS引导的喷雾器喷杆/喷嘴控制器。一半的经销商使用远程监控技术在农机具间或办公室间交换信息，大约一半的人使用GPS车队管理技术来跟踪车辆位置并引导车辆到工作地点。超过2/3的经销商提供精准土壤采样、产量监测分析、卫星或航空图像、变量施肥与施用石灰技术以及处方变量播种。

三是开展商业化的农业农村大数据服务。随着大数据技术的高速发展，基于大数据的农村信息传播商业化运作模式，逐渐成为美国为农传播生产信息的重要模式之一，如孟山都、杜邦、约翰迪尔等农业巨头，以及Farmlogs、Solum、天气意外保险公司（The Climate Corporation）、农场云端管理服务商（Farmeron）等农业信息服务商，依托专业大数据平台，纷纷开展了农场精准生产个性化定制服务以及市场营销信息服务。以Farmlogs为例，通过移动App（目前免费下载）为农场主提供农作物排产、农产品价格与耕作开支、农田气候监测预警、利润预测等农业生产全产业链的信息，大幅提高了农民利用信息实现市场抗风险的能力。

（三）经验借鉴

一是重视信息基础设施建设，致力于消除城乡数字鸿沟。美国2002年制定了《农业部农村发展宽带计划》、2008年联邦通信委员会向国会提交农村宽带战略报告、2009年美国《恢复与再投资法案》，投资72亿美元用于发展宽带建设和无线互联网接入，这些举措均旨在确保每个农村家庭"拥有使用宽带的机会"，以缩小城乡数字鸿沟差距。2015年，连接美国基金（CAF）提出，每年支付 15 亿美元用于改善美国 700 万居住在乡村地区家庭和企业的宽带接入服务；2016 年宣布未来十年计划，为农村地区宽带网络建设追加投资 20 亿美元。

二是推进服务主体的多元化和服务形式的多样化。美国在推进数字农业进程中，为满足农业生产者和经营者多样化需求，除发挥政府在农村地区信息传播能力提升服务的主体地位外，非常注重各类市场化的农业信息服务组织在服务供给、服务形式、服务机制和模式方面的创新。美国拥有世界上技术最先进的涉农企业巨头，如孟山都、约翰迪尔、杜邦先锋等，这些企业纷纷布局数字农业、智慧农业，在智能农机装备研发、农业大数据商业化服务和农业专家系统等方面提供多种涉农信息服务。

三是重视涉农数据资源的数字化、商业化。美国十分重视涉农资源开发利用，建立了从信息资源采集、处理到发布的全流程标准化体系，已建成国家—地区—州三级农业信息网，并建有强大的数据库（如美国国家农业数据库）支撑体系。根据美国政府开放数据平台 data.gov 网站上的数据，截至 2020 年 2 月，共有 7869 个与农业有关的数据集，涵盖了天气、土壤、食品原料加工、农业灾害、农产品价格等领域，涉及农业生产、加工和销售等农业全产业链的各类数据信息。2014 年 5 月，杜邦先锋公司与爱科集团合作，将自家的农场决策服务平台与爱科设备中的数据和农场管理信息进行无缝对接，通过大数据管理挖掘和精准推送，帮助农民提高农产品产量和利润，农业大数据进入实质性推动阶段。

二、荷兰设施农业

（一）基本情况

荷兰是典型的人多地少、资源匮乏、都市农业主导的国家。针对人口密度大、可耕地少（人均耕地面积 0.06 公顷）和全年日照时间短的环境条件，荷兰以提高土地利用率和农业附加值为目标，借助于欧洲先进的工业自动化技术，以提升自动化生产水平为核心，大力发展温室内部自动化生产装备，集成各作业环节生产装备，构建自动化生产线，建立温室农业高效生产体系，成为世界农业生产机械化、自动化程度领先的国家之一。据不完全统计，目前，荷兰设施农业已成为农业经济的重要支柱产业，其玻璃温室建筑面积约有 1.1 亿平方米，占全球玻璃温室面积的 1/4，主要用于栽培高档花卉和设施蔬菜，年产值高达 12 亿美元。

（二）主要做法与成效

一是设施温室的高效自动化。荷兰的农业信息化起步于 20 世纪 60 年代中期，以作物模拟技术的研发应用为切入点，到 70 年代开始实施温室革命，目前已形成以工厂化设施农业物联网为主要技术应用模式的设施农业生产，实现了温室环境的自动化控制。例如：基于机器人学习的温室黄瓜自动采摘机器人，以及基于物理的温室知识模型和多幅图像的水果自动识别与计数控制器等设施农业生产智能化技术产品，得到发展应用。玻璃温室计算机控制系统，实现了在水肥供应、基质、气候、光照、作物育种、种子生产、作物保护、机械作业、内外运输、分级和包装等全流程的自动化精准控制，实现了温室生产全程自动化、智能化。

二是广泛应用设施农业智能化节水控水技术。荷兰高度重视节水控水，利用先进农艺技术、温室技术和水肥技术，不断提高生产效率，实现每平方米土地产值成倍增长。灌溉全程使用喷淋、滴灌和人工气候系统，均由计算机自动控制，灌溉用水需要进行再收集、处理，反复使用，水的计量单位精确到了"滴"。

（三）经验借鉴

一是重视先进技术在农业领域的渗透应用。大力推进工业化技术、人工智能、大数据等新一代信息技术在农业领域的集成应用，将先进技术与实际农业全产业链过程充分结合。二是发展适合国情的农业智能化设备和数字化技术，提升全要素生产率。荷兰基于本国基本国情和农情，加强农业智能化装备和数字化技术研究和应用。针对土地资源、水资源和劳动力短缺等问题，广泛采用智能化、自动化及信息化生产系统，减少劳动力使用数量、降低生产成本、提高作业生产率，降低劳动强度，提升了农业全要素生产率，从根本上推动了农业的可持续发展。

三、日本农产品电商

（一）基本情况

日本政府十分重视农业信息化体系建设，注重对农村信息化市场规划和发展政策制定，重视农业基础设施建设，不断完善农业科技生产信息支持系统,将信息技术在农业科技中广泛推广应用,建立了完善的农业市场信息服务系统。例如:农产品中央批发市场管理委员会建立的市场销售信息服务体系,以及日本农协建立的预测系统,可以对外发布农产品库存数量和价格行情。此外,日本还制定了《生鲜食品电子交易标准》,细化了生产资料共同订货、发送、结算等各类标准。2015年,日本启动了基于"智能机械+现代信息技术"的下一代农林水产业创造技术,建立个性化"网上农场",广泛使用数字技术、传感技术和远程控制等技术,使消费者可远程实时了解农产品生产信息并获得理想的农产品。

(二)主要做法与成效

一是推进农产品电子商务立法。近年来,随着农产品电子商务的发展,日本先后制定了《电商及信息交易准则》《消费者保护基本法》等法律文件,对消费者的网络隐私权加以法律保护。针对农产品电子商务交易活动中的电子认证申请、电子合同订立、消费者权益保护、个人信息保护、知识产权保护等问题,进行专门性立法。此外,为解决农产品电子商务中出现的新问题,日本不断修订相关法律,强化农产品电子商务法律的时效性和针对性。

二是构建多样化网络超市。日本现有的农产品线上超市可分为综合性网络超市、大型综合类网络交易市场、农产品电子交易所和专门性农产品网络商店。每个商超集团都建立了一套高效完善的农产品信息网络,实现了业务处理的自动化,提高了工作效率。

三是建立农产品电子交易所。日本利用网络平台扩大农产品交易范围,运用合同交易、拍卖等多种交易方式,稳定农产品市场价格,避免出现剧烈的价格波动。其中,wise-system是日本著名的农产品电子交易所,为各类市场主体提供包括信息发布、合同订立、质量检测、仓单融资、资金结算、仓储物流、货物交割、风险管控等全程服务的电子商务交易平台,主要交易粮油、蔬菜、水果、花卉等农产品,购买者多是批发商、零售店、加工业者等,采用计算机网络异地交易,采取市场统一结算的交易方式,销售者可在短时间内实现一对多或多对多的交易,减少了中间环节和重复流程,降低了流通费用,提升了交易效率。

(三)经验借鉴

一是推动农产品生产商多维度合作。将高端食品、农产品及生鲜品作为主要经营范围,建立在线销售模式,与不同企业合作,节省农产品销售的时间和空间成本,推动互联网实时互动,提高营销效率。二是搭建专门性农产品网络商店。专门性农产品网络商店多设立在社区附近,为社区用户提供快速送货上门服务,以新鲜、便利为特色,实行订单制度,与农户签订合同,保证蔬菜和水果的安全、新鲜、低价。三是构建农产品扁平化供应链。为保证高效低成本的物流供应,推动自助物流中心建设,配备自动化的智能仓储设备,确保配送范围满足大部分家庭需求。

四、法国数字休闲农业

(一)基本情况

法国国土面积仅 55 万平方千米,但依托丰富的农业旅游资源,创新发展农业合作社模式,其休闲农业现已达到世界领先水平,并成为欧盟最大的农业生产国、世界第二大农产品出口国和第一大农产品加工出口国。法国现有 13000 多个合作社,3800 多家农业合作企业,合作社覆盖了法国 90% 的农民,每年产值高达 1650 亿欧元。法国休闲农业的发展模式以农场为主,按照规模分为大型农场(一般面积大于 50 公顷)与中小型农场(面积小于 50 公顷),中小型农场占比较高。根据农场的组织形式大致可划分为共同经营集团、有限责任农场和个人农场等,其中个人农场占比较大,但有减少的趋势。依照专业化来划分,农场可分为水果农场、蔬菜农场、家畜农场等;依据农场所提供的功能及服务来划分,法国农场可细分为骑马农场、狩猎农场、农场客栈、教学农场、农产品农场、点心农场、探索农场、暂住农场和露营农场 9 个。目前,法国从事农业旅游的农户超过 1.77 万户,乡村休闲旅游的比例超过 1/3,农业旅游收入相当于全国旅游收入的 1/5。

(二)主要做法与成效

一是建立农产品智慧一体化产业链。法国的农业合作社与农场之间既有合作又互为独立个体,农场负责农产品生产,农业合作社负责提供线上线下销售、智慧化运输等服务,分工合作。家庭农场是农产品生产和种植活动的具体承担者,农业合作社扮演生产服务的角色,提供产前统一计划、产中田间管理指导和产后销售服务,从而形成完整的农业品智慧化产销一体化产业链。

二是打造"一村一品"休闲农场。法国专业化农村大多只经营一种产品,按照内容分为家畜、谷物、葡萄、水果、蔬菜 5 种类型,不仅提供参观采摘、农业体验及科普学习等服务，还可进行线上浏览体验。各乡村家庭农场根据当地的资源条件及市场需要，发挥自身资源优势，发展独具特色的产业，并推出精准化农业生产学习、智慧化观光休闲等服务，实现一二三产业融合，多维度延长农业产业链，增加农产品附加值，形成创新链，促进农业增效、农民增收。

三是强化农文旅产业数字化发展。法国的休闲农业，由政府、农业合作社及农民协会等多个组织机构联合推动发展，通过建立"欢迎莅临农场"网站，将农场区分为美食、休闲与住宿等三大类型，明确各个农场的产品与区域，形成农场网络连接网。法国政府每年组织一次为期两天的欢迎莅临农场博览会，让民众接触农民、认识农场，全方位为法国农文旅产业发展提供支持。

（三）经验借鉴

一是建立统一的行业管理体系平台。组织旅游协会制定行业规范和标准，搭建政府与农户间的沟通平台，承担对会员政策传达、法律咨询、品牌宣传、技术培训、科技推广、实地调研等多项职能，把乡村旅游打造成高度规范的行业。二是提供数字化农场信息服务。建立联结各农场的网络平台，依托当地的文化内涵和乡村特色，推出多样的旅游模式和内容，并根据农场信息动态发布，每两周发行一次会讯，提供各项信息，并将全部9种类型的农场变动情况写入欢迎莅临农场手册，详细记录几千家农场的动态，使其成为全国旅游观光农场的指导手册。三是推出"互联网+"营销模式。针对不同乡村的特色，组织个性化活动，并在网络上及时发布。例如：组织美丽小镇选拔活动，举办戏剧节、音乐节，以及开展农产品展销会、乡村集市等，充分利用互联网开展营销，在提升当地农户收入、农场人气的同时，增强本地吸引力，互联网营销也成了法国农场强有力的促销策略。

第六节　国内数字经济与农业融合发展经验借鉴

一、寿光智慧玻璃温室

（一）基本情况

山东省寿光智慧农业科技园于2020年建成，占地120亩，重点建设了

80000平方米和9000平方米的智能温室各1个、700平方米的植物工厂1个、1600平方米的潮汐式育苗温室1个、不同保温材料的高标准日光温室6个，温室建设总投资2.2亿元。该温室由国内自主创新设计，建立了面向现代设施蔬菜生产的数字化智慧管控系统，为全国设施蔬菜产业的现代化发展提供了示范样板。

（二）主要做法与成效

一是建设下沉式大斜面外保温低能耗连栋温室。以下沉式、大斜面、外保温为创新设计要素，引领我国本土化大型玻璃温室的研发应用。温室顶部采用大斜面设计，安装滑动式保温被，加温能耗比荷兰温室降低一半以上；采用三玻两腔玻璃作为四周围护结构，提高了外立面的保温能力，减少了侧立面窗户和湿帘的安装，显著降低了漏风漏气的可能性。由于该温室优化了主体结构，采用了外保温被等一系列创新设计，与普通连栋玻璃温室相比，节能率达到33%~50%。

二是布设基于正压过滤消毒调温技术的环境智能控制系统。该温室具有智能化温湿度调控、日光温室余热回收、空气自动过滤、CO_2补施、臭氧消毒等多项环境智能控制功能，这些功能由以下系统集成实现：基于正压通风的温室环境综合智能调控系统、温室空气余热热泵智能调温系统、基于正压通风与高压喷雾的立体降温系统、二氧化碳补施系统、臭氧消毒杀菌系统等。综合利用多项前沿技术，大幅降低了运行成本，节约了能耗。

三是配备设施果菜高效智能栽培管理系统与装备。该温室部署了覆盖育苗、栽培、施肥施药、灌溉、采摘等全环节的智能栽培管理系统与装备。其中，潮汐式智能育苗系统包括：总面积1040平方米的潮汐式苗床、过滤消毒设备、营养液循环管道及控制系统等，可以辅助实现幼苗生长智能监测、营养液回收利用和智能控制等功能，具有高度集成的特点，明显提高了幼苗质量；分布式智能水肥一体化综合管理系统：可根据生产实际自调灌溉施肥策略，实现了产量翻倍、节水60%、水分利用效率提高1倍以上；机器人调度系统：包含智能控制采摘机器人、巡检机器人、授粉机器人、运输机器人等20多个，可实现授粉、运输、巡检等自动化作业，显著节约了人工投入。

（三）经验借鉴

一是运用前沿技术装备，发展绿色智慧农业。采用三玻两腔玻璃作为外立面透光保温层，保温能力是普通中空玻璃的 5 倍，综合配套温室环境智能控制系统、设施果菜智能栽培管理系统、农业机器人等智能装备，全面实现了节水、节药、节肥、节人工，营养液可回收、废弃物零排放，相较于荷兰智能玻璃温室，整体能耗降低一半以上。

二是以专家团队为支撑，进行温室结构自主创新。与国家农业智能装备中心合作，结合地域与气候特点，因地制宜，摒弃荷兰传统"文洛式"玻璃温室结构，自主创新研发"下沉式、大斜面、外保温"的智能玻璃温室，对连栋玻璃温室进行全面智能化升级，总共应用专利技术达 120 余项，深化了我国智慧农业领域的产学研用协同创新与科技成果转化落地。

三是启动智能温室标准制定，建立规范化、可持续发展机制。开展国产智能温室相关标准的研制工作，通过集成机械化操作和人工智能方面的种植技术规范，对本土化大型玻璃温室设计建造、节能、实际运行等指标参数进行试验验证，收集温室设计、生产、设施设备操作方面的第一手数据，为制定外保温节能型智能温室设计建造标准提供基础支撑，逐步建立智能玻璃温室领域的规范化、可持续发展机制。

二、吉林 AI 养猪

（一）基本情况

吉林精气神有机农业股份有限公司与京东数字科技集团合作，将人工智能技术运用到养猪产业当中，重点应用了 3D 机器视觉技术、声纹识别技术、IoT、区块链等技术。同时，使用农业级摄像头、养殖巡检机器人、饲喂机器人、伸缩式半限位猪栏等现代化物联网设备，依托"猪脸识别"和"声纹识别"技术，实现覆盖生猪养殖过程中的环境调控、饲喂管理、健康诊断、质量追溯以及粪污清理等全方位多环节自动化、智能化操作，有效替代人工养殖，实现机器人饲喂、生猪精准管理、智能环境调控、疫病实时监测预警以及全程质量安全追溯，极大地提高了生猪养殖效率。

（二）主要做法与成效

一是智能巡检。应用智能巡检设备，对活体进行运动追踪和行为播报，实现远程控制和监察，降低人力成本，实现高效养殖。智能巡检系统通过 24 小时全方位监控，能够及时发现异常情况，及时为管理人员提供猪场实时情况，避免损失；智能巡检系统利用神农大脑实时更新数据，并对数据进行分析处理，建立智能数据储备库，为生产决策提供精准的依据，利用机器自动巡检，有效降低了人工成本，提高了生产效益。

二是精准饲喂。精准饲喂系统可以根据猪只日龄、体况等个体指标，生成饲喂曲线，实现自动饲喂，还可以自配规则，实现定时、定量饲喂，有效提高料肉比。在投料方面，精准饲喂系统误差小于50克，有效控制饲料成本，实现了精细化养殖。在饲喂方式上，制定科学饲喂套餐，实现干湿料混合，满足了猪只营养需求。智能饲喂系统还可检测到余食状态，根据剩余饲喂情况分析数据，有效控制下料量，减少了饲料浪费。

三是环境管控。通过部署的传感器设备，实时监控环境数据，对数据进行统一管理、智能分析、自动调节、预警上报，确保饲养环境保持在最佳状态。环境控制系统可实时监测周围环境，掌握猪场环境状况，均匀收集数据分布密度，保障环境数值准确。当监测到异常状况时，立即自动预警，并将环境自主调节到适宜状态，时刻保证最优的猪场环境。

四是疫病监测。智能识音系统利用AI声音识别技术对猪群声音（咳嗽、哮喘）进行分析和处理，及时发现异常猪群。利用AI图像识别技术及时发现并处理异常猪只，有效掌握猪只身体健康状况，全方位监控猪只行为变化，对异常猪只及时预警。AI养殖能够有效实现节本增效，在投入方面，每头猪的饲养成本降低了80元，饲料成本、人工成本分别减少10%和30%；在产出方面，生猪出栏时间缩短了5~8天，20万头生猪最少可多创收1200万元。如果在全国推广，每年可以节约成本至少500亿元。

（三）经验借鉴

一是以机械化和智能化代替人工。AI养殖针对养殖环境监测控制、养殖场内部巡查监督、生猪投料饲喂、养殖场清理等重复性多、规律性强的工作，采用机械和人工智能技术予以解决，以降低劳动力强度，提高养殖效率。二是借力人工智能手段，提高养殖效率。以人工智能技术为依托，重点针对生猪养殖过程中的疫病防控、精准饲喂、环境控制三大核心问题开展技术研发应用，实现疫病及时发现诊断、饲喂精准控制以及环境实时调整，有效降低生猪养殖过程中的关键风险。三是派驻专业团队技术支持。派驻AI养殖技术人员在养殖场进行施工指导，培训技术服务人员，在AI养殖农场周边设置服务中心，为用户提供后期维护、安装、报修等服务。

三、江西省寻乌县幸福小镇

（一）基本情况

江西省赣州市寻乌县幸福小镇位于寻乌文峰乡岗背村和田背村，该小镇由中宣部对口支援，深圳市政府和恒大集团无偿援建。小镇面积约 1700 亩，分为两期建设，第一期 750 亩、第二期 950 亩。小镇以"产业兴旺、绿色生态"为定位，建设有民宿、商业街、综合楼、幼儿园、蔬菜配套设施 2.69 万平方米，蔬菜超市展示区 5281.4 平方米，一期蔬菜大棚 665.16 亩、二期蔬菜大棚 950 亩，致力于打造新时代有产业支撑、美丽宜居、生态发展的脱贫攻坚及乡村振兴示范点。

（二）主要做法与成效

一是建成现代化智慧蔬菜产业园。幸福小镇智慧蔬菜产业园由东莞宜源华公司经营管理。园区配备的大棚影像视频采集系统，能够大视角拍摄植物整体生长状态，并将高清图片传至物联网服务器长期存储；配置的大棚环境数据采集系统包含 1 套气象设备和 1 套集成传感器，可监测大棚温度、湿度、光照、风速、二氧化碳等指标，并通过 LED 显示屏实时展示。该园区集成应用了移动喷淋系统、水肥一体化系统、通风降温系统、智能控制系统等，实现了播种自动化，水、肥、药喷淋自动化，温湿度、光照控制自动化；同时建设了智慧农业控制中心与手机 App 平台，能够对园区实时监测与远程管理。

二是促进农业+乡村旅游融合发展。幸福小镇实施了场地平整、老房风貌打造、寻乌调查纪念馆至幸福小镇道路提升、河道治理、排水排污电力设施接入等一系列小镇景观提升工程，对小镇人居环境进行综合治理以及绿化美化。同时，配套建设了休闲农业、乡村旅游的相关项目，建成了具有赣南风貌的别墅型高端民宿，依托智慧蔬菜产业园向游客提供采摘体验，建设了农家乐、酒吧等休闲娱乐场所，其制作的精酿啤酒涵盖蜜橘味、脐橙味、百香果味、蓝莓味、猕猴桃味等当地特色水果口味，吸引城市居民到小镇体验优美乡村风貌、品味特色美食。

三是以"互联网+"带动电商、文旅等新业态发展。小镇内建设了全国县域首家阿里巴巴客户体验中心，并以此为核心平台，配套建设了淘宝运营服务中心，在人才培训、经验交流等方面与阿里巴巴集团开展合作，辐射带动了寻乌电商、村播、直播、文创、旅游等绿色业态蓬勃发展，为全县新增了

200个电商客服就业机会，带动了2000多家农户以数字化方式增收。小镇中打造的天工开物园，围绕寻乌区域公共品牌、农产品品牌升级、寻乌红色文化展开文创设计和销售，通过线上文博会、淘宝、抖音、微信等形式开展文创品牌宣传，呈现和销售的文创产品达到600款左右。

（三）经验借鉴

一是注重培育文旅融合的新业态。守住发展和生态两条底线，以农业为基础、文化为灵魂、旅游为平台，整合资源，科学布局，探索优势互补、串点成线、连线成面的农文旅融合发展模式，按照多产业融合、多业态联动、多元文化创新的思路，规划建设乡村文旅项目，着力打造集"吃、住、游、购、采摘体验"等于一体的乡村旅游度假休闲区和田园综合体，不断拓宽乡村多元文化展示载体，瞄准产业升级及游客消费升级需求，优化传统农文旅项目的运作模式，培育叠加的发展新要素，打造金招牌，站上农文旅消费新风口。

二是完善打造智慧乡村旅游管理平台。借助于互联网、物联网、云计算等新一代信息技术，完善智慧乡村旅游管理平台，通过搭建办公管理、环境监测、视频监控、票务管理、智慧购物、安防应急等系统，为景区管理、旅游企业管理和游客信息管理提供技术支持，全面感知和监测景区动态，实现景区智能化管理，提高景区管理运营水平。尤其是乡村旅游企业，应积极加强信息化建设，转变传统的管理和营销模式，培养现代化管理人才，掌握智慧化管理技术和手段，利用旅游大数据科学分析各类主题，包括旅游企业服务质量评价、游客交易信息、游客构成与偏好、行业综合信息等，为旅游企业管理和改进提供依据，根据游客需求，推出个性化、定制化的旅游产品。

三是推动智慧农业技术的深度应用。把信息技术应用作为智慧农业发展的核心，加快农业生产与经营的数字化和智慧化转型，充分推广互联网、物联网、5G、云计算等技术在农业生产中的应用，实现对育苗育种、节水灌溉、虫害防治、气象预警、农情监测等各个环节的远程智能控制与一体化管理，对农业生产实施精细化管理、可视化监控和智能决策，加快农业与二三产业融合发展，提升农业竞争力，拓展农业发展空间，提高经济发展质量和效益。

四、上海菜管家农产品电商平台

（一）基本情况

上海菜管家农产品电商平台正式上线于2009年12月，由一支综合团队开发打造，涉及农业生产、信息化建设、平台开发、市场运营、冷链物流等多个方面。该平台在食品安全和运输安全两条主线上精准发力，建立了全程质量安全追溯系统、冷链物流中心和质量管理体系，可提供10个大类81个小类、2000多种涵盖蔬果、水产、禽蛋、肉类、粮油、干货等优质农产品，真正实现了安心食材送到家的目标。

（二）主要做法与成效

一是建立多通道电子商务平台。利用多个通道来支撑购物消费网站、App、微信商城等移动端应用，其功能包括货品的上下架、网络订单处理、付款处理、广告发布、促销推广、会员管理、投诉评论管理等，可实现对所有的货品、供应商、企业客户、销售、采购进行精准管理。

二是搭建冷链物流系统。按照物流作业的目标和具体流程，对物流作业各个环节精心设计，对物流作业管理功能统一化处理，具体功能包括订单管理、仓储管理、运输管理、计费和成本管理、任务管理、分析评估等，助力实现物流全过程的电子化管理，智能化实时事务处理和紧急事件处理，物流服务全过程监控、调度和管理。使用车辆和货物监控相关应用的智能感知装备，如温湿度、车速、车门、油箱等传感控制设备以及货架期预测设备等，在冷藏运输车辆上进行改造改装，满足车辆和货物监控调度需要。综合运用GPS工业级调度监控技术、RFID技术、无线通信技术及传感技术，在农产品出库到交付用户进库环节，对冷藏环境的温湿度和车辆行驶线路、车门开关情况、车辆停靠时间、车辆油耗等车辆信息全程监视管理。

三是运用大数据技术深入分析客户需求。以电商客户数据分析为主线，以数据挖掘和数据应用为宗旨，以数据安全为基础，多方位开展数据采集，系统分析电商用户的消费行为，实现电商服务各环节的资源优化配置，以达到精准营销和个性化推荐的目的；通过对各类电商用户数据的采集和挖掘，精准把握电商用户对同类商品的关注度，并根据用户对同类商品的查询和比对频次，以及同类电商平台的价格信息，研判用户特性，实现平台产品自动定价，在确保产品质量的同时，保持行业内的价格竞争优势；结合地理信息系统对用户的全市地理分布情况进行全局把控，为冷链配送分站的选址提供依据，科学合理的选址不仅大幅度降低了运营成本，更大程度上为用户提供了及时便捷的配送服务。

（三）经验借鉴

一是技术创新。在农产品生产端以及仓储作业端应用物联网技术，利用传感、无线传输、条码、二维码、电子标签等，实现信息的精准采集以及网格化的管理模式。为农产品电商建立一套完整高效的供应链信息平台，实现了从生产到仓储再到配送的信息全透明，不仅可以为生产端提供全面的生产环境信息以及农事操作信息，辅助生产、提高品质、提升作业的精准度，又可为农产品流通优化资源调配，间接降低了电子商务平台的运营成本。

二是模式创新。建立完整的农产品供应链条，可对农产品全供应链各个环节进行监控，严格保障农产品的质量安全，为开创中高端农产品消费模式提供全面保障。从供应链平台的建设来看，可为物流仓储管理、冷链物流监控管理、农产品安全追溯等领域积累经验，结合电子商务平台实际应用需要，基于物联网技术对电子商务平台进行冷链物流管理服务应用的改造或建设，涵盖冷链物流车辆监控、指挥、管理，物流管理，产品追溯等一系列功能，可提供一站式服务，符合物流企业迫切的应用需要，同时能满足政府监管、消费者查询等多种需求。

三是管理创新。完善农产品电子商务平台各项功能，提高农产品流通效率，降低社会农产品物流成本，保障农产品质量安全；应用先进的供应链管理平台、在线追溯服务平台等创新服务模式，进一步促进农产品电子商务发展。用完全自主信息化系统覆盖供应链全过程，自建冷链物流体系，充分利用物联网技术，做到精准管理和全程可视化监控，逐步扩展和改进农产品电子商务作业规范和流程。

第七节　北京市数字经济与农业融合发展的路径

一、总体发展战略路径

（一）加大农业新基建力度，打造城乡协同的信息化基础设施

对标建设全球数字经济标杆城市，把农村传统基础设施的信息化融合作为农业农村新基建的重要任务，与城市网络建设统一规划、统一布设，构建高带宽、广覆盖的空天地一体化网络体系，布局互联互通、共建共享、城乡

一体的信息化基础设施,推动农村与城市同网同速,促进城乡产业、物流、服务的信息化融合,优化乡村产业新业态的信息化条件,为农业农村数字化转型发展奠定基础。加快农村5G网络建设进程,探索5G在农业领域的应用新场景,遴选种业繁育基地、智慧农文旅体验、农产品直播电商、农机智能服务等重点领域,部署5G网络和智能连接终端。支持休闲农业园区与乡村旅游景点、现代农业科技园、现代产业园、育繁推一体化企业等,协同发展5G/IPv6/窄带物联网等互联网、物联网落地应用,提升5G网络、千兆固网、卫星互联网等网络覆盖水平和服务质量,支撑人工智能、数字孪生等新一代信息技术在农业农村的推广。

(二)加强农业科技创新平台条件建设

聚焦于建设北京国际科技创新中心,着力打造农业中关村,加快建设以农业科技创新中心为引擎的平谷农业科技创新示范区,在全市形成"一核多辐射"协同创新发展格局。聚焦于现代种业、高效农业设施、智能装备、数字农业等重点领域,研发一批具有自主知识产权的核心技术。积极承接国家级农业科研重大任务,建设省部级重点实验室、农业科技综合试验站、国家现代农业技术示范展示基地等。整合不同单位、不同学科、不同领域的创新主体,建设市级数字农业创新中心、科技创新联盟和协同创新平台、农业现代化示范区等创新载体。建立涵盖科研仪器、科研设施、科学数据、科技文献、生物种质与实验材料等市级农业科技资源共享服务平台,提高农业领域科研基础设施、科研数据、科研人才等资源的共享水平。加快数字化赋能现代农业、基础设施、都市服务等行业,打造一批供需链条协同、要素动态配置、数据开放共享的转型标杆企业。

(三)开展数字农业关键核心技术研发攻关

服务国家农业科技自立自强,把农业科技创新纳入北京国际科技创新中心建设战略,着力推进自主创新和原始创新,强化现代农业科技和物质装备支撑。建议将数字农业关键技术开发与产业化课题,列入"十四五"时期北京市科技计划项目,围绕数字农业重要装备、工艺、系统、技术平台等的技术瓶颈开展攻关。制定数字农业关键技术联合攻关支持目录和试点示范目录,瞄准数字农业农村发展的"数据+算法+算力",重点围绕种业新型传感器、农产品品质与质量安全传感器、基于大数据智能的预测营销、农业新业态服务机器人、农业领域数字孪生应用等关键核心技术,开展联合攻关和科研创新,不断提高自主研发能力,为农民提供更多用得上、用得起、用得好的国产智慧农业功能化实用产品。

(四) 打造数字技术与农业融合发展的应用场景

围绕农业供给侧结构性改革、农业高质量发展、乡村振兴等战略任务,大力拓展应用场景建设,加快人工智能、5G、物联网、北斗、大数据、区块链等新一代信息技术在农业领域的应用,形成数字农业生产配套技术体系和配套装备,熟化推广一批数字农业技术模式,打造数字大田、数字设施、数字畜禽场、数字渔场等应用场景。建设北京市农业农村大数据平台,构建全市农业农村数据资源"一张图"。充分发挥北京科技与人才优势,加快建设全国种业科技创新中心,打造种业之都。发展数字田园、智慧养殖、智慧农园,开展以清洁能源和现代信息技术为基础的智能农机研究与示范应用,实施高效设施、畜禽、初加工、农业废弃物处理装备提升等工程,加大农机装备信息化、智能化升级改造,全面提升设施农业、生猪养殖设施装备智能化水平,全面推进农业数字化转型。实现区块链技术在农产品质量安全追溯中的应用。依托朝阳区、海淀区国家数字农业创新应用基地,开展设施蔬菜专用技术装备的集成应用与示范。

(五) 数字经济与农业融合发展领域,积极开展对外交流与合作

聚焦于北京国际科技创新中心建设,主动融入全球创新网络,重点在动植物表型与基因型大数据挖掘、种业智能装备研发制造、农产品品质维持与绿色物流、休闲农业产品与场景营销、农业混合现实技术等领域,积极与美国、英国、法国、以色列、日本、澳大利亚等发达国家,开展科技合作研究,建立一批国家级和市级国际科技合作基地。加强与俄罗斯、乌克兰、菲律宾、加纳等"一带一路"沿线国家科技合作交流,启动建设一批数字农业农村联合实验室。探索区域科技创新合作有效途径,对接京津冀与粤港澳大湾区、长三角地区的农业科技资源,推进智慧农业科技的合作研究、成果转移及产业化,建立符合创新规律、体现领域特色、实现互利共赢的科技资源共享机制。

二、重点产业发展路径

(一) 数字设施蔬菜种植业

重点围绕蔬菜周年供应和质量安全,以数字化引领驱动设施蔬菜栽培高

效化、园区化、融合化、绿色化、品牌化为主线，以农业农村部认定的蔬菜标准园、市级以上设施农业生产示范基地、北京设施蔬菜产业集群基地等为载体，在通州区、大兴区、顺义区、房山区、密云区等地，择优选择200亩以上的设施蔬菜生产基地，开展设施智能化升级与数字农业集成应用，试点建设一批蔬菜工厂。重点推广应用工厂化育苗、温室环境监控、智能水肥一体化、采收机器人、蔬菜智能分选、质量安全溯源等数字农业技术与装备，实现生产基地温室环境单体分散和规模集群智能控制相结合，推动设施农业降成本、补短板、增效益，全面提高设施蔬菜生产效率、效能、效益与品质。

针对温室环境信息获取技术落后、智能化控制设备缺乏、产品的适用性和配套集成性较差等问题，集成应用设施农业物联网技术，有效提高农作物生产过程的管控能力和生产作业的精细化水平。针对温室种植生产效率与资源利用率不高问题，试点建设一批无人菜园，推广应用水肥一体化施肥装备、精准施药装备、精量播种机、小型耕整机、智能卷帘机、设施内运输等机械化省力设备，综合应用嫁接机器人、除草机器人、授粉机器人、打药机器人以及设施温室电动作业机器人等农业机器人，提高作业效率。针对温室管理效率不高问题，全面推广智慧管理，建立温室集群智慧管控平台，建设温室集群水肥一体化中央控制装备和低成本分布式水肥智能调控系统，实现温室集群的水肥定量化、智能化、规模化管理。针对蔬菜采后损耗严重问题，推广应用采后分级分选装备、冷链、农产品电商等。此外，针对设施农业用地不足问题，在城区地下空间等非耕地探索推广植物工厂技术，实现光、温、水、气、肥智能调控，以及高度集约清洁生产，提高作物生产效率，保障城市蔬菜周年供应和质量安全。

（二）数字家畜业

以减少环境污染、提高产品品质、确保百万头生猪出栏和稳定奶制品供应为目标，以提升生猪奶牛数字化生产、监管和服务水平为主线，以首农集团、顺鑫农业等产业化龙头企业为主体，开展家畜养殖智能装备集成应用示范工程建设，支持企业旗下规模化生猪/奶牛养殖场建设一批AI养殖、数字种养循环试点，集成推广动态饲料配方、智能育种、环境精准控制、精准饲喂装备、智慧管理、粪污智能化处理等技术，加快推进家畜养殖业数字化转型。

针对生猪奶牛良种选育问题，开展数字育种技术创新与应用，重点构建种畜性能测定数据、基因组数据与遗传评估数据等多维数据分析平台，研发推广国产种畜繁育管理软件，以及种畜体型体貌表型采集装备、种畜发情可穿戴设备、疫病疫情监测系统等自主可控智能化繁育装备。针对生猪奶牛生产管理效率不高问题，在新建、改扩建养殖场部署可智能化控制的圈舍通风、温控、空气过滤等环境监控设备，集成推广动态饲料配方、精准饲喂装备、粪污智能化处理、区块链溯源等技术与装备。针对养殖废弃物处置与碳排放问题，研发推广废弃物发酵过程数字化监测设备、碳排放监测设备，确保全产业链的安全溯源与绿色低碳。针对非洲猪瘟等疫情带来的生物安全问题，整合国家"养殖场直联直报平台""兽医卫生综合信息平台""兽药产品追溯平台"等数据，建立北京市畜禽生物安全监管数字化管理平台，建设一批无人化养殖场，试点推广消毒、巡检、治疗、清扫等重点环节作业机器人。针对奶牛精准饲喂设备和挤奶设备依赖进口问题，发挥北京市科技创新中心资源优势，加快研制国产化精准饲喂装备、挤奶智能化设备等。针对猪肉市场价格波动问题，实施"互联网+价格监测分析"，建立北京农产品"保供稳价安心"数字平台，确保猪肉等重要农产品稳产保供稳价。

（三）数字家禽业

以打造数字禽业创新高地为目标，以峪口禽业等产业化龙头企业为引领，以京红京粉系列蛋鸡、峪口海兰雏鸡和北京鸭养殖品种为核心，重点支持叠层栋舍规模10万只以上、立体散养栋舍规模5万只以上的养殖场，试点建设从繁育、环控、饲养、疫病疫情防控、质量全过程智能控制的无人化或少人化禽场。重点布局健康高效饲养工艺、成套化/自动化饲养技术装备、全程数字化技术装备、养殖物联网、智能管理与溯源、数字循环农业等核心技术，并试点部署大数据挖掘与融合、智能作业装备等智能系统，推进北京市禽业数字化和智能化发展。

针对京红、京粉系列蛋鸡和北京鸭等特色优势品种遗传改良面临的智能化精准测定装备研发应用不足问题，加强数字科技在禽种资源开发利用、品种选育中的应用，研发推广基于全基因组选择的家禽遗传资源精准开发与利用技术，支持核心育种场提升智能化测定装备水平，全面提升育种技术创新与应用水平。针对传统养殖场环控数字化、智能化装备支撑不足问题，对养殖场进行智能化改造，开展数据采集和监控，实现养殖全过程的统一集成管理与智能化控制。针对新建、改扩建家禽养殖场，按照生产全过程数字化管控要求，围绕种禽养殖、育雏育成、蛋禽肉禽养殖等不同环节，研发推广绿色高效节能的系列成套化养鸡设施设备，全面推广现代家禽精准营养和饲料配方、新型家禽健康养殖新技术与智能化设施设备、养殖场环境智能控制装备、家禽防疫机器人、捡蛋机器人、粪污自动收集与高效处理设施装备等技术装备。针对禽肉禽蛋采后耗损高、供应链韧性不足问题，推广应用低能耗高效智能化冷链储运装备、质量安全信息追溯系统，构建区域性、专业性大数据平台，实现区域内牲畜群体数量、日龄组成、营养健康状况及全生产链质量安全的动态监控。

（四）数字景观休闲农业

依托乡村生产生态资源和区位优势，以精品乡村旅游线路、美丽休闲乡村、休闲农业园和精品民宿为抓手，以提升游客的体验感与参与感为目标，筛选一批农业产业园、田园综合体、特色保护村庄，加快信息技术与休闲农业在宣传推介、产品服务、园区生产等方面的深度融合，发展数字农文旅产业新模式。重点推广 5G、休闲农业大数据平台、3D 虚拟体验、导游机器人、智能穿戴与物联网等前沿技术设备的应用，全面提升休闲农业与乡村旅游的管理、服务、营销、运营数字化水平，着力培育具有北京特色的智慧农文旅新型产业形态。

针对休闲农业与乡村旅游景区数字化设施普及不足问题，全面推进星级休闲农业与乡村旅游景区、乡村民宿无线宽带网络覆盖，支持 4A 以上休闲农业园区与乡村旅游景点，协同开展 5G/IPv6/窄带物联网等互联网、物联网落地应用，支撑人工智能、数字孪生等新一代信息技术在农业农村中的推广，培育发展农业数字经济。针对农田景观、廊道景观、村落景观建设特点不突出问题，重点支持昌平、顺义、通州等地农业科技园，大力推进数字创意、虚拟现实、二维码、互联网支付、电子导游 App 等技术与休闲农业的融合，探索发展"研学文旅体验+数字农业示范"新模式，全面提升农业科技园区产业链发展韧性。针对景观休闲农业与乡村旅游项目开发雷同、体验感不佳等问题，发挥北京市电子信息产业、VR 产业、现代服务业等创新技术的固有集群优势，开展智慧农文旅产业共性技术研发与攻关，开展农业农村传统优秀文化资产挖掘与动态监测保护利用技术研究，大力推进 5G、大数据、云计算、人工智能、VR/AR/MR/元宇宙等数字技术在农文旅融合产业新形态中的集成创新与深度融合，形成"1+1>2"的生产力增值效应。针对民宿户/民俗户档次不高、消费乏力问题，探索基于"移动设备、社交媒体、大数据、传感器和定位系统"的移动互联网消费新热点，推动农文旅消费在线、在地、在场方式的有机结合，实现休闲旅游信息宣传推介、产品服务体验等方面的优化升级。针对休闲农业与乡村旅游发展资源底数不清、消费市场扩容提质慢问题，加快构建北京市智慧农文旅大数据平台与云服务中心，广泛收集门票、客源地、游客旅游行为、旅行社行为等休闲农业和乡村旅游业运行数据，为旅客提供休闲旅游攻略、精准路线规划、云呼叫等个性化服务，向农文旅从业者提供门户网站建设、在线酒店管理、在线 CRM、在线培训等服务，创新服务和管理模式。

第八节 北京市数字经济与农业融合发展的对策建议

一、建立健全数字经济与农业融合发展的体制机制

（一）健全政策体系

完善数字农业科技项目补贴政策。根据北京市数字农业农村发展需求，将农业财政专项资金向数字农业建设短板倾斜；设立数字农业科技发展引导基金，重点扶持农业大数据与信息服务、种植业、养殖业、农产品供应链、农业资源环境监控以及相关支撑产业领域领头羊企业；探索建立以应用为导向的数字农业技术产品与装备补贴机制，制定专门的智慧农业技术产品服务应用支持名录，将智能农机购置补贴资金加快向作业服务补贴转移；设立数字农业科技推广培训专项基金，以政府采购的方式，为数字农业从业人员提供技术教育与知识培训，提升从业人员基本素养，推动农业生产、经营、流通等各环节的智慧化转型；完善数字农业经营主体补贴政策，鼓励具有一定信息化、数字化基础的新型农业经营主体，申报数字农业建设项目，并给予项目补贴，激发农业合作社、种粮大户、新农人等组织的主观能动性，充分发挥他们在农民群众中的示范带头和连带帮扶作用。

（二）开展动态监测与评估

按照农业农村部的统一安排和要求，结合北京市农业农村发展实际，持续开展县域数字农业农村发展水平评价工作，不断完善数据统计标准和动态

监测评价指标体系，科学评价北京市数字农业农村发展程度和水平。针对数字农业产业，科学开展动态监测评价，确保产业发展基础数据准确，找准数字经济与农业产业融合发展的短板和问题，为政府制定完善政策措施提供全方位数据支撑，为实现北京乡村全面振兴提供强劲驱动力。

二、完善数字经济与农业产业融合的基础保障

（一）加快农业农村基础设施改造与建设

完善的基础设施是现代农业发展的必要条件，当前我国农业农村基础设施建设不平衡不充分问题突出，难以支撑农业产业的转型升级与融合发展。加快改造建设农村道路、电力与农田水利等传统农业基础设施，加快普及宽带网络等现代基础设施，促进信息高速公路提速降费，完善包括农产品冷链物流在内的农资、农产品储运基础设施，完善休闲农业和乡村旅游道路、供电、供水、停车场、观景台和游客接待中心等服务配套设施，为农业产业融合创新发展提供良好的基础条件。

（二）建立农业融合创新发展专项资金

根据融合发展类型设置生态循环创新农业、农产品精深加工、多功能农业和先进技术创新应用四个子项，通过提供税收、补贴等政策优惠，为农业融合创新发展提供专项支持。具体为：生态循环创新农业子项重点支持作物轮作、套作，农牧结合等形式的生产方式；农产品精深加工子项重点支持农业产业链延伸、农产品及其副产品的精深加工和产品附加值提升等方面；多功能农业子项重点支持农业多种功能开发与价值实现方面；先进技术创新应用子项重点支持先进生物技术、信息技术等高新技术在农业产业全过程的应用。此外，还可设立专项资金，为农业生产者开展经营辅导、政策咨询、市场宣传、产品设计和包装设计等方面的公益指导服务。

（三）鼓励社会资本参与农业融合创新发展

企业是最具发展活力的市场主体，鼓励企业将社会资本投资到农业融合创新发展中来，为企业提供税收、用地等方面的便利条件，营造良好的市场环境，鼓励二、三产业的市场主体积极参与农业融合创新发展，提升农业价值链，拓展农业融合体系。在保护农业农村生态环境基础上，支持企业为农户提供农业科技、产品营销、信息咨询、电子商务和产品包装等全方位的农

业社会化服务，开展农业观光旅游和农产品加工流通等经营活动，带领农户发展新产业，激发农业融合创新发展活力。

三、支持农业产业链延伸，拓展农业多功能体系

（一）支持新产品开发与新市场开拓

引导北京各区县，根据自身资源条件和市场环境，发展优势产业，"走人无我有、人有我优、人优我特"的特色化、品牌化农业发展道路。通过定额补贴、比例补贴、无息或低息贷款等方式，降低产品开发与市场拓展的成本，大力支持农业生产者开发新产品、拓展新市场。鼓励农民合作社发展农产品加工、销售，拓展合作领域和服务内容。统筹规划多功能农业发展，推进农业与旅游、教育、文化、健康、养老等产业深度融合，提升农家乐的管理水平和服务质量，重点建设具有历史、地域、文化、民族特色的乡村旅游。

（二）完善农业融合创新发展组织体系

培育专业大户、家庭农场、新型职业农民和农民合作社等新型农业经营主体、农业产业化龙头企业和社会化服务组织，发展一大批基础作用大、引领示范好、服务能力强的融合主体。培育形成一批"互联网+"支撑型、产业园区整合型、休闲农业带动型和食品加工业引领型等融合创新发展先导区，为农业融合创新发展提供示范样本。建立农企、农商间订单生产、股份合作、产销联动和利润返还等多种紧密利益联结组织体系，为促进农业融合创新发展提供组织保障。

四、加强人才队伍建设与培养

（一）建立农业融合创新复合型人才培养机制

农业融合创新发展具有跨产业、跨领域的特点，需要大批具有跨学科知识背景和能力的复合型人才。建议实施农业融合创新复合型人才培养计划，在相关职业院校、高等院校、科研机构和企业等单位，通过辅修、双学位、合作培养、定向培养等方式，探索建立复合型人才培养机制，培养涉及农业生产、生态环境、现代科技、经营管理和休闲服务等跨领域的、富有多学科知识和创新精神的人才。

（二）加大产业融合创新技术研发与推广力度

积极推进农业中关村建设，加快数字化赋能现代农业。加大种养结合、

生态循环农业生产技术研发，重点开展畜禽废弃物无害化处理与再循环利用等方面的实用技术研究。鼓励开展农产品精深加工新技术、新产品研发推广。加快推进大数据、人工智能、生物技术等现代先进技术与农业融合技术的研发与推广应用。重点支持大数据管理与应用、养殖与设施园艺智能化生产、分子育种和生物防治等领域核心技术突破与熟化应用。加大现代农业技术推广资金扶持力度，改善农技推广人员工作环境和福利待遇，吸引高学历高素质的人才加入农技推广行业，加速现代高新技术的创新应用。

（三）大力培育新型职业农民

充分发挥科技人才进村入户工程、百师进百村活动、休闲农业专家辅导团等专家团队的师资力量，鼓励农村实用人才、返乡创业人员、第一书记等参与数字农业农村理念的传播与推广。加大政策扶持力度，引导各类科技人员、大中专毕业生、务工经商人员等到农村创业，通过领办农民合作社、兴办家庭农场、开展乡村旅游等方式，积极参与到农业融合发展中来。大力开展新型职业农民培训，广泛开展形式多样的农村科普活动和特色技能培训，在经营管理、农业科技、市场推广等方面，全方位、多层次培养有文化、懂技术、会经营的新型职业农民，为农业融合发展提供人才支撑。

第五章
北京"互联网+"农业发展研究

第一节 环境催生"互联网+"农业

习近平总书记指出,现在人类已经进入互联网时代这样一个历史阶段,这是一个世界潮流,而且这个互联网时代对人类的生活、生产、生产力的发展都具有进步推动作用。李克强总理强调,"互联网+"具有广阔前景和无限潜力,对提升产业乃至国家综合竞争力将发挥关键作用。

当今世界,信息技术创新日新月异,以数字化、网络化、智能化为特征的信息化浪潮蓬勃兴起,全球信息化进入全面渗透、跨界融合、加速创新、引领发展的新阶段。世界主要国家都把互联网作为谋求信息技术创新和竞争新优势的战略方向。

我国作为世界第二大人口国家,农业占据着国民经济极其重要的地位,必须积极适应经济新常态,重视农业、稳定农业,着力解决农业农村经济发展面临的突出问题,加快推进农业的转型与调整。要把"互联网+"现代农业作为我国农业信息化的主要内容,这是新时期深入推进农业供给侧结构性改革的重要手段,是推动我国由农业大国向农业强国迈进的必由之路,也是网络强国战略的重要组成部分。

一、我国农业发展迈入新时代

(一)信息化成为现代农业发展的制高点

科学技术是推动生产力发展的主要动力,是人类社会进步的重要标志。纵观全球农业生产史的发展,每一次科技和工具上的重大突破,都将农业推上一个新的台阶,推向新的历史时期。

综观互联网在 21 世纪的纵深发展，信息化技术在我国农业生产经营中得到广泛应用，农业信息化在农业生产经营管理、农业信息获取及处理、农业专家系统、农业系统模拟、农业决策支持系统、农业计算机网络等方面都极大地提高了我国农业生产科技水平和经营效益，进一步加快了农业现代化发展进程。目前农业信息化的应用和发展主要呈现出以下特征：

首先，农业信息网络化呈现飞速发展之势。据估计，全国互联网上的农业信息网站超过 5 万家。农业信息网络化的发展，使广大农业生产者能够广泛获取各种先进的农业科技信息，选择和学习最适用的先进农业技术，了解市场行情、政策信息，及时进行农业生产经营决策，有效地减少农业经营风险，获取最佳的经济效益。

其次，"数字农业"成为农业信息化的具体体现形式。农业大数据是大数据理念、技术和方法在农业领域的实践。我国已进入传统农业向现代农业加快转变的关键时期，突破资源和环境两道"紧箍咒"制约，破解成本"地板"和价格"天花板"双重挤压，提升我国农业国际竞争力等都需要农业大数据服务作为重要支撑。

最后，农业信息化正在向农业全产业链扩散。随着农业信息化的发展，信息技术的应用不再局限于农业系统中的某一有限的区域、某一生产技术环节或某独立的经营管理行为。它的应用已扩展到农业系统中的农业生产、经营管理、农产品销售以及生态环境等整个农业产业链的各环节和各领域。

目前，"互联网+"现代农业正在加快信息化技术与农业现代化深度融合，在农业生产的各个领域表现出新的活力，以物联网、大数据、云计算、移动互联网、人工智能等为主要特征的信息技术和科技手段与我国农业、农村与农民深度跨界融合，为我国由传统农业向现代化农业实现转型升级不断积蓄力量。

（二）信息技术助推农业全产业链改造和升级

从农业全产业链来看，信息技术与现代农业全产业链的跨界融合，正在助推农业全产业链不断改造和升级，不断提升我国农业生产智能化、经营网络化、管理数据化和服务在线化的水平。

首先，物联网是新一代信息技术的重要组成部分，物联网技术与农业生产融合，催生了农业自动化控制、智能化管理，提高了我国农业生产效率。物联网技术基于信息感知设备和数据采集系统获取作物生长的各种环境因子信息（感知层），结合无线和有线网络等完成信息的传送与共享（传输层），将信息保存到信息服务平台（平台层），基于模型分析，通过计算机技术与自动化控制技术实现对作物生长的精准调控以及病虫害防治（应用层），降低农业资源和劳动力成本，提高农业生产效率。近年来，随着芯片、传感器等硬件价格的不断下降，通信网络、云计算和智能处理技术的革新和进步，物联网迎来了快速发展期。据统计，2015年我国物联网产业规模达到7500亿元，同比增长293%；物联网未来在农业上将发挥越来越重要的作用。

其次，电子商务是以网络信息技术为手段，以商品交换为中心的商务活动。电子商务与农产品经营深度融合，突破时间和空间上的限制，正在转变我国农产品的经营方式，农业电子商务依托互联网已经成为推动我国农业农村经济发展的新引擎。一是电子商务加速了农产品经营网络化，解决了农产品"卖难"的问题，增加了农产品销售数量，并倒逼农业生产标准化、规模化，提高了农产品供给的质量效益，提高了农民的收入水平；二是电子商务促进了农业"小生产"与"大市场"的有效对接，从一定程度上改变了以往农产品产销信息不对称的局面，农民可以主动调整农业生产结构，规避生产风险，提升了农业生产的效率；三是电子商务拓展了农产品分销渠道，解决了农产品销路不畅的窘境，调动了农民生产农产品的积极性。"十二五"期间，我国农业电子商务呈现快速发展趋势，数据显示，2016年农产品网络零售交易额超过2200亿元，与2013年相比增加了3倍多，我国已经成为全球规模最大、发展速度最快的电子商务市场之一。

最后，大数据是海量数据的集合，作为国家基础性战略资源，大数据已发展为发现新知识、创造新价值、提升新能力的新一代信息技术和服务业态。农业大数据作为大数据的重要实践，正在加速我国农业农村服务体系的革新。基于农业大数据技术对农业各主要生产领域在生产过程中采集的大量数据进行分析处理可以提供"精准化"的农资配方、"智慧化"的管理决策和设施控制，达到农业增产、农民增收的目的；基于农村大数据技术的电子政务系统管理，可以提升政府办事效能，提高政务工作效率和公共服务水平；基于农业农村海量数据的监测统计和关联分析，可以实现对当前农业形势的科学判断以及对未来形势的科学预判，为科学决策提供支撑，成为我国农业监测预警工作的主攻方向。目前，农业大数据在我国已具备了从概念到应用落地的条件，迎来了飞速发展的黄金机遇期。

（三）准农业促进农业生产过程高效管理

从农业生产过程来看，作为当代最活跃的生产力影响要素，信息技术在农业发展中所发挥的作用越来越重要，基于信息技术和互联网结合的精准农业正在深刻地影响着农业生产的整个过程。精准农业是按照田间每一操作单元的环境条件和作物产量的时空差异性，精细准确地调整各种农艺措施，最大限度地优化水肥、农药等投入的数量和时机，以期获得最高产量和最大经济效益，同时保护农业生态环境，保护土地等农业自然资源。

信息技术在农业生产全过程中逐渐开始展现出优势。在产前阶段，通过传感器、卫星通信等感应导航技术，可以实现对农机作业的精准控制，提高农机作业效率；在产中阶段，通过精准变量施肥、打药控制技术，可以实现肥料的精确投放，提高肥料利用效率；在产后阶段，利用采摘机器人，可以实现对设施园艺作物果实的采摘，降低工人劳动强度和生产费用。

（四）信息化成为破解农业发展瓶颈的重要途径

自改革开放以来，我国农业取得了举世瞩目的成就，农业综合生产能力得到了快速提升，但是从整体水平上看，目前仍然处于传统农业生产阶段。人口增长资源的短缺以及环境污染的日趋加重，严重制约着我国农业的可持续发展，迫切需要转变农业发展方式，加快农业结构调整，而农业农村信息化建设成为破解以上难题的重要途径。

第一，人口增长、资源约束，对我国农业生产能力提出了更高的要求。改变上述难题迫切需要突破产业发展的技术瓶颈，而信息技术在这方面将大有可为。目前我国农业信息化建设在数据库、信息网络、精细农业以及农业多媒体技术等领域都取得了一定突破，成为我国农业提质增效、破解我国农业发展瓶颈的新引擎。

第二，我国农业属弱势产业，受自然因素、经济因素、市场因素、人为因素影响较大，对信息的需求程度要高于其他行业。开发农产品供需分析系统、市场价格预测系统和农业生产决策系统等，可辅助农业生产者合理安排相关生产，减少生产盲目性，最大限度地规避来自各个方面的风险。

第三，受基础知识和技术支撑限制，我国农民信息资源利用的意识和积极性不足，缺乏有效利用信息技术的知识和能力，农业信息传播效率不高。信息进村入户工程，通过开展农业公益服务、便民服务、电子商务服务、培训体验等服务途径，提高农民现代信息技术应用水平，正在成为破解农村信息化"最后一公里"问题的重点农业工程。截至2016年10月，我国已在26个省（自治区、直辖市）的116个县试点建成运营24万个益农信息社，为农民打通了信息获取通道，探索出了一系列切实可行的农业农村信息化商业运行模式。

二、"互联网+"现代农业已经成为国家发展战略

党的十八大报告首次提出"四化同步"发展战略："坚持走中国特色新型工业化、信息化、城镇化、农业现代化道路，推动信息化和工业化深度融合、工业化和城镇化良性互动、城镇化和农业现代化相互协调，促进工业化、信息化、城镇化、农业现代化同步发展。"2015年3月5日，在第十二届全国人民代表大会第三次会议上，李克强总理所做的政府工作报告，第一次将"互联网+"行动提升为国家战略，提出"制定'互联网+'行动计划，推动移动互联网、云计算、大数据、物联网等与现代制造业结合，促进电子商务、工业互联网和互联网金融健康发展，引导互联网企业拓展"，并指出"将'互联网+'作为信息化战略的重要组成部分深刻改造传统农业，成为中国农业必须跨越的门槛"。

2015年7月，国务院颁布了《关于积极推进"互联网+"行动的指导意见》，明确指出，"互联网+"是把互联网的创新成果与经济社会各领域深度融合，推动技术进步、效率提升和组织变革，提升实体经济创新力和生产力，形成更广泛的以互联网为基础设施和创新要素的经济社会发展新形态。在全球新一轮科技革命和产业变革中，互联网与各领域的融合发展具有广阔前景和无限潜力，已成为不可阻挡的时代潮流，正对各国经济社会发展产生着战略性和全局性的影响。积极发挥我国互联网已经形成的比较优势，把握机遇，增强信心，加快推进"互联网+"发展，有利于重塑创新体系、激发创新活力、培育新兴业态和创新公共服务模式，对打造大众创业、万众创新和增加公共产品、公共服务"双引擎"，主动适应和引领经济发展新常态，形成经济发展新动能，实现中国经济提质增效升级具有重要意义。

《关于积极推进"互联网+"行动的指导意见》提出了涵盖11个重点领域的"互联网+"重点行动，将"互联网+"现代农业作为11项重点行动之一，明确提出利用互联网提升农业生产、经营、管理和服务水平，促进农业现代化水平明显提升的总体目标，部署了构建新型农业生产经营体系、发展精准化生产方式、提升网络化服务水平、完善农副产品质量安全追溯体系等

具体任务。具体内容包括：利用互联网提升农业生产、经营、管理和服务水平，培育一批网络化、智能化、精细化的现代"种养加"生态农业新模式，形成示范带动效应，加快完善新型农业生产经营体系，培育多样化农业互联网管理服务模式，逐步建立农副产品、农资质量安全追溯体系，促进农业现代化水平明显提升。

一是构建新型农业生产经营体系。鼓励互联网企业建立农业服务平台，支撑专业大户、家庭农场、农民合作社、农业产业化龙头企业等新型农业生产经营主体，加强产销衔接，实现农业生产由生产导向向消费导向转变。提高农业生产经营的科技化、组织化和精细化水平，推进农业生产流通销售方式变革和农业发展方式转变，提升农业生产效率和增值空间。规范用好农村土地流转公共服务平台，提升土地流转透明度，保障农民权益。

二是发展精准化生产方式。推广成熟可复制的农业物联网应用模式。在基础较好的领域和地区，普及基于环境感知、实时监测、自动控制的网络化农业环境监测系统。在大宗农产品规模生产区域，构建天地一体的农业物联网测控体系，实施智能节水灌溉、测土配方施肥、农机定位耕种等精准化作业。在畜禽标准化规模养殖基地和水产健康养殖示范基地，推动饲料精准投放、疾病自动诊断、废弃物自动回收等智能设备的应用普及和互联互通。

三是提升网络化服务水平。深入推进信息进村入户试点，鼓励通过移动互联网为农民提供政策、市场、科技、保险等生产生活信息服务。支持互联网企业与农业生产经营主体合作，综合利用大数据、云计算等技术，建立农业信息监测体系，为灾害预警、耕地质量监测、重大动植物疫情防控、市场波动预测、经营科学决策等提供服务。

四是完善农副产品质量安全追溯体系。充分利用现有互联网资源，构建农副产品质量安全追溯公共服务平台，推进制度标准建设，建立产地准出与市场准入衔接机制。支持新型农业生产经营主体利用互联网技术，对生产经营过程进行精细化信息化管理，加快推动移动互联网、物联网、二维码、无线射频识别等信息技术在生产加工和流通销售各环节的推广应用，强化上下游追溯体系对接和信息互通共享，不断扩大追溯体系覆盖面，实现农副产品"从农田到餐桌"全过程可追溯，保障"舌尖上的安全"。

党的十八届五中全会和"十三五"规划都明确提出，要建设网络强国，实施"互联网+"行动，要推进农业标准化和信息化。推动互联网的创新成果与服务农业生产、经营、管理深度融合，产生化学反应、放大效应促进农业发展方式转变、提供经济发展新动力。2016年中央一号文件指出："大力推进'互联网+'现代农业，应用物联网、云计算、大数据、移动互联等现代信息技术，推动农业全产业链改造升级。"农业农村部等八部委于2016年4月制定下发了《"互联网+"现代农业三年行动实施方案》（以下简称《方案》）。《方案》按照《国务院关于积极推进"互联网+"行动的指导意见》的部署要求，贯彻落实创新、协调、绿色、开放、共享的新发展理念，紧紧围绕推进现代农业建设和农业供给侧结构性改革的目标任务，坚持需求导向、创新驱动、强化应用、引领发展的推进策略，着力推动现代信息技术在农业生产、经营、管理、服务各环节和农村经济社会各领域的深度融合，推进农业在线化和数据化，大力发展智慧农业，强化体制机制创新，全面提高农业信息化水平。《方案》提出了11项主要任务，在生产方面，重点突出种植业、林业、畜牧业、渔业，强调农产品质量安全；在经营方面，重点推进农业电子商务；在管理方面，重点推进以大数据为核心的数据资源共享开放、支撑决策，着力点在互联网技术运用，全面提升政务信息能力和水平；在服务方面，重点强调以互联网运用推进涉农信息综合服务，加快推进信息进村入户；在农业农村方面，加强新型职业农民培育、新农村建设，大力推动网络、物流等基础设施建设。

自国务院《关于积极推进"互联网+"行动的指导意见》发布以来，各地各部门纷纷发布各类支持"互联网+"农业发展的政策文件。我国"互联网+"农业发展迅速，呈现出方兴未艾的良好发展势头，涌现了一大批具有创新引领意义的发展模式。2016年1月27日，《关于落实发展新理念加快农业现代化实现全面小康目标的若干意见》，中央一号文件连续十几年聚焦于"三农"，"互联网+"现代农业成为其中的亮点。2016年，相继出台了关于互联网+农业的政策。1月，农业农村部印发《农业电子商务试点方案》；3月，商务部等印发《全国电子商务物流发展专项规划》；4月，国务院印发《关于深入实施"互联网+流通"行动计划的意见》，农业农村部、国家发展改革委、中央网信办等八部门联合印发《"互联网+"现代农业三年行动实施方案》；7月，商务部发布《关于开展2016年电子商务进农村综合示范工作的通知》；8月，农业农村部与商务部等19个部门联合印发《关于加快发展农村电子商务的意见》；9月，农业农村部正式发布《"十三五"全国农业农村信息化发展规划》。这些政策的出台，都提出要大力推进"互联网+"现代农业发展，加快互联网与"三农"领域的融合发展，推动农业全产业链改造升级。总体来说,"互联网+"农业发展面临前所未有的大好发展局面,各类具体政策的相继出台为"互联网+"农业快速健康发展提供了有力的政策保障。

在此背景下,2016年1月,北京市人民政府印发《积极推进"互联网+"行动的实施意见》,提出了利用互联网提升农业生产、经营、管理和服务水平。

行动任务包括:加快推进多元化现代农业信息服务模式,构建现代农业信息数据库,建设农业大数据开放共享平台,通过移动互联网向农民提供政策、科技、市场等信息服务。加强物联网、大数据、北斗导航、智能设施设备等在农业生产各环节的应用,提高农业节水节地、控温控湿水平,实现播种、灌溉、施肥等作业精准化。完善农产品质量安全监管、检测、追溯体系,探索农产品二维码管理,构建从农田到餐桌可追溯的全过程监管体系。建立农产品市场监测预警中心,构建全市统一的农产品市场监测预警信息发布平台。搭建农业电子商务综合服务平台,推进农产品电子商务仓储物流设施建设,完善农村支付服务环境。推广休闲农业电子商务,提供乡村旅游一站式服务。

三、"互联网+"现代农业发展成效凸显

"十三五"时期,"互联网+"现代农业呈现快速发展态势,各行业、各领域和主要环节信息技术应用取得显著成效,为"十四五"时期农业农村信息化发展奠定了坚实基础。

(一)产信息化提升了农业生产智能化水平

农业作为国计民生的基础产业,其信息化、智慧化的程度和发展水平尤为重要。物联网技术在农业生产和科研中的引入与应用,将是现代农业依托现代信息化技术应用迈出的一大步。物联网技术与农业结合可以改变粗放的农业经营管理方式,提高动植物疫情、疫病防控能力,确保农产品质量安全,保障现代农业可持续的发展方向。

国家物联网应用示范工程智能农业项目和农业物联网区域试验工程建设目前正在积极推进,成为我国在建设农业信息化道路上的重要探索之一,已经取得重要阶段性成效。我国已经在黑龙江、江苏、内蒙古、新疆、北京等多地相继开展了国家农业物联网应用示范工程,同时在天津、上海、安徽等地开展了农业物联网区域试验工程。总结推广了426项农业物联网软硬件产

品、技术和模式，节本增效作用凸显。

物联网设备在不同农业生产领域的广泛应用，使得农业智能化水平有了较大提升。在大田种植方面，大田种植物联网在"四情"监测、水稻智能催芽、农机精准作业等方面实现了大面积应用，大幅提升了生产设备装备的数字化、智能化水平，加快推广节本增效信息化应用技术，提高了农业投入品利用率，改善了生态环境，提高了产出品产量和品质。在畜禽养殖方面，畜禽养殖物联网在畜禽体征监测、科学繁育、精准饲喂、疫病预警等方面被广泛应用。例如，所建设的"物联牧场"工程实现了畜禽养殖的身份智能识别、体征智能监测、环境智能监控、饲喂护理智能决策。在水产养殖方面，水产养殖物联网已经在水体监控、精准投喂、鱼病预警、远程诊断等方面大规模应用。例如将物联网设备用于养殖水质实时监控、工厂化养殖监测、水产品质量安全追溯、养殖专家在线指导等，实现了养殖全产业链的监控和重点养殖区养殖生产的智能化管理，有效提高了水产养殖生产效率，促进了水产养殖业转型升级。在设施园艺方面，设施园艺物联网在环境监控、生理监测、水肥体化、病虫害预测预警等方面实现了智能化水平明显提升。

此外，在物联网公共服务平台建设方面，推动了农业物联网公共服务平台逐步完善和标准化，为农业物联网技术应用、集成创新、仿真测试、主体服务提供了良好的硬件设施和软件环境。先后接入了北京市农林科学院设施云公共服务平台、中国农业大学水产物联网平台、天津奶牛养殖物联网应用平台、黑龙江农垦精准农业物联网应用平台、江苏水产养殖物联网应用平台、安徽小麦"四情"物联网监测平台、山东设施蔬菜物联网应用平台等国内领先的农业物联网应用服务系统。

（二）经营网络化加速了农产品电子商务发展

农业是典型的传统行业，具有地域性强、季节性强、产品的标准化程度低、生产者分散且素质较低等特点，具有较大的自然风险和市场风险。电子商务是通过电子数据传输技术开展的商务活动，能够消除传统商务活动中信息传递与交流的时空障碍。农业电子商务把线下交易流程完全搬到网上，将有效推动农业产业化的步伐，促进农村经济发展，最终实现传统农业交易方式的转变。

农业电子商务目前已经成为我国电子商务领域发展最迅速的产业形态之一，农业电子商务的发展正在加速促进我国农业产业化的发展。农业电子商务异军突起，农产品电子商务保持高速增长，电商平台不断增加，农产品电商模式呈现多样化发展，正在形成跨区域电商平台与本地电商平台共同发展、东中西部竞相迸发、农产品进城与工业品下乡双向流通的发展格局。据测算，2016年农产品网络零售交易额超过2200亿元，比2013年增长了3倍以上，农产品电商交易平台已超过4000家。自2010年至今，阿里平台农产品销售额的年均增速为112%，农产品销售额在2010年达37亿元，在2013年淘宝网生鲜产品（包括水产肉类和水果）的增速高达195%，居所有品类排名首位。2013年全国生鲜电商交易规模130亿元，同比增长221%。我国农产品电商发展势头迅猛。

农产品质量安全追溯体系初步构建，有效支撑了农产品电子商务健康、快速发展。在技术层面，二维码技术作为农产品"身份证"开始投入应用，移动终端的扫码引擎结合移动互联网、Wi-Fi应用环境，配合平台数据库、云计算等形成数字防伪系统，让农产品质量安全信息追溯有了技术保证。在主客体层面，追溯体系开始用于质量安全管理、产销管理、渠道推广和品牌经营，基地直供、基地加工、基地营销式企业追溯体系覆盖的农产品正在逐步增加。在标准制定层面，《农产品质量安全追溯操作规程通则》《食品可追溯性通用规范》《食品追溯信息编码与标识规范》等标准以及多项行业标准，为规范追溯体系建设创造了基础性的条件。在监管服务层面，除了建立群众举报、投诉渠道外，政府主管部门还专门搭建并向用户开放了12312产品追溯管理服务平台、成立了国家OD注册中心和OD公共服务平台，以及OD农业追溯公共服务平台等。农产品追溯体系建设不断完善，最终实现农副产品从农田到餐桌的全过程可追溯，保障了"舌尖上的安全"。

此外，农业生产资料、休闲农业及民宿旅游电子商务平台和模式不断涌现，丰富了我国电商发展的模式和理论；农产品网上期货交易稳步发展，批发市场电子交易逐步推广，促进了大宗商品交易市场电子商务发展；新型农业经营主体信息化应用的广度和深度不断拓展，大大提升了我国农业产业化经营水平。

（三）信息化管理、服务和基础支撑能力不断加强

农业大数据作为农业农村管理的重要工具，在我国农业现代化建设中正在日益发挥着重要功能和巨大潜力，正在成为支撑和服务我国农业现代化发展的又一类重要基础性资源。

农业管理信息化不断深化，初步实现了农业管理过程的规范化、自动化和智能化。一是金农工程建设成效显著，建成运行33个行业应用系统、国家农业数据中心及32个省级农业数据中心，延伸到部分地市县的视频会议系统等。信息系统已覆盖农业行业统计监测、监管评估、信息管理、预警防控、指挥调度执法、行政办公等重要业务。部省之间、行业之间业务协同能力明显增强。二是农业农村部行政审批事项全部实现网上办理，信息化对种子、农药、兽药等农资市场监管能力的支撑作用日益强化。三是建成了中国渔政管理指挥系统和海洋渔船安全通信保障系统，有效促进了渔船管理流程的规范化和"船、港、人"管理的精准化。四是农业数据采集、分析、发布、服务的在线化水平不断提升，市场监测预警的及时性、准确性明显提高，创立了中国农业展望制度，持续发布《中国农业展望报告》，影响力不断增强。

农业服务信息化全面提升，加速了农业信息服务体系、平台和机构的不断完善。首先，"三农"信息服务的组织体系和工作体系不断完善，初步形成了政府统筹、部门协作、社会参与的多元化、市场化推进格局，实现了由单一生产向综合全面、由泛化复杂向精准便捷、由固定网络向移动互联的转变。其次，12316"三农"综合信息服务中央平台投入运行，形成了部省协同服务网络，服务范围覆盖到全国，年均受理咨询电话逾2000万人次。最后，启动实施信息进村入户试点，试点范围覆盖到26个省份的116个县，实施信息进村入户工作，整省（自治区、直辖市）推进，公益服务、便民服务、电子商务和培训体验已经进到村、落到户，信息惠农的广度和深度不断拓展。

农业基础支撑能力明显增强，持续支撑我国农业农村信息化建设。一是部省地市县五级贯通的农业网站群基本建成，行政村通宽带比例达到95%，农村家庭宽带接入能力基本达到4兆比特每秒（Mbps），农村网民规模突破2亿，农村互联网普及率达33.1%。二是农业信息化科研体系初步形成，建成了1个农业农村部农业信息技术综合性重点实验室、2个专业性重点实验室和2个科学观测实验站，大批科研院所、高等院校、企业相继建立了涉农信息技术研发机构，研发推出了一批关键核心技术产品，科技创新能力明显增强。三是农业监测预警团队和信息员队伍初具规模，以政府为引导、市场为主体的市场化、可持续运营机制初步建立。农业信息化标准体系建设有序推进，启动了一批国家、行业标准制修订项目，初步构建了农业信息化评价指标体系。成立了农业信息化标准化技术委员会，认定了106家全国农业农村信化示范基地。

四、"互联网+"现代农业面临的机遇和挑战

当前,中国"互联网+"现代农业发展面临的机遇和挑战并存,总体来说机遇远大于挑战,尤其是乡村振兴战略的实施,为"互联网+"现代农业发展提供了千载难逢的重大发展机遇。

(一)"互联网+"能够引领现代农业创新发展

"互联网+"现代农业是充分利用移动互联网、大数据、云计算、物联网等新一代信息技术与农业的跨界融合,创新基于互联网平台的现代农业新产品、新模式与新业态。"互联网+"现代农业的本质是实现农业的在线化和数据化,通过将农业生产经营的主体、对象和过程与以互联网为代表的现代信息技术融合,形成"活的"数据资源,指导市场、资本、人才等要素在农业各行业内充分灵活配置,实现农业生产智能化、经营网络化、管理灵活透明和服务便捷高效。

我国农业基础薄弱,"三农"问题始终是制约我国经济社会转型的软肋,必须利用科技革新、政策优化和制度完善的有利时机,拥抱"互联网+"这一新兴潮流,从市场主体培育、粮食价格调控、耕地数量质量监控和农业内分体系和谐完善等角度努力提升。"互联网+"强调的是互联网与各传统行业的充分对接和深度融合,我国是农业大国,目前正在工业化、信息化、城镇化、农业现代化同步推进的关键时期,互联网与农业融合发展空间广阔,潜力巨大,实施"互联网+农业"是推动农业现代化、促进农业转型升级的关键之举。"互联网+"现代农业是一种革命性的产业模式创新,必将开启我国小农经济千年未有之大变局。

在传统模式无法解决农业面临的种种问题时,互联网能够凭借其强大的流程再造能力,让农业获得新的机会。通过互联网技术以及思想的应用,可以从金融、生产、营销、物流等环节彻底升级传统的农业产业链,提高效率,改变产业结构,最终发展成为克服传统农业种种弊端的新型"互联网+"现代农业。总体来说,"互联网+"现代农业重点围绕以下几方面进行创新。

1. "互联网+"开创大众参与的"众筹"模式,对于我国农业现代化影响深远

一方面,"互联网+"通过便利化、实时化、感知化、物联化、智能化等

手段，为农地确权、农技推广、农村金融、农村管理等提供精确、动态、科学的全方位信息服务，正成为现代农业跨越式发展的新引擎；另一方面，"互联网+"促进专业化分工、提高组织化程度、降低交易成本、优化资源配置、提高劳动生产率等，正成为打破小农经济制约我国农业农村现代化枷锁的利器。

2. "互联网+"助力智能农业和农村信息服务大提升

智能农业实现农业生产全过程的信息感知、智能决策、自动控制和精准管理，农业生产要素的配置更加合理化、农业从业者的服务更有针对性、农业生产经营的管理更加科学化，是今后现代农业发展的重要特征和基本方向。"互联网+"集成智能农业技术体系与农村信息服务体系，助力智能农业和农村信息服务大提升。

3. "互联网+"助力国内外两个市场与两种资源大统筹

"互联网+"基于开放数据、开放接口和开放平台，构建了一种"生态协同式"的产业创新，为消除我国农产品市场流通所面临的国内外双重压力，统筹我国农产品国内外两大市场、两种资源，提高农业竞争力，提供了一整套创造性的解决方案。

4. "互联网+"助力农业农村"六次产业"大融合

"互联网+"以农村一二三产业之间的融合渗透和交叉重组为路径加速推动农业产业链延伸、农业多功能开发、农业门类范围拓展、农业发展方式转变，为打造城乡产业融合的"六次产业"新业态，提供信息网络支撑环境。

5. "互联网+"助力农业大众创业、万众创新的新局面

以"互联网+"为代表的新一代信息技术为确保国家粮食安全、确保农民增收、突破资源环境瓶颈的农业科技发展提供新环境，使农业科技日益成为加快农业现代化的决定力量。基于"互联网+"的"生态协同式"农业科技推广服务平台，将农业科研人才、技术推广人员、新型农业经营主体等有机结合起来，助力"大众创业、万众创新"。

（二）"互联网+"现代农业面临的主要挑战

1. 农村互联网基础设施薄弱

"互联网+"是一次重大的技术革命和创新，但是就现在来说，农村地区

的互联网基础建设比较薄弱，由于农村基础设施落后，互联网普及率较低，农村信息"最后一公里"问题成为制约农村电商的巨大障碍。信息不对称、信息的搜集与发布无法及时到位，从而使得计算机通信、网络技术的应用与普及出现滞后。将信息技术转化为现实生产力的任务依旧艰难。

2. 生鲜农产品物流成本高

冷链物流是生鲜农产品应用互联网发展的限制因素。传统销售模式下农产品运输一般采用集中运输的方式，而互联网高速发展的时代生产者可以直接面向消费者，流通环节减少，但却增加了物流成本。目前，国内农产品电商存在"千网一面"、成本高、标准不一等问题，盈利的较少，大多处于亏损状态。

3. 缺乏互联网专业人才

专业人才的缺乏是制约"互联网+"农业发展的短板。当前我国从事农业信息工作的人员在知识结构方面无法满足农业信息化发展的要求，综合素质相对较低。一是缺少专业的农业信息技术人员，不具备较高的开发能力；二是信息分析人员的缺乏，导致大量信息资源无法得到合理应用开发；三是基层信息服务人员综合素质有待于进一步提高，亟须培养一批具备现代信息技术、现代农业技术、现代信息产业经营技术，掌握农业经济运行规律的农业信息化复合型人才，为农产品经销商提供准确、有效的农产品信息。

4. 标准化生产程度低

"互联网+"农业不仅是将农产品利用网络销售，其关键还在于保证农产品质量，标准化生产是不可避免的难题。农业管理部门应加强监管，在确保农产品质量安全的前提下，实现当地优质、特色农产品网上交易。

5. 农业与互联网融合困难重重

农业是一个巨大的传统产业，涉及各个方面，这导致农业问题千头万绪，盘根错节。如何将"互联网+"和农业现代化串起来，将新一代信息技术与农产品生产销售、农村综合信息服务等各环节相结合，是亟须解决的问题。

（三）乡村振兴战略实施为"互联网+"现代农业发展带来重大机遇

"三农"问题一直是国家致力于解决的重大问题，中央一号文件更是连续十几年聚焦于"三农"。乡村振兴战略的实施，提出了彻底解决"三农"问题的目标和任务。在传统模式无法解决农业面临的种种问题时，互联网能够凭借其强大的流程再造能力，让农业获得新的机会。通过互联网技术以及思想的应用，可以从金融、生产、营销、物流等环节彻底升级传统的农业产业链，提高效率，改变产业结构，最终发展成为克服传统农业种种弊端的新型"互联网+"现代农业。

乡村振兴战略的提出和实施，为"互联网+"现代农业发展带来了重大发展机遇。"互联网+"现代农业的本质是创新，是革命，是运用"互联网+"新思维的产物，是物联网、大数据、移动互联网、云计算、空间技术、智能化技术（机器人及装备等）等现代信息技术发展到一定阶段的产物，是互联网技术与农业生产、经营、管理、服务、农业组织和农民生活方式的生态融合和基因重组，其终极目标是提质、增效、增收、便利。实施"互联网+"现代农业，要充分发挥互联网等信息技术在农业生产要素配置中的优化和集成作用，通过农业的在线化和数据化，实现信息技术与农业生产、经营、管理、服务各个环节和农村经济社会各领域深度融合，通过技术进步、效率提升和组织变革，提升农业的创新力，进而形成农业生产方式、经营方式、管理方式、组织方式和农民生活方式变革的新形态。大力发展"互联网+"现代农业，能够为乡村振兴战略实施提供强有力的支撑。

第二节　北京"互联网+"农业发展战略

北京作为首都，如何跨越城乡数字鸿沟，实现互联网与农业深度融合，让信息化惠及首都农村和农民的任务更加艰巨和紧迫。尤其是面对新的目标，北京市"互联网+农业"的发展战略亟须重新调整和布局。从各郊区县农村经济社会发展的实际情况和需求出发，针对不同的"互联网+农业"参与主体，深入分析其在新形势下的信息化需求，从而确立未来几年"互联网+农业"的发展方向和需要开展的重点任务，已成为当前面临的重要工作。

一、战略定位、思路和目标

（一）战略定位

"互联网+"是构建城乡一体化的施政要点、是实现农业现代化的战略支点、是探索农民市民化的创新重点。

（二）指导思想

紧密结合北京市工作实际，抓住机遇，统筹协调，分工协作，进一步完善体制机制，整合信息资源，创新服务模式，提高应用水平，推进社会参与，不断增强"互联网+农业"工作的系统性、前瞻性、针对性和实效性，形成体制更加合理、机制更加顺畅、主体更加广泛的"互联网+农业"工作的新格局，推动互联网与农村城镇化、农业产业化、农民市民化的深度融合，更好地为各级领导提供科学的决策服务、为农业生产和农村管理工作提供精准的协同服务、为基层农民生活提供有效的信息服务，推动城乡一体化的发展和"智慧北京"的建设。

（三）总体要求和基本原则

继续坚持基于基础的整合方法，实现基于应用的功能扩展；坚持基于效益的适度建设，实现基于需求的有效满足；坚持基于持续的技术规范，实现基于实用的信息服务；坚持基于互利的共享机制，实现基于差异的区域（部门）特色：充分发挥农村信息化在推动城乡经济社会发展一体化方面的作用。要统筹规划，协调推进；整合资源，共享应用；政府引导，社会参与；以培育市场持续发展为基本原则。

（四）战略目标

农业和农村信息基础设施装备水平有明显提高，信息化对现代农业发展、农村公共服务和新型农民培育的支撑能力显著增强，"互联网+农业"可持续发展机制逐步完善，基本满足"三农"发展对信息化的需要。依托互联网指导农业农村工作，打造精准智能都市型现代农业。依托互联网推动农业农村公共服务均等化，构筑便捷宜居智慧和谐新农村。把"互联网+农业"作为农民融入城市的重要途径，培养高素质现代新型农民。

二、"互联网+农业"应用

互联网与农业的深度融合主要体现在对农业整个产业链进行改造，从农资农机到农业生产再到农产品流通的整个过程都出现了互联网的身影，见图5-1。

（一）互联网+农资农机

农资行业流通环节繁多、交易成本较高，很大程度上制约着农业产业的整体效益。而农资电商可有效压缩中间环节成本，消除假冒伪劣生产空间，

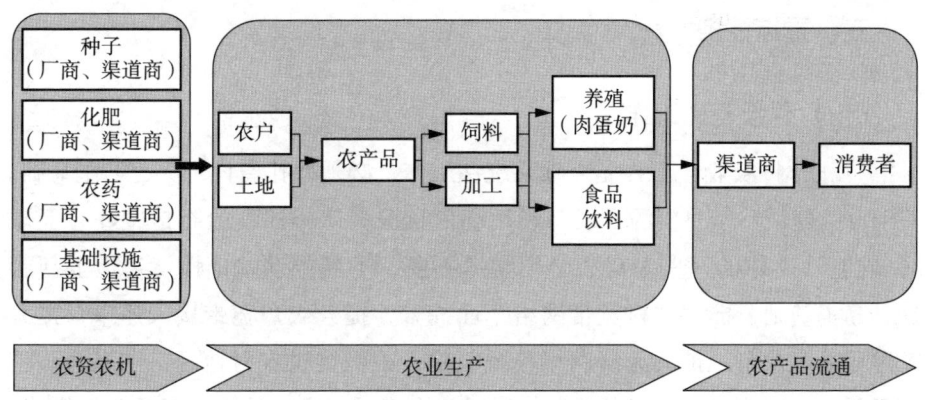

图5-1 "互联网+农业"全产业链

解决农资行业当前矛盾。农资行业进入电子商务领域相比其他行业较晚，正是"互联网+"领域中大有开发价值的"蓝海"。

（二）互联网+农业生产

作为农业产业链上的关键环节，农业生产承载着产业链上下游的农资、农产品流通两大领域的发展，在互联网快速改变各行各业的今天，与互联网深度融合的农业生产更具活力和效率，GPS、遥感、物联网、溯源体系等一系列的互联网技术已经开始应用于农业生产环节。

（三）互联网+农产品流通

互联网拓展农业流通渠道的主要形式为农业电子商务，尤其是互联网营销渠道低成本优势明显，当前各类网络平台都为农产品流通创造了便捷的"入口"。农业网络营销能够突破传统销售渠道的限制，将时间、细节和手段等有效结合起来，正日益成为很多农业经营主体普遍青睐的新型销售渠道。以"互联网+"拓展农业流通渠道的根本目的在于拉近生产者和消费者之间的距离，从而使两者建立更加充分的信息关系和信任关系。对此，可借助于互联网农产品信息服务平台，对传统农产品销售模式进行优化，有效减少农产品销售的中间环节，使生产者与消费者直接对接，提升信息的透明化程度，同时拓宽传统农产品销售渠道，扩大农产品受众面。特别是对于主要服务区域内的本地农产品生产主体，更应充分利用"互联网+"拓展区域市场，进一步强化其流通半径小、到货速度快等优势，最大限度保证本地农产品实现质优价优。

三、重点任务

（一）保证基础工作

"互联网+农业"工作是一项系统性工作，必须稳扎稳打，奠定工作基础。基础设施建设、信息资源开发与利用和信息服务队伍建设始终是做好"互联网+农业"工作的坚实基础，必须常抓不懈，不断推动基础性工作迈上新台阶。夯实基础，推动农村宽带网络全面提升，提升农户宽带接入速率，提升农村宽带普及率，扩大无线网络覆盖范围，积极推进农村地区三网融合。整合资源，促进涉农信息资源开发与利用，构建需求导向的信息资源开发模式，推进各类涉农数据库建设，加强全市农业农村信息化资源的整合利用。锤炼队伍，建立"多员合一"的信息化人才体系，完善各级信息服务员队伍，构建稳定的信息人才结构。

（二）提升常规工作

对内抓好涉农管理机构的电子政务应用，对外做好面向"三农"的信息服务，是北京市"互联网+农业"的常规性工作。常规性工作具有日常性和延续性等特点，是"互联网+农业"的重要组成部分，必须要不断创新、开拓和提升，将常规性工作作出特色。立足实际，深化农村电子政务的普及应用，推动农村政务管理向基层延伸。完善农村电子政务的应用系统。务求实效，推进农业农村信息服务长效开展，推进乡镇综合信息服务站建设，加强农村专业信息服务站建设，建立公益和市场相结合的信息服务机制。

（三）加强重点工作

做好"互联网+农业"工作的根本目的是促进信息技术在农村地区的应用，因而要将工作的核心放在农业生产经营系统、农村管理系统和电子商务系统的应用上，通过信息系统的广泛、深入应用，全面提升互联网技术在农业生产、农村管理、农民生活领域的应用水平。积极引导，加快"互联网+农业"生产经营系统普及应用，大力推广使用农业信息化技术装备和信息系统，加大特色产业信息服务系统的开发应用。全面统筹，提升农村公共事业信息化应用水平，完善医疗信息化服务体系，提升农村社会保障信息化水平，推进农村教育信息化。广泛布局，拓展农村电子商务应用范围，完善农产品电子商务服务体系，推动休闲农业电子商务应用。

（四）探索创新工作

当前，信息技术日新月异，物联网、云计算等新技术层出不穷，已经在农业农村信息化领域起到了良好的示范效应。推动"互联网+农业"工作的发展，必须不断突破，持续创新，加大新技术的应用推广，推动"互联网+农业"的革新和进步。高位起步，加快现代信息技术推广应用步伐，推进物联网技术在农业领域的示范应用，利用云计算关键技术提升农业农村信息服务水平。示范引领，加大智慧镇村建设和普及力度，实施智慧镇村示范建设工程，逐步推进全市智慧镇村全覆盖。

四、政策措施

（一）强化顶层设计，制定发展规划

强化顶层设计，制定全市"互联网+农业"发展规划，形成全市统筹布局、部门协同推进、区县分类指导的"互联网+农业"发展格局。把握区域特色，制定各区县"互联网+农业"发展规划，根据不同乡镇、不同领域、不同主体的信息化发展现状和需求，明确发展方向、战略目标和重点任务。

（二）加强组织领导，创新体制机制

建立全市性的"互联网+农业"部门联席会议制度，由北京市农业农村局牵头，市经信委、市发展和改革委、市科委、市财政局等市级相关部门参加。加强"互联网+农业"的组织领导，形成上下联动、实用高效的协调工作机制。把"互联网+农业"工作纳入年度目标考核管理，明确各部门在"互联网+农业"建设管理上的主要任务，制定具体考核办法，明确责任。加强农村信息员队伍培训，充分利用农村现代远程教育、农村党员干部现代远程教育、农村文化信息共享工程等网络和资源优势。提高农民信息素养和能力，针对各地实际情况，形成农村信息化教学资源库，充实和完善公共数字文化重点惠民工程。加大实用人才培训力度，依托培训教室、综合信息服务站、信息大篷车等现有设施和渠道，开展各类技能培训。

（三）完善政策法规，加大宣传力度

研究制定"互联网+农业"建设相关标准，使"互联网+农业"服务法治化，在信息发布、共享、保密、可靠性以及信息市场规则上做到有法可依。制定面向农业和农村的电信资费等相关优惠政策，降低本地网营业区间通话

费标准和农村地区上网资费标准。实施面向农民、合作社和信息服务站的信息补贴政策，以"农民、合作社和乡村农业信息服务站（点）为主要补贴对象，以手机短信、农民上网费用和信息服务站运行费为主要补贴内容。加强针对性宣传，提高政府管理人员的信息意识，通过多种形式的宣传、教育，提高农业农村部门领导和工作人员的信息化意识。利用各种宣传手段，提高农民信息意识，利用广播、电视、科技大集等形式面向农户进行宣传，使农户了解信息技术的优势，认识到信息的重要性。

（四）鼓励社会参与，保障资金投入

设立"互联网+农业"专项资金，将"互联网+农业"巩固和完善经费纳入财政资金预算，明确资金使用时各区县等财政配套比例。制定多方共赢的利益分配机制，既要保证农民和企业在"互联网+农业"建设中受益，又要保证社会力量在参与建设的同时，能获取最大化的收益。引导电信运营企业发挥主力军作用，鼓励电信运营企业最大限度地降低电信资费，最大限度地开展面向农民的公共信息普遍服务。

第三节　北京"互联网+农业"概况

近年来，国家关于"互联网+"现代农业的政策措施相继出台，促进了互联网技术在农业中的广泛应用，给传统农业带来了深刻变革。北京市围绕农业"调转节"和城乡一体化发展，强化政策引导和创新驱动，积极推进"互联网+"与现代农业深度融合，在农业生产、经营、管理和服务等环节取得明显成效，为加快北京农业现代化发展进程发挥了重要作用。

一、加强乡村新一代信息基础设施建设

经过近年来的不懈努力，北京市在乡村新一代信息基础设施建设方面，完成了铜缆光纤化改造，实现了光缆网络到达各行政村和光纤到户，并基本实现了4G网络城乡覆盖，使农村信息基础设施建设实现了跨越式发展。

（一）积极推进农村地区宽带网络和移动通信网络覆盖

截至2018年3月底，农村固定电话用户已达116.3万户，农村宽带接入用户6.9万户，农村宽带接入端口162万个，其中，速率在20 M以上的宽带

接入端口 158.8 万个，占比达到 98% 以上。北京市所有行政村已实现光纤和 4G 网络全覆盖，重点行政村宽带接入速率达 50 M 以上，重点交通干线和景区实现连续覆盖。

2009 年发布的《北京信息化基础设施提升计划（2009—2012 年）及任务分工的通知》（京政发〔2009〕19 号）提出，在全国率先建成城乡一体化的高速宽带信息网络；2013 年发布的《关于印发宽带北京行动计划（2013—2015 年）的通知》（京政发〔2013〕16 号）又提出，将北京建成城乡一体的光网城市，加快光纤宽带网络建设，实现光纤覆盖全部城镇家庭用户，并不断向农村地区延伸。2015—2016 年，用两年时间完成了铜缆网络光纤化改造工作，建成了全光纤网络城市，为北京市宽带接入能力大幅提升奠定了坚实的基础。光纤到村到户，实现了农村信息化基础设施的跨越式发展。

（二）积极扩展乡村广播电视网络

完成北京市各城区有线电视用户下一代广播电视网络改造，加快有线电视双向网络向远郊城镇及农村地区扩展，具备提供高清交互数字电视、高速数据接入和语音等三网融合业务的能力。充分利用广播电视宽带网络资源，增加了乡村用户享受宽带服务的途径。

（三）大力推动 4G 网络城乡全覆盖

新增 4G 基站 1 万个，基本实现 4G 网络城乡全覆盖，推动地铁、人流密集场所、办公楼宇室内深度覆盖，新增 4G 用户 800 万，使 4G 成为移动上网的主流。

（四）积极支持农村地区信息化应用

移动、联通、电信三家基础运营企业面向农村地区推出多种优惠产品，主要体现为语音产品、固定宽带产品及融合业务产品。为方便地处偏远、业务网点稀疏的村镇农民了解宽带新产品、办理宽带业务，企业通过设置流动服务车上门服务，使农民足不出村就能办理业务。各运营企业积极支持农村地区信息化发展，在电子政务方面，北京移动公司已经完成平谷区政务网改造，覆盖全区所有行政单位，所有接入点实现光纤接入，帮助政府节省网络建设成本、提高网络运营效率、提升网络安全管理。在智慧农业方面，各运营企业为农村地区提供了包括农网信息机、农产品溯源、大棚监控、移动政务办公、网格化管理监控等信息化应用服务。

二、推动现代农业发展

"互联网+"现代农业是应用物联网、云计算、大数据、移动互联等现代信息技术,推动农业全产业链改造升级的创新模式,是现代农业发展的新方向、新趋势,为转变农业发展方式提供了新路径、新方法。近年来,北京市围绕创新、协调、绿色、开放、共享的新发展理念,大力推进全市农业物联网、农业电商、数字农业、大数据平台等项目建设,促进"互联网+"与现代农业深度融合,在农业生产、经营、管理和服务等环节取得明显成效,加快了全市农业现代化步伐。

(一)形成了"互联网+"现代农业政策体系及工作机制

2016年,北京市农业农村局、市发展和改革委、市科委等七部门联合印发《关于推进"互联网+农业"的实施意见》(京政农函〔2016〕7号),将互联网的创新成果与北京现代农业发展深度融合,提出了四方面重点任务和六项保障措施;每年发布全市农业农村信息化重点工作和责任分工、北京市农业产业化项目指南等文件,引导支持农业物联网、农业电商等方面建设;组织召开了北京市"互联网+农业"大会,要求各相关部门加强沟通协作,集成部门政策,形成工作合力,各郊区积极探索,研究制定具体扶持办法,共同推动"互联网+农业"又好又快发展;北京市农业农村局成立农业农村信息化领导小组,进一步明确北京市农业农村局系统各单位、郊区农业农村局的工作职责,促进形成城乡统筹、部门联动的运行机制;发挥典型带动作用,有14家单位被认定为全国农业农村信息化示范基地,66家企业被认定为北京市农业信息化龙头企业,59家单位被认定为北京市农业农村信息化示范基地,成为引导社会力量参与涉农信息化建设,培育北京市"互联网+农业"的中坚力量;由北京农信互联科技有限公司等6家单位发起成立北京农业互联网协会,建立区域性农业互联网沟通、交流和示范平台,推动互联网与现代农业深度融合,促进北京市"四化同步"发展。

(二)推进农业物联网建设与深化应用

北京市农业农村局、市城乡经济信息中心(北京市农业农村局信息中心)大力推进农业物联网建设应用。在集成示范方面,承担首批国家物联网示范工程项目,在房山、通州、顺义、昌平、平谷、怀柔、密云、延庆等8个区24家农业园区的1000余个温室开展了农业物联网试点示范建设。按照"政府引领，园区自愿"原则，采用多方投资的模式，在 7 个郊区 18 家农业园区（农民专业合作社）951 个日光温室新装物联网设备，探索了农业物联网推广应用模式。以"北京现代农业物联网应用服务平台"为依托，在 60 家重点农业园区将物联网技术与生产经营服务相结合，针对不同经营主体深化服务，提升园区管理能力和宣传展示能力，用户活跃度大幅提高，平台覆盖面不断扩大，截至 2017 年底，接入农场数量达到 633 个，涉及农业设施 19398 个，种植面积 30.9 万亩，农作物品种 336 个，安装传感器 1463 个、摄像头 831 个。房山区北京慧田蔬菜种植专业合作社通过温室智能物联网管理平台，用手机和电脑远程控制棚内的温度调节设备、滴灌设施和灯光，实时观测蔬菜和食用菊花生长情况，病虫害控制效果达到 70%以上，化学农药用量减少 50%，特别是采用精量施肥的水肥一体化技术及微喷、滴灌的大量应用，实现节水 50%。

市城乡经济信息中心（北京市农业农村局信息中心）与北京农业信息技术研究中心、市气象局气候中心合作，以昌平苹果和平谷大桃为研究对象，开展了物联网技术在京郊果品生产园区示范应用实证研究工作，通过实证研究与示范应用相结合，拓展农业物联网从设施农业向大田果园延伸，从环境监测向植物本体监测延伸，初步建立了果品品质全生命周期多要素的指标体系，探索大田物联网集成示范应用模式路径。

（三）开展智能产品研发和应用

市科委建设智慧农业生产管理系统，以设施蔬菜、果园和规模养殖场为重点，在北京 500 多家农业企业、园区、基地、合作社等开展了应用。建设农业智能装备全国科技创新中心，重点推动农业物联网和智能装备的研发与产业化，应用服务面积 1500 万亩。集成应用物联网技术建立首都科技惠农供销服务体系，打造集商品营销、科技服务和增值金融服务于一体的北京"网上供销社"智慧流通服务平台。建成农科城农业云服务平台，发布 100 余项互联网应用服务产品与解决方案。围绕可适性农业云计算、农业数据智能分析、土壤氮素传感器、离子流等取得原创性突破，授权发明专利 120 项，牵头制定相关国家和行业标准 15 项。

北京市农业农村局选择 10 家示范农场重点开展了"互联网+农场"智能技术应用试点，建成标准化种植规范指导系统和规程视频资源库，研发出 10 个常见作物的成熟度预测模型和 10 种常见病的病虫害预警模型，生产环节实现农场的数字化管理、标准化生产、自动化控制、农产品全程绿色履历追溯。

（四）推进农业电商快速发展

北京市农业电商起步较早，依托首都巨大的消费市场，得到快速发展，走在了全国前列。2016 年度中国生鲜类电商排行榜 TOP 20 中，有中粮我买网、本来生活网等 10 家北京企业。由市农业农村局牵头建设的欣欣尚农电商综合服务平台，2017 年 1 月上线运营，涵盖了北京市上百家龙头企业及市级示范社的千余种农产品。平台以农业企业库、产品库、专家库、技术库为数据核心，以安全生产者、社会化服务、物流仓储、绿色消费者四大联盟为业务核心，打造一站式共享农业服务平台，形成北京农业产业链闭环服务体系。农业电商发展模式以综合电商、垂直电商和物流型电商为主，经营方式主要采取入驻第三方电商平台和微商。涌现出一批国内知名的农产品垂直电商企业。中粮我买网已成为中国最大的食品电商网站之一，2017 年网上零售额突破 22 亿元。每日优鲜、春播等年增长率分别接近 300% 和 200%。北京市农业农村局出台《关于开展农业电子商务试点的实施方案》，确定鲜活农产品电商、农业生产资料电商、休闲农业电商等 14 个试点项目，培育了一批北京农业电商发展典型。例如，百花蜂业通过自建电商平台和入驻天猫、京东、1 号店等，会员已超过 40 万人，年销售额突破 5500 万元，连续五年获得天猫双十一国内蜂产品销售第一名。积极推进获得"全国一村一品示范村镇"的 65 个村镇开展"一村一品+电商"工程。通过媒体宣传及电子商务等方式，示范村镇的主导产品销售收入提高 20% 以上。平谷区开展"农村淘宝"项目，服务农村居民"最后一公里"。建成 1600 平方米的仓储物流中心，建设了 50 个"农村淘宝"村级服务站，为村民代买代购 22.5 万余笔，成交金额 1925 万元。密云区现代农业电商企业"密农人家"，连续五年居淘宝网蔬菜类目销售首位。大兴区"京东商城中国特产·大兴馆"2017 年 5 月上线运行，销售农产品 1.2 万箱，销售收入 99.2 万元。

市商务委组织京东商城、苏宁、顺丰优选、每日优鲜、中粮等电商企业赴京郊地区、京津冀地区和对口支援地区开展"电子商务进农村""农村电商精准帮扶"等专项帮扶对接工作。会同北京市农业农村局印发了《加快推进本市农村电商精准帮扶实施方案》的通知，加快推进北京市农村电商精准帮扶工作。苏宁集团打造"六位一体"的"苏宁三化五当"电商扶贫模式，在各级贫困县已经建设"O2O 特色馆"314 家；京东在全国已有 100 多个省、市、县级地方馆，帮助 832 个国家级贫困县销售商品 153 亿元，累计帮助近 10 万个贫困地区家庭增收。

（五）推进智慧乡村建设

北京市农业农村局、市城乡经济信息中心（北京市农业农村局信息中心）在 13 个郊区 135 个村持续推进智慧乡村建设，注重与"美丽乡村""特色专业示范村"等"三农"重点工作有机结合、有序衔接，促进"互联网+"乡村落地应用，重点围绕村庄产业、乡村治理、村庄公共服务、村民信息化能力培养、便捷化网络服务等，提升村庄的发展水平，提高服务的全面性和便捷性，探索长效机制建设。平谷区西柏店村促进食用菊花产业发展，2016 年新增菊花种植户 28 户，全村菊花的销售收入已达 400 余万元。2016 年第八届平谷西柏店菊花美食节期间，全村民俗接待人数达 3 万人。房山区黄山店村以"智慧乡村+休闲旅游"形式，促进村级产业向休闲农业旅游转型发展。自 2015 年项目建设以来，黄山店村经济效益显著。2017 年黄山店村经济总收入较上年增长 61.96%，其中餐饮收入增长 20.00%，住宿收入增长 337.50%，门票收入增长 48.89%，农产品收入增长 25.00%。2015 年被评为中国最美休闲乡村。顺义区北郎中村通过"智慧乡村+物联网+合作社（农业企业）"形式，推进果蔬、花卉产业发展。鲜切菊网上销售占 80%，蝴蝶兰反季节培育成功率提高到 95%。

（六）探索大数据试点建设

市科委建成农科城农业科技大数据中心，网络汇聚并发布农田空间数据库、涉农专家库、知识模型库、农产品行情库、视频资源库、技术成果库等 26 个科技数据资源库，总数据量达到 167 TB，建成全国首个农业科技资源大数据中心。市城乡经济信息中心（北京市农业农村局信息中心）完成涉农资源平台一期建设，搭建互联网数据采集系统、基础信息管理平台、数据共享交换平台三个子系统，构建形成了"4 大基础库+10 大主题库+若干个服务库"的数据库体系。探索大数据在休闲农业园区的应用。在房山区黄山店村京西幽岚山景区部署数据采集设备，引入百度网络关注度等第三方数据，开展客流行为数据加工与分析试点，形成年度、黄栌花节、红叶节客流行为专题分析报告，为景区提高精细化运营水平提供了数据支撑。市农科院信息所搭建"农科云"农业全产业链大数据平台。北京市农业农村局开展生猪产业大数据试点建设，搭建北京市生猪大数据平台，全面梳理生猪产业相关的数据及运行系统，制定生猪养殖、市场流通、消费方面的数据集技术规范，保障了数据采集的准确、及时、规范。

（七）郊区创新模式不断涌现

朝阳区利用互联网渠道和营销模式，打造新型农业休闲娱乐方式。以蓝调庄园、蟹岛度假村等龙头企业为引领，大力开展农业休闲园区互联网宣传销售活动，创新农业休闲娱乐方式，扭转了全区农业观光收入连年下降的趋势。

海淀区以互联网技术创新和大数据技术应用，促进"互联网+"农业发展。鼓励农业产业化龙头企业，依托区内雄厚的农业互联网技术资源，搭建大数据垂直平台。大北农集团建立猪产业链大数据服务平台"猪联网"；伟嘉集团建立"嘉农在线"，打造一站式解决蛋鸡产业互联网服务平台。

丰台区通过基础网络硬件设施的优化升级，强力打造"互联网+"休闲农业品牌。休闲农业园区建立官方网站，通过微信公众号开展游客互动优惠活动，与团购网站开展合作推广，区内15个休闲农业园区客流量显著提升。

门头沟区利用"互联网+"技术和手段，助力打造特色农产品的现代化营销模式。通过网络众筹营销、网站及微信平台营销、网络微商城营销，以及安装智能配送柜、开发手机App等方式，助力特色农产品的现代化营销。全区网络营销樱桃43万斤，实现销售收入3000余万元。

房山区借助于互联网解决农产品滞销问题，强力打造房山农产品区域品牌。积极引导房山区农产品生产企业和种植户运用互联网技术，发展营销手段，开拓营销市场。利民恒华创建"皇城货郎"电子商城，采用"O2O+F2C+会员制"模式，全年实现销售收入4500万元。

通州区围绕农业转型，通过物联网和大数据的应用布局现代化农业园区管理。大力开展园区农业信息化建设，依托国际种业科技园区和金福艺农集团，加快农业物联网和大数据的管理应用，促进农业节水、节药、节肥技术的推广和农产品质量安全的提升。

顺义区依托万亩示范区，开展农业智能装备的推广应用。在都市型现代农业万亩示范区广泛应用农业物联网、北斗导航定位、4G网络传输等现代信息技术，实施农机精准作业，实现节水节肥，降低劳动力成本，效益十分明显。

大兴区借助于"互联网+"资源拓宽农产品销售渠道，提高农产品流通效率。通过构筑"基地+平台+消费者"的现代农业产销体系，带动农业全产业链发展。加快都市农业与旅游业的融合，提升当地农业特色品牌的知名度和美誉度。

昌平区从互联网农业人才培养入手，为农户提供互联网创业发展平台。构建农村实用人才培育平台，开展农业电商培训。1300余户苹果种植户利用电商、微信等平台拓宽了营销渠道，解决了苹果滞销的问题。

平谷区成立电子商务孵化基地，打造农企创新创业服务平台。对入驻孵化基地的电子商务企业给予房租补贴，定期组织电商人才培训，为企业提供运营、技术等专业指导，引导基地内企业资源共享、抱团发展。

怀柔区引进农场云平台技术，实现资源统一管理和产业化升级。引进奥科美农场云平台，组织聚源德等板栗合作社与平台对接，实现了板栗生产过程标准化、基地管理精细化、物流配送智能化，提高了消费者对有机生态板栗的信任度，促进了怀柔板栗产业化升级。

密云区与农业专业合作社建立战略合作关系，推出"互联网+"农业合作新形式。由密云区农民专业合作社服务中心提供农产品，网站提供互联网载体，建成农产品网络销售及实体店联合销售的营销平台，使传统经营方式成就更大商机。

延庆区汇集了国内先进的马铃薯科研力量。通过引进北京恒德嘉汇股权投资有限公司，成立马铃薯交易中心，搭建了集信息服务、交易定价、过程追溯、物流配送为一体的产业互联网服务平台，吸引了国内以及世界的马铃薯产业集中到延庆来。

三、信息化助力乡村绿色发展

在推进农村环境综合整治、提高乡村生态环境管理信息化水平方面，北京市大力推动农村供水和污水处理信息化工作，极大地改善了广大农村地区饮水条件，显著提高了农村地区污水的监管和处理效率。

（一）农村供水信息化工作

近年来，各区通过扩户并网，农村供水集约化水平不断提高，安全保障能力进一步增强，极大地改善了广大农村地区饮水条件，《北京市"十三五"时期农村饮水安全巩固提升工程规划》（京水务郊〔2017〕73号）明确提出加强对区域供水厂（站）水量远程监测、水质动态监管和基础信息管理，逐步实现水量、水位、水压、水质等信息实时监控、智能化管理。截至2019年，全市182个乡镇3934个行政村共建成村镇集中供水厂136座，单村供水站3664处，每日供水能力66万立方米，服务保障郊区700多万人。

在农村地区供水联合调度、信息资源共享方面，部分区建立了区域供水综合调度系统，采用集散监控调度模式，由管理范围内不同等级的监控中心各自完成相应规定范围内的监测和管理工作，并且由总调度中心实施集中调度管理，实现各集中供水厂联网调度和全区水资源综合调配多水源联合供水，从而进一步提高供水保障率，实现了水资源的统一调配、优化管理和可持续发展。

（二）农村污水信息化工作

《北京市进一步加快推进污水治理和再生水利用工作三年行动方案（2016年7月至2019年6月）》（京政发〔2016〕17号）明确提出加强农村地区污水处理和再生水利用设施建设。农村污水处理设施具有数量大、地域分散和现场监管困难的特点，利用信息化手段对污水处理设施的运行状况实施监管能够在为维护管理提供技术支撑的同时，提高监管效率。截至目前，市、区水行政主管部门已完成市、区两级污水处理和再生水利用设施在线监控系统平台的建设，显著提高了污水监管和处置效率。

（1）监测设施安装。全市13个区实际安装监测设施682处，其中朝阳9处、丰台11处、海淀25处、顺义27处、延庆35处、昌平40处、大兴2处、门头沟60处、房山62处、怀柔135处、密云191处、平谷66处、通州19处。其余站点监测设施正在建设中。

（2）信息数据上传。截至2018年5月14日，已实现550处监测数据实时上传。其中海淀25处、大兴2处、丰台11处、朝阳8处、通州17处、顺义25处、怀柔126处、延庆29处、平谷50处、门头沟43处、密云154处、昌平23处、房山37处。

四、提升"互联网+农业"服务水平

北京市大力推进"互联网+农业"服务工作，发展多种信息服务应用，深入实施信息进村入户工程，集聚各类信息服务资源，建立起了农业信息综合服务体系。

（一）将卫生健康信息平台向乡村地区延伸

市卫生计生委实施北京市健康信息互联互通和大数据应用行动中的信息惠民工程，建设了健康北京App，给每个市民包括有手机的农村居民提供就医预约、结果查询、办事等服务；开展了家庭医生家庭端信息服务试点，利用歌华有线家庭端服务优势，将社区卫生服务中心家庭医生签约服务、中医服务、健康咨询服务等延伸到有歌华有线端的农村家庭。继续开展市区的临床影像、心电等远程会诊服务，将大医院优势资源送到边远社区卫生服务中心，方便农村患者就医服务。目前12个区实现了区内基层医疗卫生信息系统互联互通，其中涉农区的基层医疗卫生信息系统实现了互联互通。

（二）强化智慧乡村信息服务

2016年发布的《北京市"十三五"时期信息化发展规划》（京政发〔2016〕57号）提出，到2020年建设运行200个智慧乡村。自2015年以来，北京市农业农村局、市城乡经济信息中心、各区农业农村局积极行动，从不同层面、不同领域开展智慧乡村建设及试点示范，促进了"互联网+"乡村落地应用，乡村公共服务更加便捷高效。例如，丰台区草桥村结合"一刻钟社区服务圈"，建设"智慧草桥社区互联网平台"，将所有社区资源及利民服务融合到平台上，如社区超市、社区餐饮、政府办事、家政服务、物业报修、物业缴费、门禁服务等，村民、居民足不出户就能享受便捷的服务。

（三）搭建现代远程教育平台——北京长城网

近年来，北京市远程教育迅速普及，应用成效显著。2009年，由市农科院负责建设和运维的远程教育市级平台——"北京长城网"正式开通；2014年，面向全市城乡的二期教学平台开始运行，2016年升级改版，成为全市开展远程教育教学培训、发布信息等综合服务的主要载体。一是坚持强化服务，不断增强学用转化实际效果。开通"两学一做"论坛、"红色港湾"网上支部、视频播客等互动栏目，为广大党员提供展示交流平台。二是利用大数据决策分析，做好相关课程和相似用户推荐，提升党员学习体验和资源使用效率。三是以服务党员和群众为出发点，积极推动基层站点学用转化。比如，整合12396农业专家坐诊、"智农宝"农产品电商资源，解决农业病虫害难题，对接农产品销售，帮助农民增收致富。四是深入挖掘党员干部现代远程教育服务"三农"发展潜力，市委组织部、市委农工委、市农科院信息所三方合作策划了《农村大讲堂》栏目,自 2014 年起在北京长城网开播,每年制作 12 期,每期节目时长 30 分钟,积极宣传农村改革发展、经济社会建设和党的建设有关政策精神,受到农村基层党组织和党员干部群众的广泛欢迎,节目点击率和学习时长一直居于长城网教学资源前列。

(四)建设村级基础公益服务益农信息社

自 2014 年以来,北京市农业农村局按照农业农村部部署,全面推进信息进村入户工程。出台《关于全面推进信息进村入户工程的实施意见》(京政农发〔2017〕23 号),推进村级基础公益服务信息全覆盖,构建现代农业农村综合服务体系。已建成 187 个标准型益农信息社、598 家专业型益农信息社。标准型益农信息社开展"九个一"服务(一个微信公众号、一个微信群、一个"益村秀"、一个微营销平台、一个村级网站、每天做一次公益服务、每周一次农民专题培训、每年帮助一个贫困户、打造一个特色产业)。顺义区北务镇以村益农信息社为"格",以农业技术、专家、生产资料、销售渠道为"主线"开展农技推广网格化管理试点,积极探索基层农技推广服务模式。昌平区八家村成立了标准型益农信息社,村委会大教室定期开展技术指导、科学养生、健康讲座、广场舞、科学创业等培训活动,特别是通过信息化能力培训,村里 70 岁的老人学会了上网,主动购买智能手机,整体提高了农民的知识结构及能力水平。2017 年,北京市标准型益农信息社提供公益咨询服务 2.1 万次,便民服务近 4 万次,帮助村民通过电子商务销售特色农产品 2 万多公斤,帮助村民团购农产品、生活用品上千吨,拉动市民上万人次到农村采摘、垂钓、旅游、逛农村集市及农家乐,开展新型职业农民培训,制作课件 140 余篇,培训村民 2 万多人次。

(五)构建"公益性"农科城"三农"信息服务体系

2010 年 8 月,科技部、农业农村部、北京市人民政府共同启动国家现代农业科技城(简称北京农科城)建设,实践现代服务引领一二三产业融合发展理念。农科城以"互联网+"共享服务模式,集成农业科技成果视频课件汇聚发布、专家远程咨询服务、移动互联农技服务等,构建"公益性"农科城"三农"信息服务体系。探索实践农科城"互联网+"现代农业"市场化"运营机制,建设农科城服务产品全国推广网络,通过提供软硬件定制、租赁、托管、增值信息服务等实现优势信息服务资源品牌化、产品化、价值化。探索实践政府、企业、合作社、农户等多主体"众包众创"模式,率先试水特色农产品智慧供应链运营体系，以消费为向导，在农产品品质提升、品牌打造等方面形成"互联网+农产品供应"的增值技术服务和盈利模式，提升生产经营者收益，满足消费者体验。

（六）建立北京12316农业服务热线

北京12316农业服务热线是北京市农业农村局立足农业、面向社会、服务北京、富裕农民所建设的农业综合服务平台。热线成为服务"三农"的新型载体，主要是宣传党和国家的农业政策法规，受理农业违法案件的投诉举报，提供农业信息、技术咨询、行政许可、农产品信息、农业休闲、城市农业知识咨询、指导与服务。热线建立了现代农业综合专家服务平台，由市级农业科研专家、技术推广专家、区县特色技术能手组成了现代农业专家团队，依据农民个性化需求，采取现场值班、电话值班、视频值班、应邀下乡等多种服务方式，通过手机短信收发系统、双向视频诊断系统、语音三方通话系统以及专业服务网站等为农民以及农业组织提供全方位服务。统一了北京市假劣农资投诉、举报、受理平台，开展了形式多样的热线活动。2017年，热线受理假劣农资投诉举报179例、养殖类投诉89例、种植类投诉26例；作为北京市非紧急救助中心12345热线的分中心，热线受理由北京市中心分转的案件94例、职能内案件58件，提供农业信息咨询25187次；专家解答各类技术问题1696次，解答问题满意率100%；通过《京郊日报》一问一答的形式提供专题咨询服务130份。"北京12316"微信公众号定期发布热线新闻、北京农业、市场动态信息，提供休闲旅游、宠物医院、市场价格查询，用户可以留言咨询相关涉农问题。

（七）建立市12396新农村科技服务热线

12396北京新农村科技服务热线由市科委农村发展中心与市农林科学院联合共建，是面向"三农"开展农村科技信息服务的综合平台，是宣传党和国家方针政策、指导农民生产生活、汇集村情民意的民生热线。提供新品种新良种、农业生产技术咨询、农产品市场信息咨询、农业政策法规信息咨询、农村生活常识信息咨询、专家的双向视频诊断等信息服务。12396热线通过热线电话、手机App、QQ群、微信等多通道解决咨询问题，用户持续增加。2017年，QQ群用户人数1698人，同比增加21%；微信共有粉丝6410人，同比增长45%。京津冀用户总数进一步增大，同比增加14%，推送图文消息900条，图文阅读量115955次，同比增加6.3%。App和WebApp用户731人，同比增长 71%。

（八）研发移动互联"滴滴农技"平台

北京市农业农村局、市农林科学院农业信息与经济研究所结合北京市全科农技员工作队伍工作现状和考核要求，打造了利用移动互联网技术、O2O 模式帮助农技员开展农技服务、提升农技服务效率和质量的信息服务平台——"滴滴农技"。平台是以手机 App 为载体，实现线上对线下全过程跟踪记录的"互联网+农技服务"的新模式。农户通过 App 可随时提交农技需求，借鉴滴滴打车的 O2O 模式以及农技服务领域特色，结合人性化和个性化设计，平台提供了"抢单""邀单""派单"3 种模式，保证农户的所有需求都能得到响应和服务。"哒哒农技"在大兴两镇试点推广初见成效，盘活了农技员资源，降低了农技服务成本，提高了服务的精准性和时效性。

五、以"互联网+"推进乡村高效治理

为贯彻落实国家和北京市关于推进"互联网+政务服务"的决策部署，推动"放管服"改革措施真落地、见实效，针对企业和群众反映的办事难、审批难、跑腿多、证明多等痛点，充分发挥信息化作用，积极推行"互联网+政务服务"，采取协同推进、业务主导、夯实基础、互联互通、整体推进等举措，稳妥有效推进政务服务体系建设，并取得了一定成效。大力开展智慧乡村建设，促进信息化与农村经济社会各领域深度融合，利用信息技术为农村社会管理提供支撑服务，乡村治理和公共服务精细化水平得到提升，取得了良好成效。

（一）健全体制机制，推进政务服务体系建设更加规范高效

（1）顶层规划设计更加清晰明确。北京市出台了《关于加强政务服务体系建设的意见》和《北京市政务服务中心管理暂行办法》，明确提出"到 2019 年全市建成集行政审批和公共服务功能于一体，市、区、乡镇（街道）、村（社区）四级贯通、协同联动、一网办理、运行高效的政务服务体系"的工作目标，突出强调了健全机构设置、规范事项管理、强化运行服务、优化办理方式等 10 项重点工作，为政务服务工作规范、有序、科学开展提供了坚实的制度保障。

（2）四级政务服务体系建设实现全覆盖。市区全部成立了本级政务服务管理行政机构，名称均统一为"政务服务管理办公室"，机构设置和机构职能

进一步统一明确。建立了主管领导牵头的政务服务管理工作协调推进机制，强化了政务服务工作领导，市与各区、各区与乡镇（街道）之间协调联动进一步增强。全市由以市级政务服务平台为龙头，16个区级平台为主体，331个乡镇（街道）级平台为基础，并向6911个村（社区）服务站（点）延伸的四级服务体系框架构建完成，共设立各级各类政务服务窗口2.5万个，窗口工作人员4.3万余人，四级政务服务体系建设实现全覆盖，政务服务资源得到有效整合，政务服务统筹管理能力和服务承载能力稳步提升。

（3）基层政务服务创新取得成效。各区通过延伸服务网络、实施集约服务、开展特色服务等多种便企利民政务实践，进一步优化了首都营商环境和群众办事环境。在延伸服务网络方面，东城区、海淀区设置园区（楼宇）政务服务站为企业提供"靠前服务"。通州区积极推动实体政务体系向网上延伸，率先实现21家区级部门的263个事项在全市统一行政审批平台"一口进"网上审批。怀柔区积极筹划设立怀柔科学城政务服务分中心服务科学城入驻单位。密云区率先发布"三级联动"便民服务清单，推动标准化向基层延伸，变"被动接受监督"为"主动亮出底牌"。在实施集约服务方面，西城区大力推动10个部门的70个事项实施"一窗式"服务，群众办事平均等待时长减少30%。朝阳区建立"一站式"服务企业保障机制，15家审批部门对重点企业进行现场指导、受理、审核。大兴成立工商税务政务服务分中心，让群众"进一家门，办几家事"。平谷区建立16家区级部门的119个审批事项，实行集体会商、统一踏勘机制，审批时间压缩40%。在开展特色服务方面，海淀区积极推广"创业会客厅"模式，打造"双创服务区"助力企业群众创业创新。房山区组建职工创新工作室，围绕企业群众办事难点问题研究最佳解决方案。昌平区构建央企服务专线、移动服务终端、央企服务窗口、央企服务工作室和区级中心"五位一体"服务央企联动模式。顺义区选聘49位驻区企业高管人员作为营商服务监督员，开启政企互动新模式。门头沟区、延庆区积极推进新政务服务中心建设，为办事群众营造舒适便捷的办事环境。上述举措大大方便了企业群众办事，丰富了首都政务服务实践。

（二）构建政务服务"一张网"，提升政务服务智能化水平

（1）统筹规划全市政务服务"一张网"。按照党中央、国务院推进"互联网+政务服务"工作决策部署，聚焦于基础支撑平台建设不完善、网上政务服务供给能力不足、跨区跨部门跨层级信息共享和业务协同水平不高等问题，研究制定了《北京市网上政务服务平台总体框架设计方案（2018—2020年）》，明确了网上政务服务平台建设目标、建设原则及功能定位，设计了由内容架构、支撑架构和层级架构组成的北京市政务服务"一张网"总体框架，提出了构建基础设施体系、数据资源体系、技术支撑体系、业务应用体系、业务规范体系、信息安全体系和信息化管理体系七大体系的建设思路。同时，研究提出了 2018—2020 年"一张网"建设行动计划，到 2020 年底前，建成覆盖市、区、乡镇（街道）、村（社区）四级政务服务体系的市级统筹、部门协同、整体联动、一网办理的政务服务"一张网"。

（2）提升"一张网"服务能力。在为企业群众服务方面，依托"首都之窗"政务服务频道建成了北京市网上政务服务大厅，是全市网上政务服务的总入口。网上政务服务大厅于 2015 年 11 月上线试运行，2017 年 10 月进行了升级改版，建成覆盖市、区、乡镇（街道）、村（社区）四级政务服务体系的互联网政务服务平台，共发布政务服务事项 245594 项，其中，市级事项共计 2187 项，1246 项可网上预约、839 项可网上办理；区级及以下事项共计 278224 项，795 项可网上预约、10377 项可网上办理。在支撑业务办理方面，建设了市统一行政审批管理平台，实现了政务服务事项的受理、审批、发证等环节的管理，同时作为政务服务信息共享和业务协同的重要通道和汇聚枢纽，横向与市级 41 个部门的 69 个业务办理系统进行了对接，纵向连接 16 个区网上政务服务平台。目前，已初步建成业务事项库、办件信息库、用户信息库等，共沉淀办件信息 230 万余条、用户信息 3.6 万条、结果信息 4.7 万条，整合共享北京市法人库、人口库、企业信用信息库等基础数据平台，并提供国家人口库的查询、验证入口，为支撑全市各部门的业务办理、数据共享和业务协同奠定了坚实的基础。在重点应用方面，北京市投资项目在线审批监管平台 2015 年 11 月即已实现平台对市区所有审批部门、投资项目、审批事项的全覆盖，市经济信息化委、经济技术开发区依托该平台开展项目网上备案工作，在建设项目竣工验收网上备案、"一会三函"试点项目管理中实现了部门间信息共享，并实现对各部门开展审批工作审批时限的有效监管。

（3）夯实"一张网"基础支撑。在基础技术支撑方面，北京市依托国办试点任务已完成统一身份认证技术体系建设，11 个市级试点部门的 11 个互联网办事系统与市网上政务服务大厅实现了"单点登录、一网通办"，仍需与 24 个部门的 59 个系统对接，正在开展全市电子证照库的建设。在服务渠道方面，北京市提供网站、微信公众号和 App 等形式的服务，并将继续深化应用，扩展语音、人工在线、智能机器人等服务渠道。

（三）强化农村"三资"监管平台的建设应用

以农村"三资"监管平台为主体，整合了15套涉农管理信息资源，包括农村集体资产管理、农村土地承包与流转管理、农村财务与收益分配管理、农村经济审计管理、农民专业合作社管理、涉农（补贴）资金监管、农村集体产权交易管理、党务村务公开管理、农村劳动力就业与家庭经营管理、农经办公自动化、在线学习等内容。

自2012年以来业务应用系统全面升级，实现农村管理信息化应用从"C/S+B/S（三级处理中心）"结构向"B/S（市级数据处理中心）"结构的升级转变，逐步建设成为多层级、多用户、多功能农村管理信息化综合应用平台。平台拥有全北京市郊区每个年度的300多万农村集体经济组织成员的基本信息、180多万农村劳动力就业信息、110万农民家庭生产生活及收入信息、100多万份农村土地承包合同信息，以及京郊农村经济6个层级、三次产业、十大行业的经营收支和资产负债信息。2016年开始开展对低收入户和低收入村精准识别及建档立卡工作，进行建档立卡和数据入库，为制定精准帮扶措施提供依据。

（四）提升乡村治理与公共服务精细化

按照北京市2016年发布的《北京市"十三五"时期信息化发展规划》（京政发〔2016〕57号）关于智慧乡村建设的要求，2016年以来在丰台区槐房村、房山区黄山店村、怀柔区四渡河村、通州区小堡村等村开展市级试点示范建设，重点探索乡村治理与公共服务精细化。丰台区槐房村结合城乡一体化进程，开展村级资产与人口等规范管理与服务工作；昌平区八家村依托北京美丽智慧乡村信息服务平台建设，开展村级党建有线电视频道数据集成、运行维护与宣传培训工作。

房山区黄山店村结合山区发展和村民安置区建设，开展村级事务、"三务"公开及村级物业管理和服务。房山区黄山店村村民通过手机微信就能及时了解最新村情动态，申请物业服务，开通书记信箱，实现在线互动交流，方便了村民知情的同时，强化了村民对村政事务的参与管理，为村民生产生活带来了更多便利，促进了村民生产生活方式的转变。村民微信仅上线3个月，共发布党务、村务、财务公开信息22条，村党支部书记根据村民通过信箱反映的情况，对村中的相关事务进行协调处理，方便了村民对村里情况的反馈，也加深了书记对村民的了解。

丰台区西局、小瓦窑、周庄子3个村建设了"智慧社区"App，通过党建村务、周边3公里生活服务、社区活动、邻里社交等服务板块满足了社区多种角色（如村民、居民、租户、村委会、物业等）的需求，探索农村社区化管理，拓展了农村党务、村务、财务公开的新渠道，提高了村民的生活质量，同时也提升了村委会、物业公司等部门的服务意识和服务水平。密云区溪翁庄镇尖岩村和冯家峪镇保峪岭村建设了智慧乡村办公系统，提升了农村党建、村务管理的服务水平，加强了村庄人口、土地、财务、档案等基础情况的信息化管理；建设了网格化管理系统，通过网格管理系统实现了网格管理员对人口管理、事件处理、事件跟踪等内容的有效管理，提高了办事效率。

（五）开展农村"三务"公开试点

北京市农村经济研究中心、城乡经济信息中心（农业农村局信息中心）与北京歌华有线电视网络股份有限公司合作，依托有线电视网络，建设北京"美丽智慧乡村"信息服务平台，内容包括村情快报、党务公开、村务公开、财务公开、民主管理、政策宣传、办事指南等十大板块。截至2017年底，平台发布信息1970条，累计访问量45.9万次。延庆区张山营镇全部32个村、8000余户村民均能够在家中通过机顶盒看到所有平台建设内容。昌平八家村"美丽八家村"电视云平台于2017年6月正式上线运行，包括"美丽八家村""智慧党务""三务公开""便民服务""村民课堂"五大板块，涵盖村委会的政务服务和辖区村民的生活服务等丰富内容，受到了村委会和村民的喜爱。

（六）推广使用全市农村基层组织信息系统

市委组织部、市委农工委、市农村经济研究中心于2012年联合开发了农村基层组织信息系统。该系统依托北京农村管理信息系统和北京农经管理平台，具备数据录入、查询、汇总和分析功能，实现了农村基层党建数据动态更新、信息集成共享，深化了农村"互联网+党建"应用，推进了农村组织工作精细化管理，提高了农村基层党建工作科学化水平。

为落实换届工作全面从严的要求，北京市农业农村局会同市扫黑办建立换届联审工作机制，依托公安内部网络平台和数据库，对各镇村"两委"现任干部出境记录、前科劣迹等内容进行摸底排查，全面掌握干部真实情况，为选举工作的数据库建设提供了基础数据支撑。

六、繁荣乡村网络文化

北京市利用网络和信息技术，不断加强农村地区公共文化设施建设，创新文化惠民方式，丰富文化产品，实施文化共享工程，传播文明新风宣扬正能量，持续打造网络和信息技术环境下的繁荣的乡村文化。

（一）加强农村基层公共文化设施建设，完善文化设施网络

目前，北京市有乡镇综合文化中心 182 个、行政村综合文化室 3725 个。全市建成文化信息共享工程站点 4295 个，实现"村村通"，率先在全国实现了农村地区全覆盖。

（二）推进数字图书馆、数字文化馆公共文化平台建设，实现数字化信息服务资源共建共享

首都图书馆推进数字图书馆建设，完善馆藏文献资源体系建设。通过微博、微信、手机 App 等多种新媒体形式，优化、拓展读者服务手段，加强宣传推广，提升读者对数字资源和特色资源的使用率和认可度。"首都图书馆"App 整合"首都图书馆""首图移动知网""首图读览天下""新东方掌阅"4 个 App，读者可一次下载电子图书、休闲杂志、学术资源、英语资源等内容。探索线上和线下多种方式，对数字资源进行有效宣传，提高资源利用率。

北京文化艺术活动中心建立的数字文化馆——"艺众网"，目前所有页面已实现动态搜索、数据库存储、动态发布等功能。实现围绕北京市群众文化主题活动、品牌活动的及时报道与专题宣传，并依托网络开展活动，如网络投票、文图直播。"艺众网"整合全市群众文化信息资源。网站浏览量为每天5000 次左右，专题活动高峰访问量达到 2 万人次左右。同时，微信公众号App 为广大用户提供实时的业务信息，方便用户与用户之间、用户和各区文化馆之间的沟通，促进群众文化艺术交流，为领导决策提供参考依据。

（三）充分利用互联网等现代手段，创新文化惠民方式，丰富公共文化产品和服务

开展"文化惠民逛庙会欢欢喜喜过大年——北京市政府向首都市民发放免费庙会门票"活动。2016—2018 年，连续三年春节，市文化局代表市政府开展"文化惠民逛庙会欢欢喜喜过大年——市政府向首都市民发放免费庙会门票"活动。该活动采取政府购买服务和"文化+互联网"的方式，首创互

联网、微信平台抢票，三年抢票率均达到 100%，市民满意度均超过 99%。

（四）加大培训力度，提高村文化组织员服务技能

自 2015 年开始，为了提高农村地区文化组织员队伍信息化素质，市文化局加大培训力度，以"六会"（会做群众工作、会组织活动、会指挥合唱、会舞蹈编排、会乐器演奏、会计算机技能）为标准，本着"学得会、用得上、有实效"的原则，每年实施千人培训计划，由北京文化艺术活动中心和北京戏曲艺术职业学院分别培训 500 人。到目前为止，全市已轮训 4000 名基层群众文化组织员。

（五）实施文化共享工程等重点项目

持续推动文化共享工程、数字文化社区、公共电子阅览室、数字图书馆推广工程、中华古籍保护计划等一系列国家重点文化工程。加强基础设施设备建设，不断增加数字资源的品种和数量，努力实现数字化的直达服务，让公共文化服务实现全面覆盖和延伸。

完成"北京市文化信息资源共享工程信息内容传输服务平台"对基层服务点的数据广播共计 763 GB，包括电子期刊、图书、视频等。完成数字文化社区高清交互平台数据更新发布，视频资源 2215 小时、演出信息 336 条、电子图书 10559 册。公共电子阅览室社会化合作推广项目，数字有声图书馆点击量近 232 万次、电子图书访问量 5 万余次、电子期刊借阅近 2 万次。向数字图书馆推广工程提交 100 个政府事业机关网站信息、2 万条政府公开数据。持续开展北京市文化信息资源共享工程数字文化社区服务工作，充分利用共享工程各类资源，积极开展全市范围数字文化服务，完成网站资源转换，启动数字文化社区高清交互平台改版等。

（六）利用数字设备，宣传文明新风

为贯彻落实 2011 年北京市委办公厅、市政府办公厅印发的《关于进一步加强新形势下农村精神文明建设工作的实施意见》，从 2013 年至今，首都文明办与市委农工委在全市 13 个涉农区推进乡情村史陈列室和农村精神文明宣传视频建设。截至 2019 年，全市共建设 290 个乡情村史陈列室及若干宣传视频，通过这些媒介向公众展示乡村变化，推进文化传承，传递文明新风。

2015 年，由首都文明办联合人民日报社数字传播办公室，搭建文明北京智慧宣传平台数字终端，该终端集新闻资讯、多媒体点播、在线互动、文化便民服务等精神文明建设内容于一体，并且能够以互动的形式展示"北京榜样""身边好人"等重点宣传内容。前期部署主要以社区为重点，后拓展至通州区、延庆区部分乡村 30 余个终端，使村民也能享受精神文明建设成果。

（七）利用网络新媒体，传递文明正能量

首都文明办依托首都文明网这一网络宣传阵地，向全市包括乡村持续开展文明办主要业务的网络宣传教育工作。比如，开展"道德模范""北京榜样""身边好人"网络宣传工作；开展"我们的节日"网络宣传；弘扬志愿精神；等等。尤其是，结合乡村少年宫建设工作，开设首都乡村学校少年宫网上专栏，全面展示各区乡村学校少年宫建设情况和多彩活动，生动反映乡村学校少年宫以乐促智、以技增能、以读养德，助力未成年人健康成长。

顺应新媒体发展趋势，首都文明办利用"文明北京"官方微博、微信，持续向全市包括乡村传递文明正能量。"文明北京"微博积极开展多场线上活动，如微直播，加强与网民互动；"文明北京"微信全方位开展系列宣传并组织多场微信互动活动。在"文明北京"微博、微信公众号的影响下，各区文明办也建立了微博、微信公众号，与乡村加强互联互通，开展多项涉农宣传活动，在乡村传递核心价值观及文明正能量。

七、提升农民信息素养

北京市不断完善职业培训政策体系，针对不同农业农村主体开展多种形式的信息技能和应用培训，搭建开放、多元的职业培训平台，加强农业农村信息化人才培养，培养农民创新创业带头人，促进农民就业创业，激活农业农村内生发展动力。

（一）开展农村基层干部信息技能培训

北京农村"三资"监管平台由市农村经济研究中心（市农经办）组织开发、建设、管理和应用，由市、区、乡（镇）三级农村经管部门 2400 多名业务人员和 4500 多名村级农经信息管理人员从事农村"三资"监管工作的信息网络管理，是农村管理业务领域的具体应用。平台包括农村集体资产管理、农村土地承包与合同管理、农村财务与收益分配管理、人口劳动力与家庭经营管理等 14 个管理系统，具有数据采集、统计分析、预警监督、网上审批、一网办公、在线学习等功能。围绕平台的建设应用，每年均开展农经综合统计和农村管理信息化培训工作。2017 年，农经综合统计与信息化培训历时 10

个多月,培训范围涵盖了市级、14个区、197个乡镇、3945个村,培训人员达到6294人次,其中村级人员5395人次,占培训总人数的85.7%;乡镇业务人员702人次,占培训总人数的11.2%;市、区业务干部197人次,占培训总人数的3%。培训提高了基层统计与信息化人员的素质和业务水平,提高了基层人员应用"三资"平台的操作水平,对及时完成统计年报和日常数据更新工作发挥了重要作用。

(二)开展新型经营主体信息技术应用培训

以北京市农业农村局、市城乡经济信息中心"北京现代农业物联网应用服务平台"为依托,每年针对农业园区的负责人和技术业务人员开展培训交流,包括农业技术观摩咨询、营销渠道对接、品牌推广等。顺义区北郎中村"京甜紫花糯2号"玉米与优仕堂(北京)网络信息技术有限公司成功对接,一万根糯玉米于其线上一抢而空。北京市农业农村局举办北京农产品电商初级培训班,旨在培育多元化农业电商人才,推进北京市农业电商发展,涉农种养大户、专业合作社负责人、全科农技员、小微涉农企业负责人共计420余人参加了培训。平谷区依托"互联网+大桃"工程,通过一桃带多果模式,开拓农产品网络销售新渠道,挂牌3所大桃学校,成立了10个互联网+专业合作社,开展"电商培训进乡村"活动。2017年,线上销售大桃2060万斤,销售额1.7亿元,促进农民增收5155万元;梨、核桃、山楂等其他农产品电商销售480万斤,销售额2006万元。

(三)开展农民信息化应用能力和技术培训

2017年,农业农村部在昌平区南口镇辛立庄村启动全国农民手机应用技能培训周活动,农业农村部副部长屈冬玉出席,28家优秀农业企业和农民专业合作社利用信息化手段宣传展示了昌平区优质农产品。北京市农业农村局、城乡经济信息中心结合全市智慧乡村建设及试点示范,对已建成的智慧乡村开展农民信息化应用能力和技术培训,特别是运用手机上网发展生产、便利生活和增收致富的能力。例如平谷区西柏店村开展手机App、移动支付、制作"电子相册"、微店操作等相关培训;怀柔区四渡河村为村民提供龙源数字书刊亭服务与培训;房山区黄山店村为村委会、村民提供京西幽岚山微信公众号、网站后台管理专题培训,举办"黄山店智慧乡村建设——'智慧村务'微信村民使用培训"专题活动,开展5次村民培训活动,384人参加,村民微信注册成员293人。

（四）培养农民创业创新带头人

北京市农业农村局印发《关于实施北京市新型职业农民激励计划的若干意见》等文件，为新农民创业创新营造良好环境。建立"市—区—乡镇工作站—村教学点"四级农业教育培训体系，培育"爱农业、懂技术、善经营"的新型职业农民。新农民创业创新带动作用突出，通过电商、微商等平台，创新众筹、众包等模式，促进北京农产品优质优价销售，实现自身价值和农村面貌的双重改变。阿卡控股是IT精英团队打造的新型农业运营服务公司，为各地田园综合体、特色小镇农业板块提供一揽子全套农业产业运营服务。北京鑫桃源商贸有限公司注册在平谷区，2017年线上销售农产品4000余吨，销售收入4000万元，直接带动1000余户农户年均增收3600元。公司成立以来累计培训农户上万人次，创始人陈国松被评为最受北京农民喜爱的十大农业电商、北京市最美农人。北京密农人家农业科技有限公司吸引26名大学生回乡创业，2017年销售额突破1700万元，直接带动农户350余户，户均年收入增加4000元。将金叵罗村作为线下体验基地，宣传民俗旅游。创始人孔博荣获团市委"首都青年创新创业大赛"第一名、团中央和农业农村部"第九届全国农村青年致富带头人"称号、第三十届北京青年五四奖章。鑫桃源、密农人家入选2016年农业农村部新农民创业创新百佳成果，代表北京创业新农民参加了2017年首届全国"互联网+"现代农业新技术和新农民创业创新博览会。

（五）不断完善职业培训政策体系

北京市人力资源和社会保障局2009年制定了全市城乡统一的职业培训政策，使全市农村转移就业劳动力和城镇失业人员每年都可以选择参加一次免费职业技能培训或创业培训，培训补贴标准由原来的人均500元调整为人均1000元。2014年，健全培训补贴动态调整机制，结合首都核心功能定位以及产业结构调整需求，发布新版《北京市职业技能培训职业（工种）补贴标准目录》，涉及128个职业（工种）补贴标准。目前，北京市农村转移就业劳动力职业资格培训补贴标准达到人均初级1500元、中级1800元、高级2300元。同时，依托各区开展调查摸底，充分利用政务网站、报刊、社区展板等多种形式，结合"春风行动"专项活动的开展，宣传培训政策，对北京市农村劳动力加大订单、定向和定岗培训；鼓励各区结合区域功能定位及特色产业发展，选择民俗旅游、便民商业网点等贴近农村农民的创业培训项目。

（六）搭建开放、多元的职业培训平台

北京市人力资源和社会保障局为提高培训质量，在科学规划的基础上，充分利用北京市培训教育资源丰富的优势，积极为社会搭建需求导向、覆盖广泛、管理规范的职业培训平台，鼓励符合条件的社会各类技能培训机构开展技能培训。目前，全市有近 400 家民办职业技能培训学校，以及 25 家公共实训基地面向社会开展多层次的职业培训。同时，为了有效集成各类教育培训资源的力量，调动社会力量参与再就业培训工作的积极性，在高等学校、职业院校、民办培训学校等机构中，择优选定了 110 家定点培训机构，承担农村劳动力的职业技能培训或创业培训。

第四节　北京市"互联网+"农业典型案例

近年来，在北京市政府的大力支持下，北京市"互联网+"农业迅猛发展，涌现出一大批发展典型，成为推动北京现代农业发展的重要力量。

一、"互联网+"服务都市型现代农业案例

（一）加强顶层设计，推进信息化与农业现代化融合发展

2013 年，北京市农业农村局立足全市"智慧北京"信息化发展大局、围绕北京都市型现代农业建设核心任务，着力加强农业信息化顶层设计，推进信息化与农业现代化融合发展，"互联网+农业"建设取得了新成效。

1. 加强基础调研和制度建设，电子政务管理取得新成效

一是在分析市农业局信息化发展现状和发展需求的基础上，制定印发全局《2013 年信息化工作要点》（京农发〔2013〕79 号），统筹部署全局信息化年度工作。该要点提出了全局电子政务建设要上新水平、信息资源整合要有新突破、农业智能化装备要有新面貌、全局信息安全保障要有新成效的发展目标，推进信息化与农业现代化的融合发展。在与市经信委的工作交流中，市经信委领导认为北京市农业农村局的信息化建设工作与全市信息化建设工作思路一致、工作重点一致。

二是针对北京市农业农村局信息化项目申报、实施、管理中存在的问题，修订印发了北京市农业农村局《信息系统升级改造项目管理办法（试行）》

(以下简称《办法》)(京农发〔2013〕77号),服务全局信息化项目全生命周期管理。《办法》重点强化了对信息化项目验收工作的管理,进一步提高了北京市农业农村局信息化项目建设的规范性,提升了信息化项目管理水平,有助于提高北京市农业农村局信息化建设的效率,实现信息化发展的可持续。根据《办法》组织完成信息化项目申报。

三是根据北京市农业农村局网站信息维护及时性低、数量少的现状,研究制定印发了北京市农业农村局《信息维护工作绩效考评办法》,并做好督促落实工作。进一步明确信息维护组织机构及职责分工,特别是建立起了信息维护工作监督考核机制。《办法》施行以来,北京市农业农村局的网站维护工作面貌焕然一新,月维护总量提升近70%。信息质量也有了明显改观,网站访问量、信息被各大媒体网站的转载量分别提升了20%和30%。此项工作对北京市农业农村局政务公开、网站考评、电子政务绩效考核工作都产生了积极的推动作用。

四是为摸清信息化工作的家底,组织开展了信息化建设情况调研工作。此次调查采取现场调研、集中座谈和填写调查表格报送材料相结合的方式,共收集23家局属单位和16家业务处室信息化建设情况,包括硬件基础设施、信息系统建设运维、信息资源建设情况,信息化人员队伍、资金投入,信息化建设的主要做法、经验以及存在的问题和对全局信息化建设的建议等。调研摸清了市农业局信息化现状的第一手资料,为强化顶层设计、加强协同共享机制建设、推进市农业局信息化深入开展奠定了基础。

五是做好信息网络安全的各项基础工作,确保全局信息网络安全。一方面,根据全市网络与信息系统安全工作部署,重点做好门户网站、政务邮件系统安全保障工作和推进信息等级保护工作。另一方面,完成重要时期信息网络的安全保障工作。在春节、两会等重要活动期间,重点开展全局网络与信息系统安全检查。实现全局信息网络安全"零事故"。

2. 加强先进信息技术的示范应用,农业智能装备水平实现新跨越

一是开展北斗服务、遥感监测技术、物联网等高新技术在农业中的应用。首先是北斗定位导航系统在农机上的应用。参与了中国第二代卫星导航系统重大专项,开展基于北斗的农机高效作业和精确调度项目建设。根据北京农机作业、调度指挥实际需求和项目建设目标,建设基于北斗(BDS)、集成应用地理信息系统(GIS)、遥感技术(RS),研制开发监控型、调度型等多种农机北斗终端，构建面向农机服务组织和大户的作业和调度系统。其次是遥感监测技术在农业上的应用。北京市农业农村局已被纳入市"面向政府的遥感小卫星星座即时服务系统与示范工程"项目中，能够获取"北京二号"小卫星星座高分辨率遥感数据服务（1米全色和4米多光谱数据）。规划在北京市农业农村局大田种植、水产、畜禽行业逐步开展遥感监测，建立农业遥感数据库，为北京市农业农村局构建数据资源中心填补空白。最后是积极推进互联网技术在设施农业上的应用，取得突破性进展。根据国家发展改革委和农业农村部支持产业发展的精神，通过与北京派得伟业信息技术有限公司合作的形式，完成了"国家物联网示范项目——北京设施农业物联网示范应用项目"的申报。

二是推进顺义万亩示范区信息化建设，打造"智慧农业"核心示范区。按照"北京都市型现代农业顺义万亩示范区建设"总体方案要求，协同市农科院、顺义区农委、水务局、农机局等部门推进"节水灌溉智能控制""农机智能作业"两项智能应用，着力打造一个"顺义万亩示范区综合信息平台"。在时间紧、任务重、需要协调的部门多的情况下，北京市农业农村局顺利组织完成顺义万亩示范区基本信息的采集，田间气象传感终端、农机作业计量、工况监测终端的研发和部署，搭建了顺义万亩示范区综合信息平台。另外，积极协调市经信委，在顺义万亩示范区率先开展北斗技术、4G无线通信技术的应用，取得了良好的建设成效。

3. 加强核心业务系统整合和资源集成，全局信息资源整合取得新突破

一是建成"菜篮子"工程信息系统，实现了"菜篮子"工程数据资源的集中管理和相关信息系统的集成整合。北京市"菜篮子"工程信息系统是一个综合性、集大成的信息系统，实现了四个方面的功能：①为提高"菜篮子"产品自给率提供决策参考。将全市规模化畜禽养殖场、水产养殖场、基本菜田地块的地理空间数据和属性数据上网上图，为提高主要农产品自给率提供了决策参考。②为提高"菜篮子"产品控制率提供决策参考。系统与已经建成的"农产品进京路线图""农产品来源流向"系统实现了整合对接，共享河北省环北京蔬菜主产县的蔬菜产地及生产信息、农产品来源地分布信息，为北京市开展农业区域合作、提高"菜篮子"产品控制率提供了信息参考。③为保证"菜篮子"产品质量安全提供决策参考。系统与已经建成的"农产品质量安全监管系统"实现对接，为全面实施标准化生产、严格农业投入品

控制、强化质量安全监督提供信息参考。④为提高"菜篮子"产品应急保障能力提供决策参考。系统整合全市蔬菜、水产和畜牧行业生产数据,并与已建成的农产品信息综合平台实现对接,为全面、深入分析"菜篮子"产品供需形势,开展全市"菜篮子"产品供应保障决策提供了信息支撑。

二是开展北京市农业生态环境质量评价系统建设,集成整合农业生态环境信息资源和业务系统。该项目立足农业生态文明和可持续发展目标,着眼首都农业的生态功能,着力凝聚农业生态环境监测、监管多部门的合力,通过信息系统实现北京市农业生态环境监管的统筹管理。①实现全市农业生态环境各行业监测数据规范和现有评价标准整合统一,建立北京市农业生态环境信息资源基础数据库。②建立农业生态环境综合信息展示门户。有效融合农业可再生能源建设、农业废弃物综合利用、农业大气污染减排、农业环境监测、畜禽环境监测与评价、土壤环境监测与评价、渔业环境治理监测与评价、面源污染控制等业务和相关资源,有效对接农业各行业基础信息管理系统,依托"一张图"的展示形式,为行业管理部门开展农业生态环境综合监管及社会公众了解农业生态环境的全面信息提供了综合信息展示服务。

三是开展北京市畜牧兽医精细化管理信息系统项目建设,推进畜牧兽医行业信息系统和资源的全面整合。"北京市畜牧兽医精细化管理信息系统"是针对近年来动物疫病防控压力不断加大、畜牧产业发展与生态环境建设矛盾不断突出、社会公众对安全畜牧产品的需求不断提升的形势要求,着力通过信息及时性和信息系统性提高市畜牧兽医行业的精细化管理水平。该系统是以原有的"北京市畜牧生产防疫检疫信息系统"为基础进行升级改造,并将通过数据交换技术提取"首都畜牧兽医综合执法网络智能指挥系统""北京市畜牧兽医综合信息管理平台""北京市动物疫病监测诊断信息系统"和"北京市兽药饲料生鲜乳动物生产实验室管理系统"中相关业务数据,实现北京市畜牧兽医工作数据流梳理与重组,对业务流进行网络化、信息化、精细化管理,做到行业所有管理对象和管理工作项目的底数清、情况明、处理好。

4. 加强12316信息服务体系建设,农业信息服务展现新面貌

2013年,北京市农业农村局开始以"北京12316农业服务热线"为品牌,强化12316信息服务体系,通过多种方式、多种渠道开展农业信息综合服务,有效地帮助农(市)民解决了生产、生活中的问题,取得了良好的社会效益和经济效益。

一是完善专家队伍和专家管理机制，提高热线服务的专业化水平。随着城乡一体化进程加快，热线服务范围不断扩大，这要求 12316 热线从立足农业向涉农服务延伸。根据服务需求，近年来，热线专家队伍增加了北京油鸡、蜜蜂、养生菜、温室水果栽培等方面的专家，完善专家队伍结构，提高热线服务能力。同时，热线根据区县分中心项目建设、系统升级改造和专家队伍的变化，完善专家管理制度，调整专家聘期，明确专家职责，逐步建立专家服务标准。

二是联合局属有关业务单位的行业专家，组织开展热线"五进"活动。组织"五进"新农村活动，分别到房山区残联、昌平御汤山、通州水乐店、密云新城子等地提供一线服务。结合社区需求，在丰台西罗园、西城西长安社区、朝阳西坝河社区开展农产品质量安全、阳台蔬菜等服务工作。另外，与《老年博览》杂志的长寿俱乐部合作，举行 12316 农业科普大讲堂等活动。

三是与局执法单位密切配合、协作，实现了涉农投诉举报 12316 一号受理，投诉举报平台案件分转率达到 100%。统一的全市假劣农资投诉举报受理平台方便了涉农人员依法维护自身合法权益，有效维护了农资市场安全，为农业高效执法奠定了基础。

四是开展北京 12316 热线区县分中心建设，形成市、区两级的农业信息服务模式。结合大兴、昌平、延庆三个试点区实际情况，以服务场所建设、人员队伍建设、制度建设为依托，并配备相关办公设备，最终形成每个区县分中心拥有独立的办公场所、分中心坐席人员队伍、区县特色专家队伍，并以市级热线中心的各种规章制度为基础，形成统一的热线分中心管理和运行制度，形成对市级热线中心有效补充，同时兼具区县特色服务的 12316 农业服务热线市区两级联动服务新格局。

五是组织开展 12316 助力蔬菜提质增效"三百"工程活动。利用 12316 专家队伍和服务渠道，继续推进"百名专家进菜园、百项技术到地头"活动。整合了蔬菜优良品种信息、蔬菜市场行情信息、蔬菜百项技术"等内容，开发了农业信息触摸屏查询系统，集成了双向视频服务功能，并为 25 家设施蔬菜标准园安装部署了 55 寸的触摸屏查询一体机。为设施蔬菜标准园提供内容可选、操作简便、可视直观的信息服务，提升设施蔬菜标准园现代技术装备，为服务蔬菜产业提质增效提供了支撑。

六是提升农业信息的社会化服务能力，网站建设工作居于全市前列。北京市农业农村局的网站改版工作不仅解决了往年专家评比报告中提出的信息公开不全面、办事服务不规范等问题，还加强了资源整合，发挥了引领作用，实现了实用、易用、智能的目标。通过实施政务网上服务平台项目，搭建了网上服务基础平台、应用平台、公众互动平台、发布平台、手机应用和监测平台，提高网站先进性、易用性和便捷性，提升网上办事服务能力。特别是结合当前移动互联网的发展趋势，推出了移动终端应用——北京智慧农业App。该应用提供农业资源查询、信息发布、休闲农业推广等功能；汇集了北京市农业资源机构的相关信息，便于查询使用。

七是优化办事流程推进网上办事，服务全局行政许可受理工作。受理工作涉及肥料、兽药、水产、饲料、农药、农机、种畜禽、转基因和农产品质量安全等方面以及兽药饲料、农药和转基因等方面。以上行政许可受理事项参照管理规定均按时办理完毕，并及时公示办理结果。针对个别提供手续、材料不齐备或不符合政策规定的用户，采用一次性告知的形式给予耐心指导，并做好相关解释工作，争取简化程序，提高工作效率。

5. 积极开展创新创优，信息化工作成果获多项表彰

（1）"农产品产销信息集成分析技术及综合服务系统"获农业农村部农牧渔业丰收奖三等奖。北京市农业农村局信息中心在完成国家"十一五"科技支撑课题"果蔬价格短期预测系统研究与示范"的基础上，深入农产品市场行情监测预警工作，强化农产品市场行情信息资源、信息系统、分析技术向科技成果的转化，并集成农产品市场信息采集技术、分析技术、信息推送服务技术，积极组织开展成果的推广和应用。此次获奖，是对市农业局农产品市场监测预警工作的高度肯定。

（2）"北京12316农业信息综合服务平台示范与推广"。北京市农业农村局针对农业信息服务存在着"最初一公里"即信息资源建设不足和"最后一公里"即农业信息服务落地不足的问题，依托北京12316农业服务公益短号码，着力加强农业信息服务的顶层设计，综合多部门、多类型的信息服务资源、信息服务技术和信息服务渠道，建设形成了省级农业信息综合服务平台，在推广中取得了较好的经济效益和社会效益。

（3）"北京12316农业服务热线建设与应用"入围第二届智慧北京大赛20项优秀示范应用成果。北京12316农业服务热线应用现代化服务热线建设模式，建立了全市统一的农业综合服务呼叫中心，构建了一体化的农业信息综合服务体系，创建了北京都市型现代农业信息服务新模式，其建设和发展与大赛"用智慧点亮北京,用科技服务民生"的使命趋同,因此入围20强。

(二) 全面提升统筹推进农业生产经营信息化

2012年,围绕北京都市型现代农业发展的核心目标,北京市农业农村局全面提升统筹推进农业核心业务信息化建设,充分发挥"互联网+"对农业转型升级的支撑作用,着力完善"互联网+农业"长效发展机制,"互联网+农业"取得新成效。

1. 基本情况

2012年,农业信息化基础设施不断夯实,北京市农业农村局20多家局属单位全部实现光纤接入政务专网和局办公网。农业信息化的组织管理体系、标准规范体系、机制保障体系不断完善,形成了比较成熟的农业信息化建设、运维、管理模式。开展了"菜篮子"主要产品的生产信息监测,建立形成了13个区县近100家生产企业、基地的农产品产地信息监测体系。强化12316热线服务品牌,建立了市区两级共150人的热线专家队伍,形成了稳定的郊区信息服务工作队伍。

2. 成果与经验

(1) 以"顶层设计"为指导,加强信息化统筹管理。

2012年,北京市农业农村局提出了"互联网+农业"顶层设计的业务框架、数据资源框架、业务监管和系统集成应用框架、基础设施框架以及运维管理体系、安全管理体系、标准制度体系,为"互联网+农业"发展提供了统一的规范。在硬件环境方面,虚拟化机房建设继续推进,作用更加明显;在软件开发平台方面,推进"软件开发通用技术平台"由试点应用转向全面应用,完成了"GIS通用开发平台"试点应用,实现了全局信息系统开发统一平台和统一标准;在信息资源建设方面,开发完成数据共享交换系统,与信息资源目录系统共同形成了比较完善的信息资源目录与交换体系,促进了全局信息资源的共建共享;在信息化运维方面,推进综合运行支撑平台的应用,为全局重要业务系统提供统一的机房服务,促进了信息化集约建设。

(2) 以"221信息平台"为统领,推进核心业务系统建设。

一是开展"菜篮子"工程信息系统建设。利用3S技术推进全市基本菜田、畜禽养殖场、水产养殖基地属性信息和地理信息的有序采集、上网上图和共享应用,实现主要农产品生产情况的直观展示、动态更新和网络化管理,为保障"菜篮子"产品生产和供应的监督管理提供高效的信息化支撑。

二是开展农资生产经营追溯平台建设。在全市范围内建设100家左右农资连锁试点门店,将两大类农资产品——种子和农药纳入连锁和追溯体系。具体内容包括:完善和建立农资产品编码规范,建设农资连锁系统、农资追溯系统、农资基础信息管理系统、农资统计分析系统、北京市现代农资服务网等。

三是开展种植业资源监测管理系统建设。主要是借助于遥感监测技术手段实现对冬小麦、玉米、设施农业分布的动态监测,准确获取种植业各类资源的现状分布和数据,形成种植业资源监测本底数据库。

四是开展水产资源与水环境监测管理系统建设。该系统主要实现水产资源管理和水环境监测管理的信息化,并开展水产资源和水环境信息发布及休闲渔业的信息服务建设。

五是开展种畜禽遗传资源管理信息平台建设。该平台包括种畜禽场管理信息系统、种畜禽生产监测信息系统、奶牛DH管理信息系统、良种补贴信息系统、种猪联合育种信息系统等内容。同时,建立了北京地区种畜禽数据管理中心(完整的个体谱系档案库、动态畜禽结构、生产性能、品种改良等),为北京市农业主管机构或政府职能部门提供了一个种畜禽综合管控信息平台。

六是开展农机监理综合管理平台建设。该平台结合北京市农机监理业务发展需要,推进农机牌证管理、农机事故处理、农机行政处罚案件案卷管理、农机驾驶员考试管理、农机政策性保险数据管理、农机安全监理工作管理等业务的信息化。

(3)以先进技术应用为依托,推进"互联网+农业"领域科技创新。

一是积极探索农业领域物联网技术应用模式。以都市型现代农业顺义万亩示范区为示范点,推进智能节水灌溉、农机智能调度两项物联网技术的应用;并且在全市农业领域率先应用北斗导航系统开展农机定位,在此基础上,加快探索实践物联网技术在设施农业、畜禽养殖、水产养殖、农村能源等方面的应用示范,充分发挥先进信息技术在都市型现代农业提质增效、转型升级中的作用。

二是推进移动智能终端的应用。结合3G技术及移动智能终端的应用,探索推进移动智能终端的应用。开发建设了移动终端市场信息采集系统,开发建设了基于智能终端的农业决策信息服务系统,开发了智能终端的基本菜田管理信息系统。

(4) 以 12316 热线为主线，加强"互联网+农业"服务体系建设。

积极推广热线大兴分中心的建设模式，启动 12316 区县分中心建设项目，着力打造完善市、区、镇、村四级联动的服务体系。继续推广应用 12316 农业投诉举报系统，形成了全市统一的农业投诉举报受理平台。开展全科农技员信息管理系统建设。

(5) 以持续健康发展为目标，完善"互联网+农业"管理机制。

完善网络与信息安全管理机制，加强信息化绩效管理。根据全市信息化绩效考核要求完善绩效管理工作，把重大信息化项目的实施情况作为绩效考核的参考，各局属单位按照要求也开展了信息化绩效自查工作。突出抓好信息化项目管理，以此为抓手，从源头上确保"互联网+农业"建设符合职能要求和业务发展需求，符合全局"互联网+农业"建设协同共享的框架标准，严格落实"互联网+农业"项目管理制度，规范项目申报、审核、开发建设、验收等各环节的工作，提升了"互联网+农业"建设能力。

3. 思路建议

党的十八大提出"四化同步"发展战略，首都北京在世界城市的建设框架下提出了"智慧北京"的信息化发展目标。探索实践"智慧农业"，促进信息化与农业现代化的融合发展显得尤为迫切。高度重视和充分发挥农业信息化对农业现代化的引领作用，用"智慧"带动农业转型升级，实现现代化。

(1) 引领现代农业产业升级与第二、第三产业融合。依靠先进的信息理念和信息技术装备农业，促进农业产业成为多功能、高端化的现代产业。推进智能农业建设，推进绿色低碳农业建设。广泛利用信息网络发展休闲观光农业、会展农业，建立首都农业的网上展厅，并利用多媒体技术、虚拟技术等带动创意农业，不断丰富首都农业的功能内涵。

(2) 引领现代农业市场流通与调控体系建设。一是推进农产品电子商务和电子交易建设；二是搭建农产品产销区域协同平台；三是建立农产品市场分析预警中心。

(3) 引领现代农业宏观决策与管理体系建设。一是推进"金农工程"二期建设，建成完善的省级农业数据中心，深入推广完善一期建设形成的农业决策支持系统；二是推进农产品质量安全、动物疫病防控等核心业务信息化建设；三是深入推广应用"221 信息平台"，全面整合粮经、蔬菜、畜牧、水产、农机等行业信息资源和信息系统，建设形成以综合信息平台为基础的现代农业宏观决策与管理体系。

（4）引领现代农业社会化服务体系建设。以"221信息平台"为统筹，以"12316热线"为延伸，建设"一网一线"现代农业信息服务体系；建设12316现代农业综合呼叫服务中心；促进公共信息服务均等化。通过信息网络推进科技、教育、文化、医疗等城市优势资源的流动下乡。

（5）引领现代农业人员队伍体系建设。充分发挥信息化作为城乡沟通桥梁、融合纽带的作用，把现代知识和现代意识输送到农业人员队伍体系中，引领农业现代化的人员队伍建设。积极培育、发展现代农民，推进现代化合作组织建设，加强农业信息化队伍建设。

（三）加强农产品市场监测预警体系建设，保障首都"菜篮子"

农产品市场监测预警是农产品市场信息体系建设的重要内容。多年来，北京市农业农村局在推进农产品市场信息体系建设的过程中逐步构建起了以信息资源为基础、信息系统为支撑、分析应用为核心的农产品市场监测预警体系，在保障首都北京"菜篮子"安全供给和价格稳定方面发挥了重要作用。

1. 基本情况

（1）开拓了一个全链条的信息监测格局。

以全市农产品批发市场信息联网为先导，逐步建立形成了农产品生产—产地—批发—农贸—零售全链条，以及农产品来源流向、国内行情、国外行情等全方位的信息监测工作格局，积累了丰富的信息资源。其中，批发市场采集蔬菜、水果、粮油、肉蛋、水产五大类共700多个品种的上市量及价格信息，至今已有5000多万条数据，并以每年500多万条的数量递增。

（2）开发了一套高端化的信息分析系统。

研究开发了农产品市场行情分析系统、预测系统、警情分析系统、农产品来源与流向分析系统四大应用系统，实现了海量数据资源加工处理的自动化，趋势预测和异常情况报警的模型化、高效化。

（3）探索出一种跨区域的信息合作模式。

针对北京农产品主要依靠外埠的现实状况，积极推动北京市场与主供地的农产品产销信息合作。2009年启动北京市与张家口市蔬菜产销信息合作项目，2011年推进北京与承德的农产品产销信息合作，每月共享张家口、承德农产品生产及市场信息万余条，形成全市认可的农产品区域信息合作模式。

(4) 强化了一个决策支撑核心。

围绕全市"菜篮子"产品安全供给和价格稳定这个核心，及时高效地为领导决策提供监测预警信息服务。定期开展以周、旬、月等为时间节点的农产品生产和市场监测预警分析，搭建了为领导决策提供全面信息参考的农产品综合信息服务平台，提供了大量应急性监测预警报告，得到各级领导的高度认可。

2. 经验做法

(1) 建立互惠机制，形成紧密工作关系。

农产品市场监测预警离不开市场的信息支持和工作配合。农业农村局不仅仅是简单地从批发市场拿数，而是注重互惠互利机制建设，与批发市场共同成为农产品市场信息体系建设的主体。一是给予市场物质基础支持，为农产品批发市场配备掌上电脑、传真机、台式电脑等硬件设备，并为批发市场开展信息采集、上报提供一定经费；二是给予市场信息支持，为批发市场信息员开发了农产品市场行情子系统，市场信息员可以利用该系统完成数据上报和统计分析，并能够及时获得全市行情信息，提高了各市场把握信息、指导经营的水平；三是为市场信息员提供定期培训，每年年中和年末集中组织开展市场信息采集及监测预警知识的培训，并邀请中国农业大学、北京市农林科学院的专家教授为市场信息员进行农产品市场理论知识的培训，提高了市场信息员的专业化水平；四是建立会商交流机制，每季度组织生产企业和市场开展农产品供需形势分析会商，并针对市场热点不定期组织市场会商和信息沟通。在多年的建设中，北京市农业农村局与批发市场形成了相对紧密的工作关系和深厚的友谊。

(2) 建立标准规范，确保市场信息质量。

针对农产品市场信息监测、分析、预警的复杂性，北京市农业农村局着力加强各环节信息监测标准及工作规范建设，从而保证数据采得准、用得好。一是制定了一套科学易行的农产品市场信息采集标准，对蔬菜、水果、肉蛋、水产、粮油五大类农产品市场信息什么时间采、采什么、怎样采都做了明确规定，市农业局的信息采集表被列入市统计局统计定表；二是建立了农产品商品标准数据库，内容包括常见农产品品种的照片、品种特性和来源、质量分级、安全标准、包装标准等，为开展北京市与国内、国外农产品市场信息对比分析提供了标准参考；三是建立农产品市场监测预警工作规范，确定重点监测品种和分析指标,明确日、周、旬、月、季市场监测预警工作流程和时间节点等,如蔬菜行情信息分析及对外发布时选用八大农产品批发市场54种主要蔬菜品种的数据,采用农产品价格指数进行警情分析等。

(3)深入分析研究,提高监测预警能力。

依托信息资源和信息系统,深入开展市场信息分析研究,取得了多项研究创新成果,为市场监测预警工作积累了实力、提高了能力。一是提出蔬菜价格波动规律,掌握了"一峰一谷型""两峰两谷型""量价趋同型""价格平稳型"等典型的蔬菜价格变化规律,并与蔬菜生产部门相结合,研究提出了18套市场信息调控蔬菜产销高效模式;二是研究建立农产品批发市场价格指数,采用定基的方式建立了蔬菜、水果、畜牧、水产、粮油五大类产品及农产品综合价格指数,并基于价格指数研究设定了报警指标;三是开展农产品价格传导、波动因素、预测模型等方面的定量研究,目前开展了26个主要蔬菜品种和肉蛋水产等10多个品种的中短期价格预测,准确率平均保持在85%,并承担了国家科技支撑课题"果蔬价格短期预测系统研究与示范",形成了多项研究成果,在核心期刊发表农产品市场信息分析研究相关论文10余篇,承担的"北京市农产品市场行情分析系统的开发与应用"课题获北京市科学技术奖三等奖,并取得多项软件开发专利。

(4)立足信息服务,推动信息广泛应用。

北京市农业农村局利用多渠道发布农产品监测预警信息,并根据需求提供多层次的信息服务。一是面向领导决策服务,建成面向领导决策服务的"农产品信息综合服务平台",全面整合了农产品市场信息资源建设成果,为领导了解宏观、把握重点提供了高效服务。二是面向社会公众服务,通过农产品市场网、12316热线电话、电视广播报刊、手机短信平台等渠道为社会公众提供市场行情信息。三是对外开展信息共享服务,与相关单位通过市级共享交换平台提供粮经、蔬菜、畜牧、水产等行业生产数据及农产品市场行情数据。

(四)以内生需求为动力依靠"互联网+"手段提升管控水平

北京天安农业发展有限公司(以下称"天安农业"或"公司")成立于2006年,经过多年努力,已发展成为集产、销、研于一体的农业产业化综合企业,主要从事蔬菜的生产销售。供应安全蔬菜、带动农民致富是天安农业永远的职责。公司承担863等国家及市级科技项目20余项,研发了有机豆芽、蔬菜生产质量安全管理系统等多项科研成果，取得了多项第一：全国第一个实现精确蔬菜全程质量追溯管理（追溯到地块），全国首批专供2008年北京奥运会核心区（运动员、媒体、官员），全国第一个实施ERP（企业资源计划）的蔬菜企业，北京市第一批蔬菜安全生产追溯示范企业，北京市第一批被授予著名商标的蔬菜品牌。获得全国总工会授予的"工人先锋号"称号等多项荣誉。为确保对生产流通质量管控和生产经营成本控制，提高企业效益，公司以内生需求为动力，实施全面信息化管理。

1. 信息化建设应用情况

（1）发展历程。

2001年，公司开始寻求通过信息化手段进行生产经营管理，与其他公司合作开发ERP管理系统，开发工作持续3年，由于合作公司研发能力不足，最终夭折。2005年，为探索企业信息化建设战略和更好地为顾客提供质量安全服务，天安农业参与研发，并实施了质量安全追溯系统，追溯系统将农作物的田间履历记录到计算机中并最终呈献给消费者，消费者通过条码扫描、手动输入等方式在线查询所购买产品的生产履历，如施肥信息、耕种信息、大棚信息等。系统很好地为顾客搭建了一个质量安全信息查询平台，顾客反映很好，至今仍在发挥作用。

2008年，天安农业引进德国SAP公司的ERP（企业资源计划）管理系统，真正做到了生产、供应、加工、销售、财务、人事同步协调管理，实现了物流、财务流、信息流的融合。ERP系统是企业的核心，不仅是企业各个环节的核心系统，同时也是各分支系统的数据汇总机构。由于农业企业和农产品的非标准性和特殊性，实现ERP管理要比一般标准行业困难得多，公司克服了各种障碍，最终将ERP系统搭建成功。ERP系统的搭建及成功应用使企业清楚地认识到信息化在企业高效管理和高效运转中的重要作用，成为企业信息化建设的里程碑，为企业信息化建设战略增强了信心。同年，天安农业成为北京奥运会蔬菜指定供应商。为了给全世界运动员、教练员提供安全、新鲜的蔬菜，企业加强了物流管理，实施了车辆物流监控系统，即在车辆上安装基于GPS模块的定位设备，通过对车辆的定位，实现对车辆的监控、调度和远程管理。通过对车辆历史轨迹的查询，可以看到车辆行驶路程是否合理。车载装置中带有温控模块，可以远程监控车内的温度、湿度等信息。奥运会结束后，该系统应用于超市、终端消费者的物流中。2009年，天安农业实现了蔬菜生产环节的信息化管理,搭建了生产管理系统,该系统是一套集生产计划、田间档案、采收管理于一体的管理系统。它能够将生产数据通过计算机或移动设备实时记录在数据库中,如产品信息、地块信息、耕种信息、施肥信息等。通过对数据的采集,可以对每一批次的商品建立履历,增强对产品的细节化管理,提高生产质量和安全。生产管理系统引入移动技术,技术员通过掌上电脑或智能手机实时记录田间档案和数据,告别了手工记录和电脑录入,最真实、快捷地将数据反馈至数据库中,进行实时管理和精准管理。为解决商超促销员远程订货困难的问题,企业实施了销售管理系统。该系统是根据商超的需求量远程下单的一套订单管理系统,可根据商超促销员自身业务的需求量,通过手机、掌上电脑等移动设备在客户端直接下单,单据通过GPRS传输到中心控制平台,中心控制平台与ERP做好数据接口,可将单据直接导入ERP系统中,大大节省了电话订货的时间,提高了工作效率。

(2)建设内容与应用效果。

天安农业已经实现了生产、加工、销售、运输、配送、追溯的全程信息化管理。互联网技术已经渗透到企业的方方面面。

①追溯系统。

天安农业在北京市顺义、平谷、密云、延庆的生产基地以及内蒙古武川、云南普洱等外埠基地,采用"无公害农产品质量追溯系统"进行生产追溯管理。公司对生产地块、温室进行统一编号,建立生产档案,对播种、定植、打药、浇水、施肥、采收等都进行详细记载,全程监控基地生产过程;对采收蔬菜周转箱实行编号管理,粘贴对应采收地块(温室)编号,到车间根据生产编号生成安全追溯码粘贴在每个小包装产品上,实现蔬菜产品质量的可追溯,可以通过查询追溯码了解产品的产地、生产者、生产投入品的使用情况。

公司制定了"生产技术手册""包装手册""基地管理程序""农药使用目录"等操作规程和管理制度,所有生产温室(地块)内悬挂"农药使用目录"和"农药使用安全间隔期",并在每个基地派驻公司技术人员进行监督指导。生产档案回传到公司并上传到信息平台进行信息更新。

与当地植保站合作实行农药统一配送,使农药质量得以保证。

对基地生产的蔬菜实行两次检测,在打药后第一次采收前对需采收样品实行全检,检测合格后方可采收,检测不合格的禁止采收,待残留期过后,经检测合格方可采收;对已经进入库房的产品进行3%~8%的抽检,检测不合格的退货处理;药检室每天检测品 50 个,快速检测,每一批次 40 分钟,检测项目为甲胺磷和氨基甲酸酯,从 2002 年开始检测蔬菜残留。

②ERP 管理系统。

2008 年,天安农业投入 200 万元引进实施德国 SAP 公司的 ER 企业资源计划管理系统,做到生产、供应、加工、库房、销售同步协调管理,为企业及时提供生产销售数据及其分析。

③生产管理系统。

生产安全追溯系统针对蔬菜产地生产过程中的播种、育苗、定植、灌溉、施肥施药、病虫害防治等环节进行信息采集和田间电子档案管理,通过 GPRS 传递到终端,与追溯系统对接。

生产计划管理。可以实现企业、农民协会等管理组织根据市场需求制订不同蔬菜品种生产计划,安排种植生产,检查计划落实情况,即时统计预测不同时间段、不同地块的蔬菜产量。

环境监控。为实现对大棚环境的精准管理,生产出品质更好的作物,企业实施了温室管家系统,它是由北京奥科美技术服务有限公司为天安农业实施的一套温室环境监测和管理系统,通过在温室安装温湿度传感器记录温室的温湿度、土壤温湿度、光照度等,并将这些数据发送到管理平台。技术员可以登录管理平台实时监测棚内的环境,以此指导技术员对温室环境的处理。温室管家系统提供专家模板,为不同作物的生长环境建立模型。当温室实时状况不符合模型数据时,系统会为技术员发送短信预警,提示技术员进行相关操作。此外,温室管家和天安农业生产管理系统进行数据对接,将温室温湿度参数发送到生产管理系统中,并通过追溯系统将温室环境展现给消费者。

采收管理。通过采收管理及时了解各农户、协会的生产合同完成情况。

质量安全管理。通过对田间档案数据的及时采集,了解农药、肥料等投入品的使用品种、数量、浓度、时间、安全间隔期等。该系统与追溯系统结合使用,数据反馈周期由平均 10 天缩短为即时传输更新,有效地保证了蔬菜的质量安全;减少了原有生产记录传输过程中的重复工作,预计成本可降低 15%;增加了原有追溯系统所不具备的生产计划管理和采收管理功能,提高了生产流通企业、农民合作组织、农民经纪人的管理水平和能力。

④监控系统。

天安农业的配送车辆为保障蔬菜运输安全,及时有效使用调度车辆,安装了安全控制系统。可以通过互联网、GPS实时监控车辆运行轨迹、货箱体内温度状况以及车门开启次数。

⑤销售管理系统。

它是根据商超的需求量远程下单的一套订单管理系统,商超促销员可根据自身业务的需求量,通过手机、掌上电脑等移动设备在客户端直接下单,单据通过GPRS传输到中心控制平台,中心控制平台与ERP做好数据接口,可将单据直接导入ERP系统中,大大节省了电话订货的时间,提高了工作效率。

⑥网上商城。

为了给客户提供更加丰富的服务和更加便捷的配送方式,天安农业与北京奥科美技术服务有限公司合作,实施了智能配送柜系统,并且与365tianan电子商城进行了对接,消费者可以通过电子商城购买产品,并通过选择智能配送柜送货,将产品配送至小区的配送柜中,消费者自行输入密码就可以完成提货,实现了销售、配送全程网上操作。

2. 经验体会

(1)"互联网+"农业企业是一把手工程,一定要借助于公司"一把手"推动,"一把手"要给予充分的重视和认识。

(2)"互联网+"农业企业是一种提高企业管理水平和管理效率、拓展销售渠道的有效途径,是提高企业和产品知名度的一种手段。

(3)企业不同的发展阶段、不同经营模式、产品不同定位有着不同的需求,"互联网+"农业企业有自身化、个性化的需求,要做好中短期规划。

(4)"互联网+"农业企业需要不断整合、提升,需要长期不间断地投入,但发展速度和投入规模要合理。

(五)依靠"互联网+"技术服务现代农业

北京奥科美技术服务有限公司(以下称"奥科美"或"公司")成立于2009年,公司成立至今一直致力于为农业种植园区、农民专业合作社提供实用的生产管理、销售、物流、配送等智能化解决方案。公司专注于环境友好的农业模式,秉承"生态、品质、专业、共赢"的经营理念,依靠"互联网+"技术为现代化农业提供智能化管理工具,高效地管理生产过程、提高农产品品质、获得消费者信任。经过几年努力,公司在农业智能化管理领域取得了骄人的成绩,荣获北京市经信委"物联网创新应用"奖、第一届"智慧北京"优秀示范应用项目奖，成为北京通信信息协会成员等；拥有多项知识产权和发明专利，获得设施农业专家系统软件著作专利证书、绿色履历服务平台软件著作专利证书、奥科美智能配送平台软件著作专利证书、网上商城软件著作权专利证书，获得实现远程监测与控制的终端配送柜系统与通信方法、电子配送计费系统等多项发明专利，为公司"互联网+农业"发展奠定了坚实的基础。

1. 信息化基础条件和应用情况

（1）智能化农业生产环境监控系统。

智能化农业生产环境监控系统，利用现代通信和物联网技术，对影响农作物生长发育的温度、湿度、光照、二氧化碳等生产过程中关键的环境参数进行定量化实时监控，同时与系统中的农作物最适生长模型、病虫害发生模型进行比较，从而为生产过程提供最优的环境管理手段；通过系统平台也可进行自动化农事管理，预测农作物成熟时间，帮助生产管理人员科学、精准地管理生产过程，从而得到最好的产品质量。

智能化农业生产环境监控系统分为种植业、养殖业、观光休闲三个部分，现已实现对全国 200 多个基地、3000 个温室同时在线管理。2011 年，与北京市城乡经济信息中心合作开发的"北京 221 物联网监控平台"，是该系统在北京区域应用的典型成果，取得了较好的成效，对北京众多知名农业企业、生态农业园，如北京金福艺农农业园、北京海舟慧霖葡萄观光园、北京北菜园蔬菜专业合作社、顺义北郎中、怀柔绿神鹿业等实现了全数字化的农业生产管理。通过物理的方法改善农产品生产环境，通过环境控制和生物防治相结合的方式解决病虫害防治问题，降低了企业管理费用，提升了农产品的品质，帮助高水平的环境管理者赢得消费者的信任。公司还承接了北京市植保站设施农业病虫害远程监控及防控平台项目、北京市城乡信息中心农业物联网应用升级改造项目、贵州省农经网农业物联网项目等多个农业物联网建设项目。

（2）生鲜生产全程追溯系统。

奥科美生鲜生产全程追溯系统通过在生产过程中各个环节设置的传感器和物联网控制终端自动记录生鲜生产、采收、加工和包装过程，实现生鲜农产品质量的可追溯。系统自动产生的二维码标签，采用国际标准，符合统一的物联网标识体系。追溯码对应的信息包含生产企业信息、种植者信息、产品信息、环境信息、种植信息、投入品信息、病虫害防治信息、采收信息、加工信息、包装信息、仓储信息、运输信息、农残检测信息、销售信息等，既能帮助管理者提高生产管理效能，又能帮助消费者识别农产品真伪，从而建立高信任度的产销关系。

公司为平谷区创建了国家级农产品出口示范区质量全程监管和追溯平台，连接了农产品生产、流通、销售环节，并与国检业务系统和农业农村局业务系统对接，提供全天候运营服务；为中国最大的专业从事有机蔬菜种植和销售的多利农庄设计开发了农产品全程履历系统，消费者用手机扫描包装上的二维码即可查看农产品的全程履历与评价信息。目前，对自己的生产环境有信心并且管理良好的农产品供应商多数是奥科美生鲜生产全程追溯系统的忠实用户。

（3）生鲜智能化配送系统。

生鲜农产品的配送问题一直是影响农产品直供和生鲜电子商务发展的关键问题。公司从 2010 年开始研发生鲜智能配送网络管理技术和保鲜智能配送柜，拥有丰富的经验和关键技术，解决了农产品直供的"最后 100 米"问题。目前，公司提供的国内最高档的生鲜配送网络管理技术和智能配送柜产品生鲜智能配送网是通过远程无线管理技术，控制智能保鲜配送柜的存取、温度环境和服务等级，提供全程冷链配送，利用科学的手段保证了农产品的质量；由于减少了流通中间环节，从而降低了农产品的价格，以最高的效率为消费者提供便捷、优惠、优质的服务。

公司生鲜智能化配送系统为国内山西本草、大连九良品等农业企业提供智能化配送服务，并与万通地产、远洋地产、龙湖地产等多家房地产开发商合作，使配送网络覆盖北京 50 多个高档社区。通过智能化社区配送网，可将鲜活农产品直接配送至市民手中，实现高品质农产品的安全、便捷、新鲜购买，得到了政府和小区物业及业主的一致好评。

（4）生鲜电子商务系统。

奥科美生鲜电子商务平台是一款专为生鲜运营商与生产商网上交易洽谈而开发的商务平台，提供网上交易和管理等全过程的服务，它具有广告宣传、在线展会、虚拟展会、咨询洽谈、网上订购、网上支付、电子账户、服务传递、意见征询、交易管理等各项功能。针对生鲜农产品的特点，奥科美生鲜电子商务平台系统具有保鲜期计算、礼品套餐、多商户商城等特点，并支持多种营销手段，包括商城 App、微信商城、二维码营销等。奥科美生鲜电子商务平台系统还可和公司生鲜生产全程追溯系统、生鲜智能化配送系统等产品进行无缝对接，为消费者提供智能化参与者安全保障服务，可以通过各种智能设备获取农场实时视频，展示农场管理水平、农场运作状况及农产品健康程度。

公司与多家大型农业企业合作，建立了特有的农产品电子商城，包括天安农业、顺鑫农业、北郎中、康谱园、哈斯农场等；与首农集团、北京农村经济研究中心、市总工会合作建设了"社社对接"京合农品电子商务平台，为企事业单位提供安全生鲜农产品直供服务，惠及北京 320 万工会会员；与北京市农委合作建立了"美丽乡村"电子商务平台，提供北京市 30 多个大型农场的生鲜农产品，为北京社区用户提供直供服务；与北京外交人员服务局合作，建设了中英文外交人员绿色食品网，为驻京的百余个国家使馆人员提供绿色食品购物平台。

2. 经验做法

为加快推进我国农业信息化建设，促进信息化与农业现代化的融合，利用现代信息与通信技术推进农业科技革命，奥科美为现代农业提供了专业的产供销一体化的智能化解决方案，包括智能化农场管理服务、社区直供服务、农产品电子商务服务三个部分。

（1）智能化农场管理服务。

对物联网技术实现生产环境监控，由环境监测无线传感器（温度、湿度、光照、二氧化碳、土壤水分等）摄像机、智能通信终端、智能化农业生产环境监控平台组成，用户可实时了解并远程控制农业生产的各项环境参数，并通过直观的图表、短信展现给终端农户或农业专家，使农产品处于适宜的、安全的生长环境中，避免病虫害；通过统计数据分析农产品的生长情况，根据农作物生长积温与发育关系预测成熟度及成熟时间，提供适时采摘标准，保障农产品质量安全；根据作物生长模型提供农事管理，包括种植方法、种植过程注意事项、各阶段病虫害防治等。通过智能化农场管理可以改善农作物生长环境、提高农作物品质、减少化学农药使用、提高生产管理效率、保护生态环境安全，给农业园区带来经济效益。

（2）社区直供服务。

基于物联网的智能化社区直供体系是奥科美打造的农产品直销直供平台，将智能配送柜安置在社区或企事业单位，用户可提前一天在网上订购所需的农产品，直供农场于次日采摘新鲜的农产品，通过公司配送团队配送至社区安装的配送柜中，用户可自动获取短信通知，通过短信中的密码取货。社区直供服务减少了农产品的流通环节，降低了流通成本，减少了流通损耗，直接把农产品销售到消费者手中，使农民不受中间商的盘剥，帮助农民增收30%；由于没有中间环节，消费者可以以低于超市30%的价格买到优质安全的农副食品；通过农产品直供体系，农民更加了解客户的需求，根据订单有针对性地生产优质农产品，减少了生产盲目性风险，农民种植的"好菜"可以卖"好价"，从而解决了农民的"钱袋子"问题。

（3）农产品电子商务服务。

为农产品供应商建立特有的电子商城，开辟新的销售渠道，提供新型的农产品购物环境，消费者可通过网络购买生鲜农产品，并实现网上支付。这就使中间通路逐渐消失，仓库、卖场虚拟化，降低了销售、管理、宣传成本，同时也为直接了解客户反馈需求提供了平台，逐步打破了原有农产品流通秩序。奥科美农产品电子商务平台可提供多样化、多元化的服务，包括农产品搜索引擎、农场搜索与展示、农场网上租赁等增值服务，通过电商平台也可了解农场环境、特色、服务等信息，消费者还可通过远程监控视频看到农场的种植及运作情况。利用不断扩展的增值服务可提高客户黏性，帮助企业增强独特的竞争力。

3. 成效分析

（1）经济效益。

据统计，利用信息化技术与手段实现产供销一体化服务，通过科学监管实现精细化种植，可以提高农产品产量，提升农产品品质，降低农业生产各环节成本，使农民增收30%；通过预定采收，使农产品流通损耗降低90%；通过社区直供服务，使物流配送成本降低50%；由于降低了交易成本，可使消费者节约30%的消费成本。

（2）社会效益。

第一，提升信息化管理水平，提高生产管理效率，节约生产成本，减少农产品农药使用，保障农产品的优质、高效、安全生产；通过信息化管理，减少了资源浪费、改善了生态环境，带来了可持续发展的生态效益。

第二，提供便民服务，拉近农田和餐桌的距离，解决了农产品供应民生问题，降低了市民的生活成本，提升了市民的生活品质。

(3) 产业效益。

缩短了农产品供应链、降低流通过程中的损耗，既保障了农民利益，也降低了农产品的销售价格。通过预订购买、直接配送供应方式，使农场生产和消费者需求相对接，计划性生产避免了农产品价格的大起大落。

（六）现代信息技术助推果品产业跨越式发展

平谷区峪口镇西营村现有农户260户，800人。村里果树种植面积1000亩，其中桃树700亩。自2010年以来，西营村委会依托村级合作社——北京金果丰果品产销专业合作社创新经营机制和特色管理模式，创新果品有机富硒技术，应用物联网技术和二维码可追溯制度，保证果品质量，提高果品综合效益。

1. 信息化应用基础条件

北京金果丰果品产销专业合作社成立于2010年6月，登记社员201名，注册资金300万元，其中理事长以货币出资100万元，社员以土地、果树出资200万元，注册地址为北京市平谷区峪口镇西营村。为了使村民增收，合作社以有机富硒桃为主导产品，秉承"创造健康优质生活"的理念，加快果品产业发展，2010年创新了果品有机富硒技术，建立了"党支部+专业合作社+果农"三位一体的经营机制，党支部作为机制的核心，全程服务果品产销的各个环节；合作社作为市场经营主体，以订单的方式组织果农生产，统一包装销售、打造品牌和开拓市场，实现了有机富硒果品的高端价值；果农严格按照订单的要求进行有机果品生产，产出符合标准的果品。"三位一体"的经营机制，使村级组织、专业合作社和农户紧密地联合在一起，形成了强大的合力，做到了"统一实施技术培训、统一生产资料供应、统一采取植保措施、统一落实各项集成技术、统一基地认证和品牌打造、统一订单销售"的有机富硒果品产销"六统一"模式。"三位一体"的运行机制和"六统一"的管理模式，高度统一了党支部、村委会合作社和果农的思想，增强了走有机富硒提升果品产业致富之路的信心，消除了以往单户果农分散经营盲目性的弊端，解决了一家一户难以解决的问题。

2. 信息化建设内容

自2012年始，为进一步提高合作社果品品质，提高效益，在平谷区农委等相关部门的支持下，合作社开始在果品生产、销售过程中应用生产过程实时监控、二维码可追溯等现代信息化技术，使全村果品品质、效益明显高于周边村，农民收入有了明显提高。

（1）果品主产区安装空气监测设备。及时掌握温度、空气、光照、水分、风对果树的影响，因为果园内的湿度会受土壤湿度、果树大小、树种蒸腾能力和天气类型等因素的影响。物联网技术的应用改变了农民以往人工目测气象信息的工作方式，通过安装的传感器自动获取农产品生长环境等信息，在增加精准度的同时大大节省了农民的工作时间。

（2）加强果树监管和虫情监测。桃园内安装了果园实时监控系统，该系统配备了多个高清晰摄像头以及管理软件，应用先进开发平台结合数据采集模块和各种传感器，实现了果园有机生产环境数据的实时采集。该系统可 24 小时不间断监控果园的果树生长状况、病虫害发展趋势及果园农户操作情况，并利用系统自带的远程面板技术让客户远程监控服务器端，记录准确的科学数据，便于远程管理，无须亲临现场就可以通过视频信息管理果园。消费者也可实时看到果品的生产情况，确保自己购买果品的安全性。

（3）全面应用二维码技术。利用农业物联网技术，建立农产品安全全程追溯系统，将相关农事信息如施肥、施药、产品、地块、检测等信息进行录入和整合，为农产品安全追溯提供相关信息，在每件果品上放置二维码。市民在超市购物时，通过查询大桃上的二维码，就可以得知该农产品从生产、运输到销售的全方位信息，从根本上解决农产品的安全问题，让市民买着安心，吃着放心。

（4）积极探索网络销售。自 2013 年起，合作社和大美田园网站合作，开展网上销售，利用大美田园网的销售渠道和会员，推动大桃的网上营销，客户上网下订单，通过快递直接把果品送到客户家中。这不仅有效提高了西营村大桃的品牌效益，同时还进一步扩大了果品销售渠道，提高了农民收入。

3. 信息化应用效果

（1）实现农产品产地环境监测。产地环境监测系统实时监测桃园的小气候环境特征、土壤水质与空气标准，分析园区各项环境指标指导农事生产。

（2）实现生产过程视频监测。远程网络视频监控系统主要由前端摄像机、传输线缆、网络硬盘录像机、显示设备、流媒体网络视频服务器等组成。合作社管理层、政府监管部门可远程监测生产过程视频情况，同时为客户提供视频监控，实现对桃园进行 24 小时在线监控、监督。

（3）实现农事过程记录管理。合作社管理员事先在管理软件上发布每天的生产工作计划与标准流程，系统自动发送计划和标准到农户手机上。农户完成相应的农事操作后，填写农事记录，技术员定期将记录录入平谷区农产品质量安全管理平台。

（4）实现病虫害防控和农残监测记录。农业管理部门对种植地进行病害检测，同时对病虫害防治提出指导建议与实施措施，农户根据指导措施对病虫害防治进行具体农事操作，并将具体农事操作记录填写到农事表格中，技术员定期将记录录入平谷区农产品质量安全管理平台，满足对农产品的履历追溯、质量监控、统计分析等多种需求。

（5）实现包装和冷链管理。使用信息化手段，精准化农产品的包装流程，使农产品履历信息能精确到每一个包装。同时，利用RFID温度标签，通过远程实时获取仓储物流如冷库、货运仓库、冷藏车的环境因子数据，结合专家知识库，指导用户进行正确的货物仓储、物流配送的环境管理；提供全流程的环境监控，降低了产品成本和资源消耗。

（6）实现农产品全程追溯查询。超市和市民可以通过手机扫描二维码，获取匹配手机屏幕的履历页面，从而查看大桃全程履历信息。通过现代信息化手段，合作社取得了有机食品和果品基地的认证，注册了"甜那溪"商标。实现了统一管理，统一分级包装，统一面向中、高端消费市场的特色品牌战略，建立了以合作社与果农签订订单面向商超销售为主，单位礼品、团体采摘和网络销售为辅的全方位市场销售体系。合作社已把有机富硒桃打入北京、深圳、成都、广州、厦门等城市的95家连锁超市，并与30多个单位建立了稳固的销售关系，大大提升了果农收入。

4. 启示

一是要勇于尝试新技术。面对激烈的市场竞争，只有勇于尝试新的技术，通过新技术对传统的生产、管理、销售模式进行提升，打破固有模式，才能在同行业中脱颖而出，为合作社带来更多的利润。

二是要舍得投入、持续投入。农业生产不是一朝一夕、一蹴而就的事，要对信息化持续投入，在不断的应用过程中，才能逐步见到效益。

三是要抓住人才、培养人才。合作社物联网、农产品追溯技术的应用，除了区、镇相关部门的指导，更得益于村里的大学生助理帮助。同时，也要注重合作社自己人才的培养，为信息化技术持续应用和技术创新提供动力。

（七）信息化建设助推顺鑫农业走向农业现代化

北京顺鑫农业股份有限公司（以下称"顺鑫农业"或"公司"）位于具有"绿色国际港"美誉的北京市顺义区，1998年11月在深交所上市，是北京市第一家农业类上市公司。公司经营领域涵盖农业产前、产中、产后全过程，拥有牛栏山酒厂、鹏程食品、石门市场、创新食品、宁城老窖等一大批在全国具有影响力的企业；荣获"国家农业产业化优秀龙头企业""中国农业产业化经营20大龙头食品企业""中国肉类食品行业50强企业""中国信息化建设500强"等荣誉称号。公司始终遵循"诚信、敬业、创新、高效"的企业精神，秉承做中国现代农业企业，为消费者提供值得信赖的产品，始终坚持产业化、信息化两手抓、两手硬，积极推动企业的信息化建设。

1. 主要做法与成效

顺鑫农业将"互联网+"发展纳入战略规划中，成立信息化工作领导小组，负责"互联网+"项目规划、组织推动、管理执行等工作。公司通过信息化技术改造传统产业，积极探索现代信息技术的应用，实现农业信息化建设科学、规范、有序的发展。通过多年经验积累，公司信息化建设工作成效明显，并形成了应用管理和生产环节管理两大板块、五大体系的信息化运营模式。

（1）完善应用管理板块，加强企业联动效应。

顺鑫农业自2002年开始着力于信息化的建设，已逐步构成公司内部局域网络，形成较为完善的信息化管理体系：

①门户网站及OA系统的建设使用。公司门户网站通过完善与整合分子公司信息，实现内部无纸化办公；并且具备"一站式"数字企业应用系统，包括文档管理、企业数据资源管理、人力资源、客户关系管理、网上培训等，提高了企业办公效率及大幅降低营业成本。

②企业资源规划系统（ERP）建设。顺鑫农业牛栏山酒厂较早使用了企业资源规划系统，通过第一时间掌握企业内部"人力财务、资源、生产"等各方面信息，保证生产供应有效衔接。而且通过不断提高产品质量以满足消费者需求，在市场上树立了良好的企业形象，公司产品在历年国家开展各种质量监督活动中合格率为100%，在国内同行业中起到了良好的表率作用。

（2）构建生产环节管理板块，保障安全农产品供应。

多年来，顺鑫农业在生产环节管理中累计投入数亿元，已形成了食品安全可追溯、电子商务、农产品流通、生产自动化控制系统四大体系：

①食品安全可追溯体系。

作为国家级农业产业化龙头企业，食品安全是顺鑫农业发展的基石。公司运用信息化现代技术，打造从"田间到餐桌"全程可追溯食品安全供应体系，承担国家历年两会和2008年奥运会核心区猪肉制品100%供应任务。公司通过构建目前国际市场上最先进的RFD食品安全可追溯体系，统一可追溯码编码规范，并借助于条码、RFID识读、激光灼刻赋码、IC卡识别技术、POS等技术，实现了肉品在养殖、屠宰、流通各个环节中的"一物一码"。

在"放心肉"追溯过程中，采用数字化视频录制及储存方式，在生猪入场、待宰静养、同步检验检疫、无害化处理等关键环节安装视频监控设备，自动收集统计屠宰厂、批发市场、零售终端上传的数据，全程记载肉品流通信息。在产品流通环节，公司配备的专业冷藏车安装了GPS全球定位系统，使生产运输全程冷链、全程监控，真正做到了源头可追溯、信息可储存、流向可追查、产品可召回。在终端销售环节，鹏程食品在北京市共有近4000个销售网点，实现了厂店信息无障碍对接、网点监控、大数据收集分类处理分析等，确保"产—供—销"食品安全可追溯体系信息化建设。

②电子商务体系。

公司通过对电子商务服务体系的建设，进行了资源和品牌的整合，在实现集团产业纵深发展的同时，推进整个农产品体系的产业升级，深化和提升了顺鑫农业的核心竞争力。公司旗下"我鲜吃"电子商务网站（www.woxianchi.com），是行业内较早成立的农产品电商平台，将旗下品牌产品进行有效整合，运用现代信息化技术，为零售终端、采购大客户、社区群体提供个性化服务。与中国移动合作开发的"社区冷鲜配送柜"项目具有显著的行业领先性，真正做到了农产品直销入户，为客户提供最快捷、最安全、最满意的服务。旗下"易种网"（wd）是国内首家籽种行业集信息流、资金流、物流信息化于一体的商务网站，形成了以电子商务信息化促进籽种流通的新模式，更是国内第一家籽种行业的公共开放信息平台。"易种网"带动籽种行业内信息化应用提升，已投入资金3000多万元，平台内直接发生和间接带动发生的种子交易量达6000万元。在促进产业结构调整、带动农民增收方面取得了成效。

③农产品流通体系。

顺鑫创新食品国内首创提出"后厨食品加工服务商"，专注于农产品精深加工与现代物流建设，依托绿色种植基地，依靠全程冷链生产工艺和机械化加工技术，建立农产品加工、物流、电子商务及快餐连锁四位一体的农产品产业链，为餐饮、零售、都市家庭提供新鲜、营养、便捷的放心食品，保证了产品的高端品质，有效探索了中国农产品消费、流通市场的新模式。目前创新食品成为爱玛客、百盛、呷哺呷哺等国内外知名餐饮企业的后厨专业供应商，年可全程冷链配送各类加工农产品10万吨，并圆满完成了2008年奥运会切分蔬菜的供应任务。

顺鑫石门市场是北京市东北地区第一大农产品批发市场，市场积极引导农产品大流通模式，通过拍卖管理信息系统、批发市场办公自动化系统、仓储管理系统、财务管理系统、电子结算系统、车辆信息化管理等信息化手段对市场进行有序管理，同时运用信息化技术进行产销信息整合，促进农产品流通和产销对接，将传统农批市场经营服务模式进行革命性升级。

④生产自动化控制系统体系。

顺鑫农业鹏程食品自动化生猪屠宰线，引进了国际先进的自动开胸、自动劈半、全自动喷码、同步检验等新工艺新技术，运用智能化屠宰工艺促进了食品安全保障防线全面升级，建成了国内最先进、达到欧盟标准的自动化生猪屠宰线，使公司成本下降了5个百分点。

顺鑫农业牛栏山酒厂是北京市酿酒行业的重点企业，销售收入列我国白酒制造业前十强。企业在保持现有产量不变的基础上，通过生产工艺改革，提升技术装备水平，提高现有产品的品质，使产品的品种不断更新，档次不断提高，使产品结构、种类更加适应市场的需求，保证了企业的可持续发展。同时，利用现代信息技术提升企业管理能力，降低生产成本，增加企业经营效益，更好地传承了牛栏山的传统酿造工艺，弘扬了老字号的品牌和文化内涵。

2. 发展启示

（1）现代农业发展离不开信息化的建设。

随着国家政策的不断出台，我国农业产业发展模式也发生了变动，从传统农业逐步向现代农业发展，而现代信息技术的运用已成为中国现代农业发展的不可或缺的力量。顺鑫农业正是抓住了变化机遇，利用先进的科学技术发展农业，使企业稳步快速发展。"互联网+农业"已成为未来产业发展的必然趋势。

（2）将"互联网+"建设纳入集团战略层面。

"互联网+"建设若想得到快速发展并取得良好成效，就一定要从企业顶层构架设计，将其纳入企业战略发展规划之中。顺鑫农业以"科技信息引领农业现代化发展"为目标，由集团领导和各分、子公司一把手组建成立"信息化领导小组"，长期有效地推进信息化建设工作，对公司现代农业发展起到了重要作用。

（3）搭建现代化信息平台，做好农民产前引导服务。

顺鑫农业石门市场通过建设农产品信息终端数据库，搭建现代信息化平台，为客户提供农产品产地、供给和销售三大方面的市场动态信息，为农民做好产前引导服务。这不仅为大力发展"南菜北运""西果东输"起到了积极的作用，更为企业自身发展积累了丰厚的信息数据基础，为下一步拓展提供了支撑。

二、农业物联网推广应用案例

（一）现代农业物联网建设助力北京都市型现代农业提质增效

近年来，物联网技术在北京都市型现代农业领域得到了快速发展，市农委、市城乡经济信息中心以"221信息平台"现有数据和相关功能为依托，开展"现代农业物联网应用"试点示范建设，搭建了北京"221物联网监控平台"。以"221物联网监控平台"为代表的农业物联网应用系统促使北京都市型现代农业向着科学化、智慧化、信息化管理方向发展，提高了农业生产水平、管理水平，促进了农业生产经营现代化、规模化，提高了效率，提升了效益。物联网的建设与应用得到了农业农村部领导的高度重视。

1. 建设应用情况

市城乡经济信息中心对郊区县194家合作社、观光园区、龙头企业农业物联网应用情况调查显示，目前本市在农业领域应用物联网技术的有47家，占调查总数的24.2%。应用领域涉及种植业、养殖业、休闲观光、农产品加工、物流配送等。种植品种主要涵盖蔬菜瓜果、特色养殖等。

（1）市城乡经济信息中心试点建设了"北京221物联网监控平台"。试点建设本着以点带面、重点推进的原则，选择海淀、通州、大兴、昌平、房山、平谷、密云、延庆8个区县，北京金福艺农农业科技集团有限公司、北京绿菜园蔬菜专业合作社、香山绿色果品观光园等11个示范基地55个农产品温室大棚，以实时采集大棚内土壤温湿度、空气温湿度、光照强度、空气二氧化碳浓度6项环境数据和可视化监控数据为基础，搭建了"北京221物联网监控平台"。登录该平台，市区两级的管理部门可了解各试点单位的种植情况，合作社管理人员可及时掌握棚内作物生长环境，了解作物生长状况。同时，还可以了解到作物病虫害发生概率以及防治措施，对作物的病虫害防治起到了良好的效用。

（2）北京农业信息技术研究中心的"设施农业精准生产物联网技术示范"项目在房山区韩村河设施蔬菜生产基地等6个试验点进行了示范应用，示范设施面积1000亩，辐射带动面积1500亩，带动周边地区设施农业生产高产优质高效发展，并促进了农业物联网核心技术产业化应用。

（3）郊区的生产经营单位自主开发建设了一批基于物联网技术应用的管理系统，在实现农业管理精准化、智能化方面成果突出，示范效果明显。如北京吉鼎力达生物科技有限公司在通州建立了以菊花和蕨类为代表的物联网科技产业示范基地。朝阳区开发建设了朝阳区农产品质量安全监控追溯系统，实现了对农产品生产、加工、流通等环节的质量全程监管。

2. 建设应用特点

（1）重视程度高，发展需求迫切，支持力度大。

2010年北京召开的"物联网农业领域应用科技发展战略"高层研讨会为物联网技术在农业领域的应用带来了一个新的发展机遇。2011年，北京市农委、市城乡经济信息中心开展了"现代农业物联网应用"试点示范建设，北京市农业领域物联网总体虽处于初步建设应用阶段，但仍处于全国领先水平。农业物联网属于技术和资金密集型产业，仅靠民间投资难以全面驱动产业发展。北京市从增加资金投入和筹集社会资金两个方面推动郊区信息化建设进程，市区信息化部门也给予了部分农业企业资金支持以便进行物联网项目建设和升级。据调查数据，北京市应用物联网技术的企业中有38%得到了来自中央、市区、乡镇的财政支持。其中，31%的企业得到了政府的全部补贴，金额从几万元到上百万元不等，有效推动了物联网在北京农业领域的建设和发展。

（2）应用领域广泛。

在政府支持和企业自身需求的驱动下，物联网技术在北京农业中的应用得到了较快发展，范围覆盖了北京13个郊区县，主要应用于养殖基地、观光园、民俗村、旅游景点等。物联网在北京农业企业中的应用，蔬菜、瓜果、畜禽水产、花卉分别占 51.1%、40.4%、23.4%、12.8%；观光园占 23.4%，民俗村占 2.1%。主要内容涉及对温室大棚内环境监控系统数据进行存储、分析和管理，通过将传感器采集的数据与农业生产模型对比，为农户提供病虫害预警、监控报警、专家指导等服务功能，提升了管理水平，实施农产品安全与追溯等。北京金福艺农农业科技集团有限公司在主园区 100 多个棚室内安装了先进的数字化农业设备，使园区实现了计算机自动化控制，实现了由传统农业向数字农业的转变。

（3）技术应用先进。

贯穿农业生产的产前、产中、产后各个环节，将遥感技术、GIS 技术、GPS 技术、自动识别技术、智能传感技术等应用于科学化决策、精细化生产、安全化管理的全过程，初步实现了农业资源与环境、农业生产与农产品流通等环节信息的实时获取与数据共享。通州国际种业科技园区研制的融合地理信息系统、物联网感知技术与无线视频技术的种业园区可视化管理 GIS 系统，实现了田间观测的参数信息的快速采集传输与分析，实现了种子生产可视化管理，为生产管理和专家进行远程诊断提供了数据支持。

（4）科研合作形式多样。

在农业物联网技术研究方面，北京已经形成农业生产企业与科研机构、高等院校之间合作及研发一体、战略合作、成果拉动等多种形式并存的合作建设模式，进一步完善了农业物联网应用产业技术链，促进了农业物联网的全面发展。通州区国际种业科技园引进社会力量，与中国移动、北京农业智能装备技术研究中心、北京市植物保护站等运营商、科研单位合作，合力开展园区物联网建设与应用，推进了现代农作物种业发展。

3. 运行效果

（1）管理及时到位，节省成本，提高效率。

农业物联网试点示范建设选择的基地规模大，引领和示范作用强，对物联网技术需求最迫切，最易实现在农产品温室大棚中进行物联网远程监控，帮助生产者、管理者、技术员足不出户观生产，通过温室实况、病虫害预警、成熟度预报等数据，随时掌握生产情况、发现问题，在第一时间查看温室情况，减少了工作流程，减轻了劳动强度，及时准确地得到专家的指导，方便了管理，提高了工作效率，为生产带来很多便利。怀柔茸鹿养殖基地在鹿群管理最为重要环节，发情配种期和产仔期实施实时监控，解决了派人 24 小时巡回检查的问题，饲养员不再到现场观察母鹿产仔情况，给母鹿产仔创造了更加安静的环境，难产率大幅度降低。北京京品溢香农民专业合作社利用物联网技术，每个温室增产40%，节省劳动时间2小时/天，节省水资源20%。据测算，应用物联网技术的企业平均节省劳动力30%，温室大棚人工成本降低1/3、大棚管理成本降低12%。

（2）促进农业生产的科学化、智能化、信息化，提高设施农业生产和管理水平。

运用农业物联网技术改变了粗放的农业生产经营管理方式，将农业生产由"模糊"处理转变为"精确"把关。采集环境数据，建立动植物生长模型，应用RFID管理系统等，实现了动植物配种、生长、生产、追溯全过程信息化管理，提高了动植物疫情疫病防控能力，为生产经营的科学化管理提供了有力保证。海淀香山绿色果品采摘园通过物联网技术对作物生长环境进行有效调控，确保"南果北种"的科学化管理。平谷华利丰通过建立蔬菜的病虫害模型，将病虫害干预提前到尽早防治，农药使用减少了10%。科学施用农药，降低了生产成本和风险，提高了蔬菜的有机品质。实时采集的13万个环境数据，通过环境监测及时更换设备，保证了所有作物安全越冬。朝阳都市农汇借助于智能化和信息化技术产品，开发智能节水灌溉、小型精准农业喷药控制、温室环境智能控制等系统，减少了农业灌溉用水量，实现了园区管理的精准化、自动化和智能化，提升了设施农业生产管理水平。

（3）保证质量安全，实现产品安全追溯。

物联网的应用将产品的生产环节、加工环节、物流仓储环节、产销环节进行了全程的信息化监测，便于发现问题，为农产品安全溯源提供了基础。种植电子档案、RFID电子标签记录了作物从播种首苗、成熟、收获，到物流运输整个过程的翔实情况，信息由棚内安装的传感器系统采集生成，数据真实、客观、准确，消费者通过手机扫描产品标签上的二维码进行查看，实现了产品的安全溯源。

（4）提高效益，促进农民增收。

物联网的应用，使产品的产量、品质得到提升，促进了经济增效，农民增收。物联网为农民提供视频观看、种养殖技术等信息化资料，种养殖户可以通过网络实时了解动植物的生长状况，学习种养殖知识，避免了因距离、时间等因素无法集中学习的问题。平谷华利丰应用物联网技术及时了解温度与光照的变化特点，适当提前了升草帘与防风换气的时间，增加了蔬菜的营养积累。主要作物结球生菜平均每棚增产 90 多公斤,增产幅度达到了 8%。北京老宋瓜果专业合作社平均产量比上年增加 1000 斤/亩,销售收入增加 5000 元/亩。怀柔绿神茸鹿合作社增加效益 103.2 万元,鹿茸每公斤的销售价格比普通产品高出 200 元。

(5)良好的宣传展示作用。

大兴亮民绿奥观光园开发了园区虚拟展示系统,通过物联网技术实现园区重点区域在网上实时视频的宣传展示。视景仿真技术对生态景观、农业园区和特色农业生产基地在互联网进行全景虚拟展示,通过设置漫游路线或交互操作,将一年四季不同的农业景观、作物的生长状态、主要生产过程、采用新技术新装备情况和特色基地的农产品等在计算机上"真实"地展示出来,再配以解说和音乐,带给公众身临其境的感觉,达到了很好的宣传效果。

4. 启示与心得

(1)进一步引导规范物联网在农业生产经营中的应用,加大政策扶持力度,扩大物联网应用范围,提升物联网应用水平,有力地支持和推动北京现代农业物联网产业的快速发展。

(2)加强高新技术产品的研发和推广应用,促进物联网感知、网络通信、信息处理等关键技术、环节的研发和推广应用,提出相应目标,明确主要任务。降低成本,让企业、农民实用会用,用先进的技术装备提升农业、支撑农业,促进农民增收致富。

(3)进一步加强现代农业物联网应用试点示范建设。当前北京现代农业物联网应用规模较小、需求尚需激发培育、应用模式尚需探索。进一步加强北京"221 物联网监控平台"的建设与应用,以需求为牵引,以深化应用为抓手,做好应用示范和推广工作。通过示范在部分领域实现规模化应用,培育一批物联网应用服务优势企业。通过整合资源、开发功能、搭建公共平台实现信息共享与服务。

(4)建立物联网应用效果指标体系。北京现代农业物联网的技术研发、产业培育和示范应用等方面已初步具备一定基础。建立统一的标准化体系成为技术发展和产品规模化应用的关键点。通过建立物联网应用效果等指标体系,对物联网建设情况、设备使用情况以及对生态环境的影响、应用效果等进行监测与分析,为物联网的建设与应用提供决策支持。

(5)加强宣传,提高公众认识和认可程度。现阶段物联网的建设还处于起步和探索阶段，企业了解和认可程度有限。北京农业相关部门应继续加强对物联网的宣传、物联网技术的相关培训。政府部门、企业、科研机构、社会公众充分认识农业物联网技术与生产发展的必要性，形成政府大力推进、企业积极响应、公众自觉参与的农业物联网经济发展格局。

（二）需求引领、强化服务，实现北京农业物联网由监控到应用

随着物联网技术在北京农业领域的快速发展，农业新型经营主体对于农业物联网的需求日益增长，面对新形势、新要求，2014年北京市城乡经济信息中心引入智慧农场云理念，利用物联网、大数据、云计算等信息化前沿技术，将分散在各个生产基地的生产、管理、经营等数据汇总到农场云之中，加以计算分析，形成直接的解决方案服务用户需求，进一步深化农业物联网的建设与应用，优化完善北京"221物联网监控平台"，把握应用理念，注重服务品质。

1. 平台优化定位

此次对北京"221物联网监控平台"进行优化升级，总结了平台运行3年以来的应用经验和存在问题，并结合目前农业物联网应用的需求，对平台的定位进行了调整，引入物联网农场云的功能和理念，从单纯的监测监控向提供应用服务延伸；新增了数据统计分析功能，为用户提供从生产安排、农事管理、智能控制到冷链物流、社区配送、农产品质量安全追溯的全产业链服务。同时，将北京"221物联网监控平台"更名为北京"221物联网应用服务平台"，使得系统平台更适应北京物联网农业的发展，为政府部门及农场基地提供更完善的服务。

（1）可全面展示北京农业物联网的应用现状。

平台可对北京农业物联网应用的现状进行全面展示，支持全部或部分试点农业示范基地接入物联网监控平台。通过平台的监控、展示和统计的应用，反映出北京农业物联网应用的实际情况，并可输出北京市各类农业资源的数据统计分析报表。

（2）可作为农场示范基地应用农业物联网的支撑平台。

平台可为各类农业示范基地提供农业物联网应用的支撑，不需要农场自己搭建平台，即可利用北京"221物联网应用服务平台"进行物联网农业的建设，并可支持各种应用扩展，逐渐成为成熟的系统平台。

（3）可提升与保障各区县农产品的质量安全。

系统平台通过物联网农业的监控应用及质量追溯保障体系，可全面提升

北京各区县农产品的质量安全，保证农场的品牌价值，保障消费者所购产品的质量安全。

(4) 可沉淀积累北京农业物联网的监控数据。

系统平台可依托各个示范基地所监测到的农业生产数据，进行集中统计和分析，沉淀出北京农业物联网监控的有效数据，积累成为北京农业物联网的农业数据库。

2. 新增特色内容

(1) 农场分布地图展现直观准确的资源现状。

增加农场资源规划及展示功能，展现直观准确的资源现状。地图能够展示全市及各农场状况，如分区情况、设施环境情况、实时种植信息、实时传感器采集信息和视频监控信息，使人们对农场当前整体运行情况有更为直观的了解。

(2) 农场智能化管理，提升农场生产管理水平。

北京"221物联网应用服务平台"扩展应用服务功能，可提供农场所有基础性的管理服务。例如，园区的地块管理、人员管理、农机管理，以及农事管理、投入品管理、成本分析、库存管理、合同管理、客户管理等与用户实际生产、管理、营销密切联系的基础管理功能，涵盖了从订单排产到采收包装再到物流配送到用户手中的所有环节，为用户提供全面、实用、便捷的农业物联网应用解决方案。

(3) 绿色履历追溯功能，保障产品质量安全。

履历追溯功能依据作物从定植到采摘、包装的全过程物联监控信息，形成作物生长履历，其中包括了作物名称、生产基地、作物生产、环境数据和管理记录，还包括了生产基地和生产者的相关信息等，并形成二维码标签，消费者通过扫描二维码可以了解到产品生产过程和生产环境的相关信息，提高了产品的安全性，使消费者买得安心、吃得放心。同时，此次升级优化，整合了平台中开展电子商务企业的电商平台，统一入口，形成电子商城。通过产品与农场互动的营销平台，消费者可以通过履历的扫描，保证电子商城中所售农产品的优质安全。

(4) 实现与北京农科热线的资源共享。

为丰富平台的为农服务渠道，升级后的平台与北京市农科院进行对接，将北京农科热线的电话、在线咨询、双向视频、在线提问、热线QQ群、热线微信群等多种咨询方式进行了整合，为农业生产中遇到的问题提供更专业、更全面的专家技术服务,更加方便、专业地为用户解决问题,也为平台提供更多的农业技术支持与服务,使人们获得更多解决问题的方法与途径。

(5)"掌上农场"手机App,实现移动便捷式管理方式。

依托北京"221物联网应用服务平台"开发了安卓版的手机App"掌上农场",拓展平台实用性,达到方便、便捷、可移动式、不受网络和地点限制的全方位的应用。手机App客户端的基本功能将与"北京221物联网应用服务平台"电脑终端的功能保持一致,可在手机App上展示农场环境实时数据、视频实时数据,并可展示相关数据的统计和分析结果,包括病虫害预警和成熟度预测,指导种植管理者进行精准种植,方便用户通过智能手机远程应用。

(6)作物生长模型库,对作物进行生长环境的评价指导。

此次优化升级对原有平台的环境监测、作物生长模型库等功能模块进行了完善,在原有基础上,丰富了100余种作物的生长模型和生产管理指导,使平台可对北京地区常见的200余种作物进行生长环境的评价指导。

(7)扩容视频通道数,提高视频可接入平台的用户数量。

在现有平台稳定运行的基础上,扩大视频接入的服务范围,增加可接入系统平台的北京郊区各区县的农业合作社进行视频监控建设的大棚数量或园区数量,为北京更多的种植业、养殖业、观光旅游业的合作社单位提供设施农业物联网技术支持与服务,普及和巩固北京设施农业物联网的应用。

(8)统计分析,支撑农业生产管理科学精准。

平台利用大数据分析技术与生长模型进行对比,得出对生产环境状况的评价,指导农业生产。在生产指导方面,平台可依据农业专家团队提供的病害发生环境模型,推测该品种未来病害的发生概率。依据农业专家团队提供的成熟积温模型,结合系统采集的传感器实际积温数据进行计算,推测菜品的自然成熟度;在生产管理方面,平台提供了种植排产功能,可根据企业合同订单的需求,反推种植所需作物时间,以保证可以按时供应,提高企业合理安排生产的能力和土地的利用效率。同时,与产量预估功能相结合,以图表的形式展示出不同月份各种菜品出产情况,从而避免菜品短缺和产生积压的情况,为合理安排销售计划提供了重要的依据。

3. 突出亮点

(1)以有效需求为导向提供特色服务。

平台优化后仍基于互联网运行,用户制登录,共设市、区县、企业(合作社）、农户四级用户。针对不同用户的需求提供特色服务。例如，对于市、区用户主要为其提供宏观展示和数据汇总统计等功能，包括区域内农场数量、设施数量、种植面积、种植品种等。针对生产经营者则为其提供更加贴近实际应用的生产指导、管理建议、供销分析等服务。

（2）逐步形成"食品安全监控追溯"和"农业生产指导服务"两个特色功能链条。

优化后的平台从食品安全和为农服务两个方面将系统功能重新集成。通过平台环境监测和视频监控两个功能模块对作物生长全过程的信息进行采集和监控，并以此为依据生成作物的生长履历，通过标签二维码的方式使消费者可以查询到作物生长的全过程，保证电子商城中销售农产品的食品安全和质量可追溯性。同时，平台的病虫害预警和作物成熟度预报功能是对作物生产过程中的重要监控手段，可及时发现作物长势不好或发生病虫害等问题，从而可查询平台作物模型库中对于作物种植和病虫害防治的指导方法进行管控，如果不能解决问题，可通过平台中链接的北京新农村12396科技服务热线求助，通过网络远程咨询专家解决问题，从而形成从农业生产监测到远程专家咨询的农业生产全程信息服务。

（3）促进"物联网+互联网+农业"的深度融合。

利用农场云中的物联网技术实现农业传感感知、传输通信、数据分析处理和创意展示等功能，为农场果蔬生产、采收仓储、质检包装、物流配送、产品销售全产业链提供信息采集、全程监控及智能决策支持，推进现代农业园区管理精准化、网络化和智能化。引导农场从"以产定销"转为"以销定产"，与生产者、消费者建立稳定的产销信任关系，提升农产品的品牌价值，促进地产农产品优质优价。

（4）数据支撑提高了农业生产管理效率与效能。

通过环境监测、数据传输、融合、分析，为作物生长、农产品标准化生产、品质安全优质提供了数据支撑，从而更加深入地探索农业物联网在政府行业管理和农业生产服务方面的应用，促进农业物联网应用的健康发展。通过数据支撑，提高了农业生产管理效率与效能。

4. 发展方向

进一步优化完善，以北京"221物联网应用服务平台"为依托，基于"农场云"深化物联网技术在区域和产业中的应用，为基层农业园区、企业、合作社农业生产与经营管理提供信息技术支撑与服务；通过应用园区的不断增多和数据的逐渐积累，平台的应用规模和范围也将逐步扩大，从而促使平台的功能和模型的精确度随着实际的应用逐渐完善，形成良性的运行机制。

（三）"基于物联网的数字化农业"基地建设促进农业可持续发展

1. 基本情况

北京金福艺农农业科技集团有限公司是以有机果蔬生产为基础，集高效设施种植、农业休闲观光、采摘垂钓、综合配套、科技示范、农技科普教育产业于一体的现代大型都市生态农业企业。公司始建于2006年，位于北京市通州区台湖镇北京国际图书城西侧，紧邻京沈高速台湖出口。目前，公司园区占地面积1000余亩，拥有智能日光温室101栋、春秋棚70余座、自动化连桥温室1万平方米、百年树龄的枣园160亩、高产高效农业示范园380亩、生态观光农业示范园400亩，可年产优质有机蔬菜近100万斤、有机鲜枣30万斤，年销售额达7500万元，年总利润约3000万元。园区现有员工106人，其中高级农艺师1人、博士1人，管理人员均为大专以上学历，技术力量雄厚。

公司于2011年开始实施数字化农业，现已在园区棚室内安装先进的数字化农业设备，包括农业监控系统、数据采集系统、农事操作语音系统和全方位自动化的通风、灌溉系统。园区实现了计算机自动化控制，实现了由传统农业向数字农业的转变。园区最终目标是实现设施农业精准生产、智能化管理并进行示范应用，让人可看、可学、可用、可推广；提高蔬菜的产量和质量安全水平，提高设施蔬菜经济效益，把基地建设成为一个真正实现农业信息化、自动化、网络化的数字化农业技术示范基地。

2. 主要做法

充分利用计算机技术、网络通信技术、数据库技术、多媒体技术（人工智能技术）等现代信息技术，使农业与信息化完美结合，全面促进农业和农村经济持续、稳定、高效发展，使整个农事操作在办公室就能够全部解决。

（1）建设数字农业监测平台。

研究数字农业物联网技术，建立无线网络监控平台。首先，建立视频监控系统，可以使技术人员监控工作人员的种植是否规范，还可以使消费者随时监督果蔬的安全生产过程，使果蔬的质量安全得到保证。其次，结合农业领域专用系列传感器对农产品生长环境中的土壤温度、土壤湿度、空气温度、空气湿度、露点、光照强度、二氧化碳浓度等数据进行采集和传输，监督果蔬生长环境参数，使其生长环境达到最优状态。运用物联网技术，可以加大对农产品从生产、流通到消费整个流程的监管，完善农产品安全追溯系统，保障农产品安全。建立"放心蔬菜"安全信息追溯平台，实现对种植、销售等环节的有效监管，使得每一个销售的蔬菜品种"来可追溯、去可跟踪、信息可保存、责任可追查、产品可召回"。在日光温室内安装使用温度、湿度、光照等多种传感器对蔬菜生长过程进行全程数据化管控，保证蔬菜生长过程"绿色环保、有机生产"。

（2）建立数字农业服务管理层系统。

基于物联网的数字农业服务管理层系统由专家决策系统、农作物预警平台和成熟度预报系统组成，可实现数据共享和动态数据服务。将农业专家及农业科研单位关于设施蔬菜作物生长的基本环境参数进行统一编制设定，从而对采集所得的数据进行智能、科学、快速、高效的分析；温室作物环境参数的变化与作物病虫害、成熟度的变化，经服务管理层系统的处理分析，给出专家级的生产指导意见。

（3）数字农业展示中心的建设。

利用现代的无线传感技术、视频技术，将基于物联网的数字农业整个实际操作过程及计算机操控过程通过电子显示屏在展示中心进行集中展示。农业技术人员及操作人员在办公室就能轻松地掌握园区每一栋日光温室内农作物的生长状况，根据实际情况解决每一栋日光温室所出现的管理问题。

3. 效益分析

（1）经济效益。

①提高土地产出率，提高资源利用率。作物生长环境条件的改善，提高了土地的复种指数，单位面积的年产量显著提高。采用的节水、节能技术，降低了生产成本。

②提高劳动生产率。机械化、自动化程度加强，减轻了人力劳动量和劳动强度，节省了劳动力，缓解了劳动力不足问题。

③提高园区产量，提高蔬菜品质。环境适宜作物生长，一季果菜每平方米产量增加13倍多。农业的数据化信息化，可以预测病虫害的发生及作物的成熟度，采用绿色防控技术减少农药使用量，保证作物品质优良。

(2) 社会效益。

基于物联网的数字农业的应用,增加了农业生产的科技含量,将农业传统的经验种植变为现代化的科学种植,彻底改变了农业传统的生产模式,有利于人力劳动的有效应用,实现了农业的高产高效发展,使农业效益得到提高。完善了农产品安全追溯体系,实现了农产品从生产、流通到销售全流程的监管,保障了农产品的全过程安全。"基于物联网的数字化农业"基地建设,从根本上改变了传统农业技术手段落后的现状,从主要依靠人力转变为依靠先进的信息技术手段和农业技术设施,使农业生产更加高效,实现了农业整体资源的可循环利用,提升了农业生产力,减少了农业对环境的污染和浪费,实现了农业的可持续发展。

(四) 物联网技术助推"南果北种"

1. 基本情况

香山绿色果品采摘园位于香山旱河路西侧,占地面积350亩,职工有45人,是北京市"双学双比示范基地"和"妇字号"基地。园区环境优美,交通便利,基础设施条件好,建有56栋大型日光温室、农家乐特色餐厅及休闲乐园等一系列配套服务设施,主要种植品种为樱桃、桃、草莓以及部分南方水果,是海淀区香山村集体企业经营管理的一家集农业生产、观光采摘、餐饮休闲、科普教育等功能于一体的大型休闲农业园区。

2. 主要做法

2011年,北京市城乡经济信息中心选取该园区作为"现代农业物联网应用"试点单位,在5栋温室里搭建物联网监控平台进行物联网的应用。5栋温室分别是2栋火龙果温室、1栋枇杷温室、1栋木瓜温室和1栋桑葚温室。在生产中应用的设备有空气温度传感器、空气湿度传感器、光照强度传感器、土壤温度传感器、土壤湿度传感器、空气二氧化碳传感器和视频监控。

3. 应用成效

在应用物联网技术中,充分感到物联网给农业生产所带来的便利。通过一部手机、一台电脑就可以了解到温室内的一切情况。以前传统的管理方式,打药、施肥、浇水等全要靠技术人员的经验,同时不论刮风下雨,天气寒热,都要定时逐个去温室里查看农作物生长情况及相关环境指标。如今通过物联网的数据分析可以非常直观地了解到温室里的作物是否缺水,是否出现了病虫害，温室内的二氧化碳浓度是否高出作物生长所需的最高值，以及温室内的光照强度和温度等环境指标。园区种植的火龙果、木瓜和枇杷等南方水果，对光照、温度以及水肥的要求非常严格。为了保证这些作物的正常生长，以往需要花费大量的人力物力进行管理。比如说查温度，就必须派出专人去每个温室检查温度，根据作物生长的适宜温度调节气温。再比如打药施肥，以前要对每株作物进行查看，查看其有没有病虫害、是否缺少微量元素。现在这些费时费力的情况在园区基本不会出现，物联网对温室内的各项信息数据的采集及时、准确，温室内温度过高、光照过强、病虫害的发生、缺水、缺肥等一系列影响作物生长的因素都会通过物联网传输到电脑以及技术人员的手机上，技术人员可以及时了解情况，并解决问题，即使不在园区、远在千里之外，也可以准确了解作物的种植情况，并通知职工解决相关问题。

物联网不仅方便了园区工作人员对农作物的管理，还大大节省了园区的运营成本。以前需要三个人完成的工作现在一个人就可以完成，一些事甚至在电脑上操作就可以完成，最大限度地提高了员工的工作效率。众所周知，南方水果移到北方种植最大的问题就是温度。在冬天的时候为了保证作物的正常生长，必须要给作物加温。而加温的时间长短又是一个难题，加温时间长了不利于作物生长且会浪费用电；加温时间短了，会造成作物出现冻害。为了解决这个问题，只能花费大量的人力不间断地监督巡视。尤其是在冬季，仅员工的加班费用就是一笔不小的开支，自从园区建设了物联网，这个问题迎刃而解，现在只需要打开电脑就可以知道温室内的情况，然后对温室的温度进行调节。还可通过物联网与知名的专家进行沟通，对农作物种植进行指导，不需要像以前一样凭借经验管理。经过专家的精心指导，种植者对作物的管理更加科学。通常温室的种植比较单一，种木瓜就是种木瓜，种桑葚就是种桑葚，后来经过物联网上的专家指导，得知油菜、生菜等蔬菜也可以在温室进行间种，提高了对土地资源的利用率，同时增加了经济效益。

以往园区的产品都是通过广告来进行销售，虽然客流量不小，但是也有一些想要购买绿色产品的顾客因为不相信产品遵循无公害绿色种植标准而放弃购买，影响了农产品的销售。原因在于顾客不了解园区内农作物的生产情况和采收时间。物联网恰恰弥补了这方面的不足。只要给授权，顾客可以随时用电脑查看园区内作物的成熟情况，大大增加了顾客对园区农产品的信心，顾客还可以通过物联网知道每个季节有什么作物可以采摘，想采摘的顾客都能做到"心中有数"。这既让顾客可以采摘到称心如意的作物，又节约了大量的宣传费用。

自物联网在园区应用至今，不仅提高了效益，还大大地节省了人力、物力和财力。物联网给农业生产带来了便利，同时也增加了农民对科技在农业生产中应用的信心。

（五）九城天时应用物联网技术打造"沱沱工社"有机品牌

北京九城天时生态农业有限公司于 2009 年成立，其是专注于有机食品生产、加工、贸易的有机食品企业。公司以"透明供应链"为理念，建立了以"沱沱工社"为品牌的有机全产业链的企业实体。在北京、上海等地投建千亩有机农场。其中，沱沱有机农场位于北京市东北部平谷区马昌营镇，总占地面积 1050 亩，其中保护地建有 90 个温室、32 个冷棚。沱沱有机农场以庞大的销售队伍、设施齐备的库房、强大的冷链配送队伍为依托，于 2008 年推出了食品 B2C 网站——沱沱有机源（www.tootoofood.com）。

1. "透明供应链"理念贯穿经营模式

公司以"透明供应链"为理念，对食品特别是有机食品进行严格的质量检验和追溯，从生产基地选择、品种挑选、土壤培肥到产品运输、配送等环节实现全流程质量跟踪和控制，确保"沱沱有机源"为消费者提供安全、新鲜、健康、美味、营养和时尚的优质食品。

凭借"透明供应链"独特模式，公司以信息化技术为手段，通过构建电子商务营销平台和全程保障质量的供应链，为人们提供放心的优质有机农产品。

2. 物联网技术支撑，透明生产，保障产品质量

对种植源头的把控，是沱沱工社农场命名的缘由。沱沱工社引进以色列的番茄、日本的西甜瓜等优良品种，以有机生产技术体系和有机循环体系为依托，实施建立以物联网技术为基础的有机蔬菜种植管理体系，更加简单、透明且保证了产品质量。

（1）建立"农场云系统"远程智能监控。

随着农业物联网技术的广泛应用，为提高工作效率和农业精细化管理水平，2012 年农场投资 144 万元，在 24 个温室大棚安装了"农场云系统"远程智能监控。该系统的主要功能如下：

①资源规划功能。丈量土地，估算收成。可以方便地规划土地、水面和

温室等各种资源，并详尽记录这些资源的历史和当前使用情况，使得农场管理人员可以从整体上把握农场的生产布局，进行人员和物资的配置，从而可以轻松高效地管理农场。

②农事管理功能。排产数字化，根据订单及农场资源合理安排生产，帮助农场向订单模式转变。记录以前的生产计划，作为来年生产计划的参考，为以后合理安排种植计划提供直观的依据；记录执行中的生产计划，可以轻松了解到现在种植的所有作物；记录以后的生产计划，合理安排收获时间点，保证茬口合理对接。

③生长监控功能。通过各种传感器收集生产过程中的环境信息，使用大数据分析技术得出对生产环境状况的评价，提醒管理人员采取相应改进措施。通过传感器收集生产环境中的光、温、水、气的相关信息，根据植物自身生长的特性，对环境进行评价，提醒管理人员及时采取合理的措施，满足植物生长所需的环境条件，保证植物正常生长。

④绿色履历功能。利用先进的互联网技术，完整地记录农产品从田间生产到餐桌食用的完整过程，实现了智能化农业生产。绿色履历是每一份在售农产品独一无二的"身份证明"，可以为消费者提供实时的环境、农产品真实状况的购买依据，是农产品生产者与消费者之间沟通的桥梁。通过二维码，将生产过程中的各种关键数据直观展示给消费者，帮助消费者建立对农场的信心。绿色履历也是一个农场通过产品与消费者互动的营销平台，消费者可以通过绿色履历了解到所购买产品的品牌、生产基地、采摘时间、成熟度、农事操作、推荐的食用方法以及其他消费者的消费评价。其在各阶段的作用有以下三点：

a. 准备阶段。利用传感器，实时分析空气及土壤温湿度、光照、二氧化碳浓度等信息，选择合适的农作物，根据不同时期不同生长因子数据和不同的作物，对棚室采取增温、降温、灌水等措施。

b. 培育记录阶段。对采集的信息进行高效的自动化管理，应对环境的变化。将棚室每天的农事操作、种植时间、品种等信息录入云系统，实现对生产的智能管理，同时方便客户通过手机、网络随时随地追溯蔬菜各个环节的情况，进行远程监控。

c. 收获阶段。利用物联网设备对蔬菜生产等各类信息采集、汇总、分析，对种植收获阶段进行更精准的测算。

（2）远程实时监控，实现透明化生产。

为进一步规范化管理，在生产中充分利用网络技术手段，利用摄像头对生产基地实施 24 小时全程监控。搭建网络平台，使消费者可以随时观察和了解基地蔬菜的生产过程及作物生长情况，查看蔬菜生产管理过程，做到有机种植的每一个环节完全受控，让消费者更加放心。

3. 利用网络平台宣传销售

2009 年，公司整合了新鲜食品生产、加工、B2C 网络化销售全产业链各相关环节，并依托"透明供应链"产品质量透明管理体系在食品行业供应链上的独特应用，以安全、透明、便捷和个性化的电子商务方式，向白领家庭提供新鲜、美味、营养和时尚的有机食品，将"新鲜日配"变成现实。2010 年，推出国内首家专业提供新鲜食品的网上超市——沱沱工社（www.tootoofood.com）。

满足消费者更多细微需求，帮助城市白领家庭找到自己偏爱的方式。沱沱工社新鲜食品网上超市，为消费者供应农场直送新鲜、特色美味、母婴营养搭配、有机美食、生活必需品等在内的 16 个大类、上万种商品。整合了食品行业优质的供应资源，从商品组织、供应商评估，到物流配送，确保每一件送达客户手中的商品均经过层层把关。沱沱工社网站成立至今，网站客户以每年 300% 的速度增长，已经达到 80 万，微博拥有 50198 名粉丝、微信拥有 9832 名粉丝。

4. 为消费者提供配送和售后保障

沱沱工社拥有强大的专业采购评估团队，所经销的有机产品均经过国际国内权威认证机构认证。沱沱工社配有 4000 余平方米，集冷藏、冷冻库和加工车间于一体的现代化仓储配送物流中心，采用冷链物流到家的配送运作模式，承诺将最新鲜的食品精准交付给消费者，所售新鲜食品 3 天内如有质量问题，无条件退货。

沱沱工社专门配备冷链物流车，用于配送果蔬及冷冻、冷藏类商品，保障新鲜食品天天送。为适应北京地区的配送情况以及沱沱工社业务发展的需要，公司合理安排配送站点布局，在重点的、订单量相对集中的一级配送站点下，设立二级配送站点，缓解一级配送站点、配送司机及本部配送的压力，同时有效降低每订单的配送成本。在 VIP 大客户订单相对集中的区域，设立大客户专属服务的配送站点，缩小配送半径，提高配送时效和配送质量。配送网络将一级级站点有机结合起来，打造完整的物流配送平台，优化服务质量，降低配送成本，提高配送效率，为客户提供便捷、优质、一体化的综合服务。

5. 启示与体会

现代农业是质量效益型、集约型农业，必须在保障必要数量平衡的基础上，提高质量和效益，以增强农业产业的市场竞争力。现代农业在资源环境可持续发展的基础上，要依靠现代科技，获得较高的土地产出率、资源利用率和农业劳动生产率。"互联网+"是加快建设现代农业的重要途径，用信息技术对农业生产的各种要素进行数字化设计、智能化控制、精准化运行、科学化管理，能够大幅度减少农业消耗，降低生产成本，提高产业效益。

三、农业电子商务发展与实践探索

（一）北京市农产品电子商务典型应用案例

农产品电子商务作为一种新兴业态，正在给传统的农产品流通模式注入新的发展活力和动力。发展农产品电子商务，将有效推动农业产业化的步伐，有力提升都市型现代农业水平。近年来，北京市涌现出京东商城、任我在线等一批电商以及昌平区崔村镇南庄营村合作联社等合作社的应用案例，在作出特色、突破瓶颈等方面不断进行创新探索。

1. 电商企业

（1）京东农业：走领先，多快好省。

京东是中国第一家在美国纳斯达克成功上市的大型综合电子商务公司，是迄今为止市值最高的中国电子商务公司。立足于优秀的运营及营销能力，京东为创新智能硬件产品量身打造了助推计划，帮助扶持中小创新企业成长，推进整个创新智能硬件行业发展，让创新智能产品直接到达消费者手里。立足于全球供应链，满足全球用户需求，采取了"全球化+本地化"的策略，计划通过跨境电商、境外直营行业合作、投资并购等业务方式，向全球输出中国商品、中国品牌和优秀的电子商务模式。通过对京东海量用户数据进行深入分析挖掘用户需求及趋势，精准定位并整合品牌厂商和产业链优质资源合作共赢。

未来十年，京东将以技术创新为驱动，以智能物流为基础，布局 B2C、C2C、金融等多元化电商生态，推进金融与实体经济"面对面"，服务传统产业，实现互联网化转型。京东重点围绕技术、O2O、金融、区域拓展、国际化等五大战略方向发展，继续为用户、行业、社会创造价值。加大研发投入力度，重点在云计算、大数据、移动互联网、人工智能等领域开展深度创新，帮助传统产业实现互联网化转型。打造供应链金融、消费金融、支付业务、平台业务、众筹业务五大板块，提供一站式互联网金融服务，构建普惠金融，服务实体经济，完善电子商务生态。促进传统产业转型升级，坚持线上线下融合发展理念，与便利店、商超、服装店、药店、大卖场、家居连锁店等传统业态合作共赢。发挥京东供应一体化优势，对线下便利店开放库存，并建立网上超市，发挥京东配送站"品牌好、服务好"的优势，以配送站为单位，联合商户，提供便捷、高效的本地生活服务。发挥电商大数据、运营等优势，与线下百货商场、购物中心合作，打造"线上京东+线下商场"重体验线下智能店铺。渠道下沉，开拓三四线城市及城镇、农村市场，加速推进"农产品进城""工业品下乡"等城乡双向流通，让城市居民和农民充分享受电子商务的实惠和便捷。构建农业电商综合服务平台。一是获取并输出农业产业链上各主体的需求及反馈信息，形成信息交互平台。二是建立适合农产品、农资的城乡双向、全开放的物流平台。三是打造集农品、农资及公共服务等为一体的农业综合电商平台，逐步推进服务的深度和广度。四是利用大数据及供应链资源，开发适宜农业、农村和农民的金融服务平台。五是基于对先进技术和产业链资源的掌握，组建支撑农业、农村信息化的技术平台。

（2）任我在线：走平价，大惠农家。

北京任我在线电子商务有限公司是北京市政府孵化器和北京清华工业开发研究院双孵化的产物。

"O2O 零售渠道"项目（以下简称"任我在线模式"）源于 2003 年，多年来已投入资金近 2 亿元。自主研发了基于大数据的"物联网直销支撑系统""线上线下融合的标准化连锁经营管理体系""新型的货源组织方式"，实现了"五融合"，即在商品、配送、销售方式、经营管理、人才五个方面线上线下的深度融合，为产需直接对接提供包括交易、物流配送、货款结算、售前售后服务在内的一站式服务，形成现代化的流通服务体系。核心竞争力是：与线下综合超市、农贸市场相比客户体验得到大幅度提升（不出社区就近购物，线上预定足不出户，送货上门），食品安全可追溯，经营成本降低 30%以上；与线上网络销售相比配送成本降低 50%以上，客户体验进一步提升——订货无限量、送货时间准确无误、无条件退货且退货手续极其简单。任我在线模式以蔬菜水果等初级农产品为切入点，农民或农民专业合作社把产品直接送到任我在线的配送中心，任我在线通过互联网商城和社区实体超市直接销售给社区居民。用配送中心和社区实体超市形成的 O2O 配送链条将线上线下销售的产品搭载运输，既解决了配送成本高的问题，又解决了配送过程的保鲜问题和销售过程中的退货问题。在全国首次实现了在互联网上销售"平价"蔬菜水果300多个品种，价格比早市还低10%，第二日即可免费送货上门，受到社区居民的热烈欢迎。公司已有在册员工300多人，已经在昌平和大兴城区开设了100个社区实体超市（Offline），网络销售（Online）覆盖百万人以上。在国内首次突破了B2C销售平价蔬菜水果、油盐酱醋等生活必需品的配送瓶颈。其中，社区实体超市作为昌平区和大兴区政府的菜篮子工程，主要经营蔬菜、水果等生活用品上千种。任我在线网上商城销售的品种数量是实体超市的几倍，未来可达十几倍。社区实体超市满足附近居民就近购物和15分钟快速送货上门等需求。周边居民若需要社区实体超市陈列以外的商品，可以通过任何在线网络平台、打电话或向店员口述等方式预订，第二天便可到店来取或送货上门，满足家庭一站式购物需求。任我在线是唯一一家在线上销售平价蔬菜水果且无限量订购、免费送货、无理由退货的电子商务企业。任我在线模式彻底解决了平价菜店的可持续发展问题和用互联网销售平价蔬果等生活必需品的配送瓶颈，发展前景无限广阔。

(3) 沱沱工社：走冷链，新鲜日配。

沱沱工社以农场为组织单位，以市场销售为驱动力，以互联网、物联网先进科技为手段，实现了农田与餐桌的对接。而且自建农场实现蔬果有机种植、自建采购网络实现安全食品全球采购、搭建电子商务平台实现全国性销售渠道，同时自建冷链物流配送体系，成为中国第一家贯穿全产业链的专注有机、安全食品的电子商务公司。同时，整合了新鲜食品生产、加工、B2C网络化销售全产业链各相关环节，并依托"透明供应链"产品质量透明管理体系在食品行业供应链上的独特应用，将"新鲜日配"这一B2C领域难以逾越的梦想变成现实。网站以有机、天然、高品质为原则，向北京市高端客户提供农场直送新鲜蔬果、肉奶蛋禽、特色美味、有机美食、生活必需品等在内的9个大类、300种商品。沱沱工社采用电子商务模式、移动手持模式、VIP首长制、大客户定制、供港等多种方式灵活销售有机蔬菜和食品。沱沱工社以"产品+服务+品类+营销推广"的形式形成更贴近消费者的产品和服务，最终打造出沱沱工社的差异化能力，通过好产品、好服务、好品牌打造出信赖的商品、信赖的人、信赖的品牌。

(4) 阿卡农庄：走体验，服务改变。

"阿卡农庄"是阿卡睿尔旭控股的农业品牌，是由英国归国IT博士江宇虹创立的自有品牌。以O2O"体验式消费"为核心，从"观光型农业"走向"参与型农业"的纯市场化运作，改变传统农业重投资、靠扶持的局面，重资源整合，做"轻农业"。

一是改变营销模式，为农民创收。阿卡通过体验式消费，搭建"参与型农业"的商业模式，从卖产品变成卖过程，比如销售者买的不是菜，是土地1年的生产权和使用权；买的不是鸡蛋，而是一只鸡800天的生命周期；买的不是苹果，而是一棵苹果树3年的生产权和使用权。

二是品牌与市场推广模式专业化。阿卡农品走品牌化运作路线，丰富的市场操盘经验、专业团队，先进的跨行业、多手段推广模式，重塑精品农产品形象，完成都市农业从"传统"到"时尚"的生活方式定位。

三是信息化手段完成体验式消费的闭环。针对30~40岁核心消费群的移动化消费习惯，通过App、微信、在线服务、手机移动端等信息化手段，开放生产信息，让消费者进入体验式消费当中，参与生产过程，建立信任和重复购买黏性，为优质的农产品获取溢价提供空间。

四是金融服务撬动农业的高速发展。2014年3月，和中国移动、北京农商银行建立了战略合作关系，成为中国第一家发行主题信用卡的农业公司，开创了以移动互联、金融与农业跨业经营的崭新模式。所有阿卡农庄的会员可持阿卡农商卡随时随地直接通过电子商务网站购买农产品，享受零利息、零手续费优惠政策。充分运用移动互联网技术、金融证券技术和社会信用体系，建立一个从金融机构到农户，从农户到农副产品，从农副产品到交易中心，再从交易中心回到金融机构的闭合增值的系统。

（5）恒慧集团：走智能，交易新型。

北京市恒慧投资集团有限公司始终专注于食品品质、安全、营养、卫生的系统性建设，公司以自主研发的库架一体式全自动智能立体冷藏库技术为基础，研发制造冷链物流必备的低温保鲜冷藏冷冻设备。以智能集约化的物流供应链为市场基础，运用ERP管理整合批发市场、B2B电子商务平台等，创建以大数据体系为依据的新型交易平台，满足批发、零售、线上交易等多种销售需求，从而引导现有商业市场的升级和发展，促进新的消费模式的形成。

一是整合批发与零售于一体。采用经过改进的高效节能自动化进出货系统，提高了货品周转的快捷便利性，大大降低人工的使用和管理成本。

二是整合实体店与B2B电子商务平台于一体。将虚拟网店和实体店融为一体，弥补了以往电子商务销售的弊端，使消费者可在此体验商品，享受到网购的优惠便利，提升客户满意度。

三是整合第三方物流配送系统于一体。具备专业的第三方物流系统，接受数据处理中心的指令，完成货品的集中调拨和配送。实现不同品牌多种商品对同一用户集中配送，从而降低了企业人员成本及物流运输成本。

四是完善的自动化数据管理系统应用，运用 WMS 数据管理系统和自动调度系统，实现库存管理和货品出入全自动化，提高工作效率、降低劳动强度、减少用工人数。

五是为生鲜农产品的流通搭建一个完善的冷链服务平台，提供专业化、规范化、高效率的全程冷链服务平台，以满足消费者更高的要求。

（6）农夫市集：走民间，农村发展。

北京有机农夫市集在一群热心消费者和志愿者的推动下，于 2010 年 9 月成立，致力于为北京本地家庭农场解决有机蔬菜和生态禽蛋肉产品销售困难、市场渠道狭窄、消费者信任度低的问题。农夫市集通过微博微信、农友拜访、媒体报道等方式，让数百万北京消费者了解到，京郊有很多有理想有行动力的新农人和家庭农场在认认真真地从事有机农业，为消费者提供新鲜优质的农产品。在市集上，这些农友带着自家产的蔬菜、粮食、农家土鸡土猪、土鸡蛋、水果，还有自己加工的豆腐、果酱、麻酱、面条等，与消费者面对面地交流、交易。这种方式既增强了产销双方的了解和信任，也减少了中间环节，让生产者能够得到合理的收入，也帮助消费者降低购买优质食材的成本。参与市集，以及来自消费者的支持和鼓励，让农友们更有信心和热情继续投入生态农业，发展壮大自己的农场，带动周围更多的农民参与"资源节约型、环境友好型"的生态农业方式，通过提高农产品质量和安全性来增加收入，为北京市民提供安全放心、优质新鲜的食材。农夫市集基本依靠志愿者管理运营，开集频率从创建之初的一个月一次，发展到每周 2~3 次，每次市集服务农友 20~40 户，前来赶集的消费者从几百人发展到数千人，估计每次市集的销售额在 10 万~25 万元。市集不仅为参与的北京本地家庭农场创造直接经济收入，也带来了更多的间接经济收入（如吸引会员、农家乐、淘宝等）。

市集坚持采用开放的"参与式保障体系"机制，鼓励消费者、农友、媒体、专家和政府科研部门共同参与到对农友的监督和指导工作中，再加上农友都在京郊，消费者很容易自己去拜访，即使农友没有有机认证，他们通过这种直接的交流也比较容易取得消费者的信任。市集也因此在消费者和生产者中建立了很好的口碑。"参与式保障体系"在世界各地已经被证明是一种行之有效的适合小农的有机认证方式，在巴西、印度、美国等地也取得了官方认可。北京有机农夫市集也在和国际有机运动联盟（IFOAM）合作，更好地实践这套体系。

各大媒体也对农夫市集和农友进行了大量报道，包括中央电视台《新闻调查》、《经济半小时》、纪录片频道，《人民日报》（二版报道并配发评论），北京电视台，《中国日报》《南方周末》《三联生活周刊》等。市集与国内外同行的交流也非常密切，带动了上海、成都、西安、深圳等地农夫市集的开展。市集及其农友的生产、加工、销售工作也受到很多政策和法律法规的限制。虽然困难很多，但是市集正在众多生产者、消费者、志愿者和各种伙伴的支持下稳步发展。

2. 农民专业合作社

昌平区崔村镇南庄营村合作联社本着资源保护、合作共赢、环境改善、村民增收的原则，大力提高农民的组织化程度，探寻科学、合理、规范的可持续发展的运营模式，以村为单位，以租赁村集体土地的公司、合作社、园区等为成员，构建崔村镇南庄营村股份经济合作社，成员有崔村镇果业协会、川府菜缘农民专业合作社、六合城农业园、金苹果旅游公司、红高粱种植园，发挥各园区的产业优势，采取"政府+协会+村委会+合作社+公司+农户"的管理模式，充分发挥各自的优势，探索出多元化、多类型的合作联社运营模式，努力打造都市农业产业链，探索出以村集体为轴、以村域内企业为点、带动村内农户就业、实现村集体可持续发展产业的良性运营模式，并在政策引导、基础改造、合作协商、平台建设、打通渠道等多方面开展工作，发挥优势农产品销售新渠道、新平台作用，打造特色的优势品牌，真正使保护农业资源的镇在经济发展上实现新突破，使自然生态环境得到保护、村集体经济得到壮大、当地农户增收致富。

密云区农民专业合作社服务中心市场营销体系，逐步形成了生产在基层合作社、销售在骨干合作社、市场在联盟的新型产销模式，充分发挥联盟主体技术、市场优势和加盟合作社资源、产品优势，互惠互利。以北京密农农产品产销合作社、北京栗联兴业板栗合作社为销售平台，多措并举，强化产品品牌效益，拓宽产品市场链条，加大对农产品市场开发力度，初步形成完整的产销渠道。一是搭建合作社移动电子商务平台"一品密云"。随着"一品密云"的不断完善，推进农产精品的电商销售。二是搭建二维码追溯平台。消费者将通过扫描产品包装上的二维码追溯该产品生产、流通环节的各种信息，有效甄别产品质量是否安全，同时也为该县优质农产品提供了二维码身份标签，提升密云农业品牌形象，实现优质优价。三是开通了密云合作社微信平台。实现传统媒体和新媒体有机结合，提高"密云农业"品牌的竞争力和影响力。四是合作社与合作社联手，共闯市场，实现农社对接。通过与多家合作社沟通、协商，本着资源共享、利益共赢，建立紧密型合作关系，实现利益最大化。通过统一生产、统一收购、统一销售的购销模式，解决了基层合作社社员种难、卖难的问题。五是以产销联盟为依托，精心打造密云品牌。为提升密云农产品品牌形象与发展后劲，逐步实现了集"收购、包装、储藏、保鲜、运输、销售、配送、监管、服务"于一体的新型现代农产品市场购销网络。

依托农产品电子商务平台，使冷链物流、农产品"走出去"，做到干线配送和城市配送、末端配送精准到位，形成冷链物流从上游到中游再到下游的体系由专人去做，加强政策引导与支持，不断优化完善与农民的联结机制，形成企业、农民增收的双赢局面。

（二）农民专业合作社电子商务

北京北菜园农产品产销专业合作社（以下简称"北菜园"）建立在康庄镇小丰营村蔬菜产业基础上，近年来，合作社在农产品电子商务上进行了开拓和创新，为高品质有机蔬菜销售找到一条合适的发展道路。

1. 基本情况

北菜园的发起单位北京绿菜园蔬菜专业合作社（以下简称"绿菜园"）成立于2007年7月，现拥有社员298户，注册资产2300万元，主要从事有机蔬菜和无公害蔬菜的种植、加工、销售、配送等业务。2008年，开始尝试电子商务之路，建立了网站http//www.veggiegarden.cn。2010年，合作社通过"北菜园"的商标注册，还获得了进出口权。2011年初，为了整合资源，加强农民专业合作社之间的联系，将农业产业做大做强，绿菜园作为发起人，联合全县12个乡镇的16家农民专业合作社，组成了"北京北菜园农产品产销专业合作（联合）社"，并成立了北京融亿天阳农业科技发展有限公司。北菜园涉及蔬菜种植、果品种植、畜禽养殖、农产品初加工、中药材种植等产业。联合社有机蔬菜种植面积达到3000亩，无公害蔬菜种植面积达到1万亩。

2. 电子商务开展情况

2010年，合作社与奥科美合作开展农产品电子商务，通过去掉农产品生产者与最终消费者之间的中间环节，借助于电子商务销售平台以及物联网的相关技术，按照线上下单和付款、线下送货上门的方式，以相对低廉的价格向消费者提供安全、可靠的农产品。

(1) 网上平台。

农产品电子商务平台是农产品产业链的枢纽，是农产品交易的结算、控制、规划中心，因此，平台既要能实现各个网点、各部门之间的联络，又要便于消费者下单和信息反馈。北菜园开展电子商务的网络平台主要有：

①网站及网上商城：北菜园门户网站 http://www.lvcaiyuan.com/，北菜园网上商城 http://veggiegarden.cn/，365鲜网上商城 http://365xian.net，农研职工消费合作社 http://wlw.221.gov.cn/shop/。

②第三方农产品电子商务平台：绿色家递网上商城 http://www.jiadi365.com。

③政府网络平台：北京221物联网监控平台 wlw221.gov.vn，北京市植物保护站的设施农业远程智能专家系统，北京市农民专业合作社网 http://www.bjnhgl.cn/coop.aspx?hzsid=266。

(2) 合作模式。

北菜园开展电子商务业务，采取的方式是和第三方电商奥科美合作，特别是在网络平台建设、直销柜安装、物联网技术、产品可追溯系统等方面。北菜园在一部分涉及网络技术、电子技术等方面的技术，实行与第三方电商合作，以智能柜为例，具体合作方式有两种：

第一，奥科美承担交付柜及管理系统的市场推广工作，负责与小区物业管理部门谈判和协调。同时，奥科美承担交付柜的制造成本，负责交付柜的安装、维修等后期维护工作，以及社区智能管理平台的日常运行操作、管理和维护等。合作社只负责提供并配送蔬菜产品。最终通过智能柜配送模式的蔬菜销售收入，奥科美和绿菜园三七分成。

第二，绿菜园承担交付柜及管理系统的市场推广工作，负责与小区物业管理部门谈判及协调，并出资向奥科美购买交付柜（一个交付柜大约2万元）。奥科美承担交付柜的安装、维修等后期维护工作，以及社区智能管理平台的日常运行操作、管理和维护等。通过智能柜配送模式的蔬菜销售收入全部归绿菜园,但合作社每月向奥科美支付一定的运营服务费用。

(3) 上网产品。

北菜园产品上网的种类有:无公害及有机蔬菜、进口及有机水果、干果、五谷杂粮、有机菌菇、特色产品(干枣、蜂蜜、挂面、鸵鸟蛋等)、有机鲜肉蛋奶、食用油调味品、饮品等。另外,有"宅配月套餐"、套餐礼盒等成套销售的产品。从这些在网络销售的产品看,生鲜类的有高端(有机产品)蔬菜、水果、肉蛋奶,其他则为耐储存、有包装、分规格的食品。因此,北菜园电子商务产品的基本特征是高附加值、耐储存。

(4) 网络订购。

消费者可以直接或者通过北菜园网站、绿色家递网上商城,进入北菜园网上商城,选择商品,用网银或者支付宝交易平台进行网上支付。合作社通过管理平台收集订单,同时系统自动向消费者发送"订单处理中"的信息;收集到订单后,合作社便开始组织采收、包装配货并粘贴对应客户的条形码,然后进入配送流程。有机蔬菜包装上贴有"追溯码",消费者可通过追溯码查看到自己所购买蔬菜的一系列生产信息。目前,网上订购的支付方式有三种:第一,用户下达订单后马上通过网上银行等方式完成线上付款,价格为网站提供的参考价格。第二,用户先向注册账户存入预付款,然后通过预付款支付,价格可以得到适当优惠。第三,用户在收到订单产品一周内完成银行转账或线上支付,价格会被适当提高。

客户所在地有智能柜的,合作社将商品运输到智能柜,通过网络生成的条形码打开智能柜后将蔬菜放入智能柜;关闭智能柜门的同时,消费者收到取菜密码短信通知,消费者在智能柜上输入密码后,箱子自动开启,便可以取走所订购的商品。客户所在地无智能柜的,合作社为五环以内任何社区的用户,每笔订单金额超过100元的,提供免费送货上门服务。

(5) 配送模式。

①承诺"三个五原则",即北京城区五环路以内、有机蔬菜达到5公斤以上(或每笔订单金额超过100元)的,合作社保证从采收到送货到家不超过5小时。这是目前北京市场所能提供蔬菜产品新鲜程度的最高指标。

②在北京城区的高档小区内安放智能配送柜,采取每天定点配送方式保证当天将客户订购的蔬菜送到社区智能柜。

3. 特点和价值

第一,北菜园的农产品电子商务尝试顺应了时代发展的需要,依托当代信息技术和网络技术，开创了蔬菜果品端到端销售的运作模式，为生鲜农产品的销售开辟了新渠道。北菜园农产品电子商务的主要特点：一是在信息技术方面，实行与第三方技术服务公司合作。二是在物流配送方面，采用自有配送冷藏车配送。三是在生产过程中使用的技术，特别是生产技术、信息技术水平较高，信息化基础好。

第二，电子商务能够保证蔬菜产品的质量，是成功的优质蔬菜销售模式。目前高档优质蔬菜以超市销售为主，质优价高，因此经常出现因滞销而影响蔬菜质量的情况，使市民难以买到货真价实的优质蔬菜而进一步影响销量，如此恶性循环，导致优质蔬菜产销行业发展缓慢。而北菜园电子商务创新性地提出了蔬菜"5小时"新鲜度指标，同时由合作社组织配送，保证了蔬菜质量的可追溯性；未来还可能提供蔬菜采摘、配送全过程的视频监控服务（物联网），确保了蔬菜的品质。农产品电子商务基于互联网技术，满足了当代消费者灵活选择的需求，弥补了超市销售优质蔬菜的不足，有望促进高档蔬菜种植产业的发展。

第三，电子商务能够兼顾买卖双方利益，是两者双赢的蔬菜经销模式，消除了农民和消费者间的层层中间商，大大节约了销售中间环节的交易成本，买卖双方都可以得到实惠。合作社以平均低于超市同种类蔬菜产品30%的价格定价，仍然可以保证社员增收30%。

（三）"农业+合作社+互联网"模式

当前中国农业电子商务发展面临一些问题，许多运营企业都难以形成规模和良性发展，面对中国特色有些水土不服，其主要问题是不能有效聚集用户群体，缺乏电子商务落地的手段和模式。农业用户群体分散，缺乏组织性，开展电子商务意识相对薄弱，采用常规的电子商务手段运营成本高且效果不明显，这些问题一直困扰电子商务在农业农村的应用。如何破解农业电子商务发展瓶颈，走出一条中国特色的创新模式，许多企业在这方面做了很好的探索和实践，其中北京中农信达电子商务股份有限公司（以下简称"中农信达"）近几年在农业农村信息化服务方面的研发推广很有特点，为农业电子商务开展提供了借鉴，其具体做法为：

1. 以农民专业合作社为主要服务群体，带动农业产业链电子商务发展

农民专业合作社数量从2007年7月1日《中华人民共和国农民专业合作社法》正式实施以来连年翻番。中农信达及时调整了电子商务运营定位，将

农民合作社作为主对象，在北京建设了中国农民合作社信息网运营平台（www.b2cf.cn），建设了农产品物流仓储基地和分销体系，筹建了全国农民合作社培训中心。通过设立北京总站，以及发展各地方县级合作社服务加盟分站，开展以农民专业合作社为核心，涉及农资企业、农业加工企业、农产品采购商和专业协会等上下游用户群体的网络运营体系。

目前，中国农民合作社信息网拥有合作社会员15万多个，农业和企业50多万家。在2010年度农业百强网站评审中，进入农业综合网站前十，确立了行业内的门户地位。中国农民合作社信息网着眼于破解合作社销售难和物流对接等难题，在全国组织开展各种农业产供销对接活动和开设农爸爸特产社区连锁专卖店，为合作社产品提供"会议展示+批发零售+仓储物流+电子商务平台+连锁店销售"的全方位网上网下营销策略和产品展示交易平台。先后举办各类大型农产品展会、对接活动30多场。其中，政府采购、农超对接、农教对接、农资对接等活动反响强烈。

2. 线上线下结合，实现电子商务落地

目前农业电子商务单纯的网上服务只能留住一部分会员，必须采用线上和线下综合服务手段才能实现快速发展，实现电子商务落地。抓住了合作社用户群体后，如何利用好平台、聚集人气、提高交易活跃度和形成良性发展很关键，在具体的运营过程中，中农信达摸索出一整套运营方法，效果显著。

一是会议培训，在北京和各地分站常年开展合作社会议培训，聚集各方面资源为合作社提供管理、品牌建设、认证、营销、电子商务、产品对接、投融资和项目申报等方面的培训和咨询活动。会议培训极大地促进了合作社信息网活跃度，提高了知名度，整合了多方资源为合作社服务，参会合作社会员收获很大，中农信达合作社培训已成为业内的品牌，得到合作社和参会各方的普遍好评。

二是展示展销会，合作社产品普遍存在销售渠道不畅，没有实力建设销售渠道的问题，中农信达通过搭建线上线下展示展销平台，为合作社开展农超对接、农校对接、农企对接、农餐对接和农技对接等活动，促进了合作社产品销售。

三是农资团购降低合作社采购成本，通过中农信达合作社信息网农资团购平台，能在更广范围开展农企对接团购农资，最大限度降低合作社采购成本，发挥合作社的作用。

3. 依托农经系统，助力合作社信息网运营

农经系统是合作社的业务指导部门，中农信达与农经系统开展长期的合作关系，中农信达为农经系统开发了农村财务管理系统、农村土地确权登记系统、农村一事一议系统、"三资"管理平台和农民合作社财务管理软件等，并在全国推广应用，用户群超过60万，多年的积累和品牌效应为合作社电子商务运营提供了坚实基础。"中国农民合作社信息网"平台已帮助多家合作社走上产业化发展道路。下面以山东省文登市远峰果蔬专业合作社为例对平台运营进行说明。文登市远峰果蔬专业合作社成立于2008年3月7日，主要从事水果蔬菜的标准化生产和品牌化经营，为社员提供产、供、销、技术咨询一条龙服务。现有社员2850户，带动非社员3000多户，有果园5000亩，果蔬标准化基地1500亩。

2011年2月，文登市远峰果蔬专业合作社成为中农信达文登市分站会员，借助于中国农民合作社信息网免费发布相关生鲜蔬果产品信息，在产需对接频道上建立蔬果供求专场，提高网络营销水平。积极参加中农信达每月举办的线下合作社运营培训会议与产品对接活动，提高合作社运营管理能力，亲密接触超市采购商，以一对多和一对一相结合的沟通模式主动推销农产品；把握市场行情动向，适时调整销售策略，提高产需对接成功率。注册建立"文登市远峰果蔬专业合作社"独立门户网站，开展生鲜蔬果系列农产品网上营销，网络已成为其重要营销工具。2011年9月20日，山东省文登市远峰果蔬专业合作社等12家合作社在中农信达农超对接项目组的带领下到超市发采购物流部进行参观洽谈。会后经过中农信达农超对接项目组多次沟通，超市发采购物流部到文登市远峰果蔬专业合作社进行现场采购，共采购苹果30余吨，货值近20万元，并决定将文登市远峰果蔬专业合作社作为超市发在文登的直采基地，进行长期采购合作。

（四）休闲农业与乡村旅游电子商务

近年来，北京市郊区休闲旅游产业发展迅猛，发展初期各旅游点分散、信息渠道不畅通、服务标准不统一，这样的情况非常不利于休闲旅游产业的健康长远发展。针对这一现象，北京观光休闲农业行业协会建立了北京乡村旅游网，作为各休闲旅游景点的宣传展示平台为市民通过网络了解郊区休闲旅游景点、推动休闲旅游的发展起到了重要作用。随着休闲旅游市场的进一步发展，人们对网上信息、网上预订、网上支付等，即休闲旅游业电子商务

的需求日益高涨。

大美田园休闲文化有限公司应运而生，该公司依托北京观光休闲农业行业协会，积极配合北京市旅游局关于发展乡村旅游的系列措施，通过搭建连通休闲农业与乡村旅游资源端和消费市场端的桥梁，为北京市休闲农业与乡村旅游消费市场提供市场化运作的专业服务。

大美田园公司的核心理念在于为市场提供最具特色的乡村休闲旅游服务，利用互联网技术带来的信息管理与传播优势，整合乡村旅游资源，建立品牌，形成连锁经营，打造北京市乡村旅游的门户网站。

大美田园公司的整体发展思路为：以门户网站为纽带，将京郊观光休闲资源与旅游消费市场连接起来，通过为京郊观光休闲产业的整个产业链提供服务，获得增值收益。下面将京郊观光休闲产业链分为景点开发、电子商务、售后服务三个环节进行分析。

1. 景点开发

（1）大美田园俱乐部。

大美田园公司甄选一批软硬件水平较高的乡村旅游点签约进入大美田园俱乐部成为会员，并对其进行线路整合与包装。会员景点资料在大美田园网站免费公开发布、索引和推广。目前，大美田园已经在京郊签约150个园区和景点，共推出各种京郊旅游产品近300个。大美田园为俱乐部会员提升营业额，提供旅游项目策划、市场调研，不定期组织管理培训、理念培训、产品创新培训、市场推广培训等。会员要有一定主题特色、具备营业执照及相关资质认证、有一定规模、设施及管理符合大美田园俱乐部的要求。会员签约大美田园不需要支付费用。签约之后，大美田园将为会员挂牌，并收集园区资料，将内容加载进大美田园网站，如果园区因特色鲜明而被列入主推园区，则可免费参加推广活动。会员与大美田园的结算方式分为两种：一种是消费者直接在大美田园网站付费，大美田园定期将园区应收款项支付给园区；另一种是消费者直接在园区付费，园区定期与大美田园结算。

（2）旅游产品市场策划。

大美田园引导消费趋势，主打低碳旅游与环保旅游牌，通过市场推广不断扩大知名度、提升话语权，成为京郊乡村旅游市场的知名品牌。大美田园通过策划主题旅游，向客户推出特色线路、明星景点，提升景点软性价值，拉动偏远景点，让消费者更易选择，方便出行，极大地调动消费市场对乡村旅游的热情。大美田园还周期性地推出特价景点（或线路）和各种营销手段，组织乡村旅游客源，成为京郊旅游市场重要的市场策划和组织者。

（3）特色农产品消费。

大美田园通过创新发展模式，将京郊休闲园区与京郊特色农产品两大资源强势整合，以终端消费市场的强劲需求带动资源方发展。一方面，挖掘休闲农业和乡村旅游特色，形成可消费的特色京郊游产品；另一方面，坚持寻找并整合健康、安全及具区域文化特色的京郊特色农产品。消费者可以通过大美田园网站方便、快捷地实现京郊游产品与农产品的消费。

（4）《大美田园》杂志。

《大美田园》杂志作为北京观光休闲农业行业协会的会刊，也是大美田园公司传播推广京郊休闲农业的重要窗口。杂志的核心理念是宣传京郊休闲农业产业发展，传播休闲农业的现代营销理念，推动产业发展的市场化和品牌化建设，促进农民就业增收，成为连接消费者与京郊的桥梁。

《大美田园》杂志为双月刊，创立以来已发表过数百篇休闲农业行业动态报道及人物专访、京郊旅游景点园区介绍及京郊特色农产品推荐。所有这些都围绕服务休闲农业，通过对京郊乡村旅游、京郊特色农产品等资源进行大量翔实充分的报道，引导广大消费者积极参与到休闲农业项目中来。既为京郊各类资源方、经营者、农民提供充分的展示平台，又为消费者提供可以了解京郊休闲农业及其相关景区、产品的窗口。

为了更好地提升《大美田园》杂志作为北京观光休闲农业行业协会会刊的影响力，以便更有效地传播京郊休闲农业，每期杂志的发行面向三个方面：各区县政府部门、业界单位或个人、消费者。

2. 电子商务

（1）网上展示。

大美田园（http：//www.ileisure.cn/index.htm），这个平台具有六大搜索功能，即景点搜索、线路搜索、主题搜索、业态搜索、地域搜索、资讯搜索。大美田园俱乐部的150个园区和景点的线路信息、活动组织、费用等信息均在大美田园网站公布。网站会不定期地向消费者推荐新鲜项目、超值线路，同时网站也向景点会员准确反馈市场趋势和客户需求。通过网络平台和市场活动可以提升各景点的知名度，将更多的景点展示在大美田园网站，也为网站的进一步发展提供空间和资源。

数字经济赋能北京乡村振兴的实践探索

大美田园网站目前的品牌商品有温泉、滑雪、农庄、客栈、采摘、特色景区、精品线路、副食特产等。另外，网站推出趣味社交服务，在网站的"田园江湖"频道为旅游发烧友、圈子经营者提供社交圈互动天地，覆盖各种旅游爱好者的兴趣点。

(2) 咨询预订。

大美田园网站目前已经实现网上社区平台互动、网上预订与支付系统功能。预订的方式有电话预订和网上预订两种。电话预订，消费者拨打大美田园客服电话，订购成功后，将收到一条包含预订产品验证码的手机短信，凭此短信，可直接到景点消费产品。网上预订，消费者登录网站，在网站订购景点产品及特色农产品。

(3) 网上支付。

大美田园网站的支付手段完善，利用支付宝、在线网银、移动POS刷卡、大美卡（充值卡）等多种支付手段实现网上支付功能。大美田园为集团大客户或企事业单位提供团队旅游及福利卡业务。主要产品是主题采摘卡、京郊旅游卡、京郊特产卡等，消费者可以拨打大美田园的400客服电话或上网预订选择景点园区、线路、农产品进行消费。大美卡是大美田园公司与北京市观光休闲农业行业协会共同推出的，是北京第一张京郊休闲旅游与京郊特色农产品相结合的消费卡，卡内囊括京郊百余家休闲园区、近百种直接来自绿色产品基地的农副食品，并随着季节和时令的变化，应时更新特色景点及京郊特色农产品采摘。例如，2012年世界草莓博览会在昌平举行，大美卡签约了分布在昌平、通州、房山、海淀、密云等区县的7000多亩的草莓园，极大程度地丰富了大美卡的消费资源。为了方便游客使用，大美卡还整合了草莓采摘园周边的乡村旅游线路，游客既能选择个性化的景点出行，也可选择不操心的套餐化服务，即为游客提供集吃、喝、住、行于一体的全套行程安排。

3. 售后服务

通过大美卡在网上订购农产品，产品的配送方式为：有机蔬菜、水果、柴鸡蛋类产品五环内免费快递上门，每周二、周四发货，需提前2天预约；其他特色农产品五环内免费快递上门，每周一至周五发货，随下订单随发货。也可以选择自提。大美田园网站还为会员提供详尽路线、天气状况、路状信息、投诉处理等多种售后服务。

大美田园的电子商务模式重点在于将零乱无规则的休闲旅游进行品牌化、

标准化,并通过卡式业务面向集团用户提供团队旅游及福利卡等服务。通过这一模式,大美田园将乡村休闲产业链进行高效整合,借助于市场动力整合乡村休闲产业各资源机构,强化营销,积极开拓乡村休闲产业消费市场。以大美田园网络运营平台为载体,将景点推荐给消费市场。通过调动消费市场对乡村休闲旅游的热情,挖掘市场潜力,提升乡村休闲产业水平,在多赢的格局中产生充分的经济效益。

第五节 北京"互联网+"农业存在的问题及对策建议

虽然北京"互联网+"农业获得长足发展,成效显著,但从整个"互联网+"应用的全局分析,相对于制造业、商业、金融业和服务业等其他非农行业而言,农业领域的"互联网+"应用明显滞后,存在的限制因素也比较多,这也为北京"互联网+"农业发展指明了努力方向。

一、北京"互联网+"农业发展存在的问题和困难

(一) 在推动现代农业发展方面的问题和困难

1. 智慧农业农村基础设施建设、应用意识和应用水平等方面仍有待加强

信息化在促进城乡一体化及城乡公共服务均等化方面的引领作用尚未充分发挥。先进的技术在农业农村领域的应用尚处于起步和探索阶段,成熟、有较强自生能力的运营模式尚未形成;市、区各级部门需加强联合开展"互联网+"农业顶层设计的工作,团结和引领"互联网+"农业队伍的能力建设,精准服务;具有指导性、权威性、针对性、创新性的信息产品与服务需要进一步探索、加强;还需研究制定鼓励各种社会力量参与"互联网+"农业建设的相关政策,形成合力推进多方共赢的体制机制建立。

2. 新型农业经营主体信息化能力需进一步加强

一是信息化软硬件成本较高,新型农业经营主体对应用效果往往持怀疑和观望态度。二是农业从业人员普遍年龄偏大,信息化意识较为薄弱,对利用信息技术提升生产生活质量需求不明显,而负责信息化方面的工作人员一般都是兼职,且流动性大,容易造成信息化工作衔接不畅或出现断档的现象,在推广应用信息技术方面有心无力,从而影响到信息化的普及和推进。应进

一步加强农民信息化技能培训，培育新型农业经营主体和新型农民。

3. 郊区互联网信息技术发展相对落后

郊区互联网信息技术发展相对落后，农业信息化覆盖程度不高，经营者信息化水平呈两端聚集态势，行业数据收集困难，信息收集质量不高，信息孤岛现象明显，缺乏信息资源互通机制，农产品标准化不足。数据显示，90%的农业园区生产标准以口口相传的形式进行传达。生产、产品加工、包装、配送等标准体系不完善，难以满足与标准化、信息化、智能化的需求对接。大部分农业园区还没有通过信息化手段展示农产品的溯源信息，消费者难以准确获取该农产品的生产、加工及物流信息，在出现问题时也难以追溯责任主体，现有的追溯和监管机制还不完善。

4. 生鲜农产品物流成本高

郊区农业生产成本高，电商冷链配送成本高，农业电商隐形门槛高。从业者电商技能不足，懂得电子商务技术的人才很少愿意到农村地区服务，严重制约了农业生产效率，不利于电商对生产资源的组织。

（二）在提升"三农"信息服务水平方面的问题和困难

1. 有待进一步形成有效的联动机制

开发适应本地区"三农"特点和乡村需求的信息技术、产品、应用和服务，涉及乡村产业、乡村治理、公共服务等多个领域，涉及财政局、经信委、教委、卫健委、人社局等多部门协同合作。虽然各单位、各区、各村构建了各具特色的信息技术支持与服务体系，但在项目立项、资金安排、内容建设、技术支持、指导服务等方面未形成完备的协同合作工作机制，部门间缺乏有效的联动，未形成发展合力，整体发展水平参差不齐，区域间、行业间发展不均衡。

2. 新型农业信息综合服务体系建设有待进一步完善

"互联网+"作为一种新兴业态，对于农村经济社会发展产生着深刻的影响，也为数字乡村建设带来新的发展机遇。数字乡村建设中涉及公共信息服务内容较散、较少，新型农业信息综合服务体系建设有待完善提升。

3. 引导社会力量参与不足

在数字乡村建设中，政府占据主导地位，但社会资源参与不足，无法更好地调动基层积极性，也导致政府有较大的资金压力。同时，社会资源参与不足也局限了政府与社会之间的沟通交流，不利于引入新理念、新技术、新成果。多方投资，集聚资源优势，引入市场机制并建立"三农"信息服务的长效机制势在必行。

（三）提升农民信息素养方面的问题和困难

1. 培训的针对性、有效性有待提高

一是目前农村劳动力培训由街道、乡镇统一组织，定点培训机构具体实施，因参培人员积极性不高，为了便于组织，每年对固定部分培训时间短的职业工种开展培训，农村劳动力的个性化培训需求难以得到满足；二是定点培训机构的生源由街道乡镇组织，就业由政府托底安置，对提升教学质量积极性不高，很难提供针对性、有效性强的培训课程，在一定程度上影响了培训效果。

2. "互联网+"农业培训服务体系尚未形成

面对新形势、新要求，新型农业经营主体、新型服务主体、新型职业农民和农业部门工作人员对信息技术的应用能力还比较薄弱，农业物联网、电子商务等信息化应用能力和信息素养有待提升；农技人员为农民提供精准、实时指导服务的手段和能力不足；农民使用手机解决实际问题的能力欠缺；各部门培训内容存在重复情况，缺少统一教材，为农民和新型农业经营主体构建支持生产、提升技能、学习交流的平台和工具较少；数字乡村运维普遍缺乏人才和知识技能的支撑，数字乡村信息化培训服务体系还未形成。

（四）"互联网+政务服务"中存在的问题和困难

1. 网上政务服务能力有待进一步提升

一是网上办理率和办理深度较低；二是办事指南精准度不高，申请材料描述不清晰，内容不全面，只提供了材料名称、数量要求、介质要求，部分事项提供了空表、样表下载功能，办理流程各环节描述不详尽，只有部分事项提供了流程图，未对各环节进行详细说明；三是部分事项网上办理仍需重复登录注册，未实现单点登录，24个部门的59个互联网办事系统未与市网上政务服务大厅对接；四是网上咨询服务能力有待提升，只提供了智能机器人和离线咨询渠道，缺少语音、人工在线等咨询服务渠道。

2. 政务服务数据资源共享程度不高

一是缺少政务服务数据资源共享技术平台及长效工作机制，数据资源共享依然是局部共享、多头共享，数据资源使用率低，未形成一次汇聚、多方共享的工作格局；二是纸质材料重复提交、电子证照使用率低，未建成全市统一的电子证照库，电子证照的共享利用缺少政策支撑，纸质材料重复提交的现象依然存在。

二、北京"互联网+"农业发展的对策建议

（一）推动现代农业发展方面的建议

1. 不断提升农业生产智能化水平

实施智慧农业工程。加深互联网技术在全产业链、全环节、全要素中的应用程度。开展农业物联网示范建设，提高市农业信息技术应用比例。

完善农产品质量安全追溯体系。创新"互联网+质量安全"监管模式和机制，加强农产品质量安全诚信体系建设，建立农业生产经营主体综合信息系统，实施信用评价与等级管理。加强追溯信息互通共享，促进公益性和市场化平台有机衔接、协调发展。

2. 大力发展农业农村电子商务

一是加强农村电子商务主体培育。鼓励新型农业经营主体依托区域优势产业，开展多种形式的农村电子商务；继续推进"一村一品+电商"建设，利用互联网整合农业、旅游、文化等特色资源，开展休闲农业电子商务试点，提高乡村影响力、吸引力；继续强化培训，不断提高新型农业生产经营主体的电子商务应用能力。

二是开展多种形式的农业电子商务对接活动。发挥牵线搭桥作用，促进农业生产经营主体与电商企业合作，拓宽销售渠道、促进优质优价，提升农产品标准化、品牌化水平。

三是不断完善农业农村电子商务基础支撑。鼓励邮政、快递企业参与鲜活农产品物流配送，支持建设一批"农邮通"服务站，培育一批"快递+农产品"样板项目；发挥农业龙头企业、农民专业合作社示范社的带动作用，引导重点发展农产品加工流通、电子商务等社会化服务；加强产地预冷、集货、分拣分级、包装、仓储等基础设施建设和资源优化配置；加快农业电商标准研究制定及推广应用。

3. 构建宏观的农业大数据分析体系

以基本农田为基础，通过收集农业生产经营各环节数据，建立涵盖耕地、

育种、播种、施肥、植保、收储、农产品加工、销售等各环节的农业大数据信息库。加强对农业生产、经营各环节预警预测,为政府部门决策农业发展当智囊,为农业主体生产经营管理做好支撑。

4. 继续推进乡村信息基础设施建设

加强数字乡村建设,建立农村基础设施信息化项目审批的绿色通道,缩短项目审批流程。加大对乡村基础设施管理信息平台支持力度,整合农村地区基础设施管理信息平台,进而提高乡村生态环境管理信息化水平。将信息技术与农业生产经营、农村社会管理、农民生活服务有机融合。在抓好产业的同时,突出体现村庄的特色,重点围绕村庄产业、乡村治理、村庄公共服务、村民信息化能力培养、便捷化网络服务等,提升村庄的发展水平,提高服务的全面性和便捷性,探索长效机制建设。

5. 不断营造良好发展环境

完善"互联网+"现代农业扶持政策和工作机制,发挥农业互联网协会、农业农村信息化示范基地、农业信息化龙头企业等的引领示范作用,培育新模式,培养互联网+农业的中坚力量;夯实发展基础,积极吸引、鼓励和调动各种社会力量参与"互联网+"农业,不断提高农村地区宽带网络和第四代移动通信网络(4G)的覆盖率;发挥人才、科技优势,加强农业物联网、人工智能等智能装备和软件产品的研发,开发适应"三农"特点的信息技术、产品、应用和服务;加强对新型职业农民信息化应用能力和技能的培训,重点是手机应用技能培训,培养农民创业创新带头人。

(二) 提升"三农"信息服务水平方面的建议

1. 提升农村公共信息服务能力

按照产业兴旺、生态宜居、乡风文明、治理有效、生活富裕的总要求,实施数字乡村战略。以提升效能为目标,强化农村公共信息服务能力,提升数字乡村信息化应用水平。以需求为导向,研发适应"三农"特点的信息服务技术、产品、应用,完善工作和服务机制,加强统筹推进和协同发展,注重与美丽乡村、低收入村户帮扶等重点任务相结合,发挥互联网在要素配置中的优化和集成作用,让乡村分享互联网+的建设成果与便利服务。

2. 积极吸引社会资源,发挥市场主体的作用

发挥市场主体的作用,吸引社会资本投入,积极鼓励和调动各种社会力

量参与，在网络接入、流量费用、长效机制等方面积极与第三方服务供应商开展合作，借助于"互联网+"的优势，进一步探索和创新公共服务智慧化管理模式，集成社会化服务资源，提升数字乡村运行水平。

（三）提升农民信息素养方面的建议

1. 加强农业农村信息化培训服务体系建设

整合多方资源，开展农业智能化技术、电子商务、新媒体营销培训，切实提高新型农业生产经营主体信息化水平；结合数字乡村、信息进村入户等工程，加强对新型职业农民信息化应用能力和技能的培训，提升农民利用现代信息技术，特别是运用手机上网发展生产、便利生活和增收致富的能力。

2. 加大农村劳动力培训力度，提升技能水平

结合重点工程等，发挥市场在农村劳动力培训中的导向作用，适应企业岗位要求和劳动者就业需求，探索培训新模式和新方法，增强培训的针对性和有效性，提升培训后的就业率。加大政策支持力度，完善激励政策和措施，充分调动社会各方面的积极性，整合职业培训资源，引导行业企业、社会团体、院校和各类职业培训机构合作推进，与低收入农户培训紧密结合，建立全覆盖、多层次、多样化的培训体系，广泛开展农村劳动力培训工作。

3. 探索培训激励机制，提升培训质量

出台给予农村劳动力培训期间生活补贴政策，鼓励农村劳动力积极参加职业培训，提升技能水平和就业创业能力。对办学质量和诚信等方面进行年度评估考核，在承担政府免费培训的机构中，对培训质量高、就业效果好、社会信誉佳的机构，给予支持，鼓励其改善教学条件、师资进修、课程开发等。鼓励和引导定点培训机构规范办学、诚信办学、高质量办学，增强定点培训机构的办学实力，强化培训的实用性和针对性，打造职业培训"品牌机构"，提高培训学员的满意度，使培训与就业的结合更加紧密。

4. 加大宣传和指导力度，营造技能光荣的社会氛围

加大宣传力度，利用电视、网络、微博、微信等媒体，向农村劳动力宣传培训政策、先进典型事例等；依托行业企业，通过开展技术比武、技能大赛等，以赛代训、赛训结合，引导在岗农村劳动力立足本职工作，钻研新技术、掌握新技能、争创新业绩，推动在岗技能提升，提高职工队伍素质和企

业竞争力。深入重点地区加强对接指导，着力增强农村劳动力就业质量。摸查培训需求，做好征占地农村劳动力的技能培训，促进农民的就近就地就业。围绕全域旅游，对农村劳动力开展果树种植、手工编织、剪纸、花卉园艺等技能培训，并对民俗经营户围绕"农家院接待礼仪与服务"，培训电话接待、餐前准备、茶水服务等，指导民俗户开发餐饮套餐，打造高端、精品化农家环境，稳定农民就业。

（四）加快推进"互联网+"农业政务服务的建议

1. 推进"互联网+"行政审批服务

进一步整合优化行政审批系统，全面推进行政许可事项网上办理，实现行政许可事项在线填报、在线提交、在线审查；优化行政审批综合查询平台，推进农业行政审批互联互通、信息共享；对行政许可事项的流程管理、规范服务、受理场所、监督检查等，进一步完善标准，并上网公布。

2. 推进"互联网+"农业项目投资管理服务

围绕广泛接受社会监督，及时公开项目申报通知（指南）；对通过评审的项目，认真开展立项前公示，并在立项批复后及时公开批复情况。

3. 推进"互联网+"其他政务服务

要围绕农业生产经营、安全生产、资质资格认定等与政务服务密切相关事项，摸清家底，梳理权力清单、责任清单，编制政务服务目录，研究提出网上服务的具体内容及服务方式，加快实现网上受理、网上办理、网上反馈，做到政务服务事项"应上尽上、全程办理"。

参考文献

[1] Rippa, Pierluigi, Secundo, Giustina. Digital academic entrepreneurship: The potential of digital technologies on academic entrepreneurship [J]. Technological Forecasting and Social Change, 2019, 146 (Sep.): 900-911.

[2] Marion T J, Fixson S K. The transformation of the innovation process: How digital tools are changing work, collaboration, and organizations in new product development [J]. Journal of Product Innovation Management, 2020, 38 (1).

[3] Maarit Mäkinen. Digital empowerment as a process for enhancing citizens' participation [J]. E-Learning, 2006, 3 (3): 381-395.

[4] Nambisan S, Wright M, Feldman M. The digital transformation of innovation and entrepreneurship: Progress, challenges and key themes [J]. Research Policy, 2019, 48 (8): 103773. 1-9.

[5] Huang W, Lu J, Ye H, et al. Quantitative identification of crop disease and nitrogen-water stress in winter wheat using continuous wavelet analysis [J]. International Journal of Agricultural and Biological Engineering, 2018, 11 (2): 145-152.

[6] Salazar C, Rand J. Production risk and adoption of irrigation technology: Evidence from small-scale farmers in Chile [J]. Latin American Economic Review, 2016, 25 (1): 1-37.

[7] 余丰慧. 数字科技是未来制高点更是核心竞争力 [J]. 财富时代, 2019 (12): 5.

[8] 高万龙. 推进农业科技创新加快发展现代农业 [J]. 中国科技论坛, 2007 (8): 104-108.

［9］刘多．全球数字科技发展与产业变革［J］．科技导报，2021，39（2）：57-60．

［10］刘钒，余明月．数字科技驱动长江经济带城市转型升级研究：基于长江经济带44个城市面板数据的分析［J］．科技进步与对策，2021，38（24）：48-57．

［11］李晓华．数字科技、制造业新形态与全球产业链格局重塑［J］．东南学术，2022（2）：134-144，248．

［12］陈晓红．数字经济时代的技术融合与应用创新趋势分析［J］．中南大学学报（社会科学版），2018，24（5）：1-8．

［13］柳卸林，董彩婷，丁雪辰．数字创新时代：中国的机遇与挑战［J］．科学学与科学技术管理，2020，41（6）：3-15．

［14］余江，孟庆时，张越，张兮，陈凤．数字创新：创新研究新视角的探索及启示［J］．科学学研究，2017，35（7）：1103-1111．

［15］赵星，董晓松．数字化革新战略实施路径与管理框架［J］．软科学，2017，31（1）：20-23．

［16］张琦，庄甲坤，李顺强，孔梅．共同富裕目标下乡村振兴的科学内涵、内在关系与战略要点［J］．西北大学学报（哲学社会科学版），2022，52（3）：44-53．

［17］燕连福，李晓利．习近平乡村振兴重要论述的丰富内涵与理论贡献探析［J/OL］．北京工业大学学报（社会科学版）：1-12［2023-01-16］．

［18］曹立，石以涛．乡村文化振兴内涵及其价值探析［J］．南京农业大学学报（社会科学版），2021，21（6）：111-118．

［19］唐任伍．新时代乡村振兴战略的实施路径及策略［J］．人民论坛·学术前沿，2018（3）：26-33．

［20］叶兴庆．新时代中国乡村振兴战略论纲［J］．改革，2018（1）：65-73．

［21］姜长云．全面把握实施乡村振兴战略的丰富内涵［J］．农村工作通讯，2017（22）：19-21．

［22］吕方．脱贫攻坚与乡村振兴衔接：知识逻辑与现实路径［J］．南京农业大学学报（社会科学版），2020，20（4）：35-41．

［23］李宁慧，龙花楼．实现巩固拓展脱贫攻坚成果同乡村振兴有效衔接的内涵、机理与模式［J］．经济地理，2022，42（4）：1-7，18．

[24] 张瑞娟, 高鸣. 新技术采纳行为与技术效率差异: 基于小农户与种粮大户的比较 [J]. 中国农村经济, 2018 (5): 84-97.

[25] 王俊豪, 周晟佳. 中国数字产业发展的现状、特征及其溢出效应 [J]. 数量经济技术经济研究, 2021, 38 (3): 103-119.

[26] 夏显力, 陈哲, 张慧利, 赵敏娟. 农业高质量发展: 数字赋能与实现路径 [J]. 中国农村经济, 2019 (12): 2-15.

[27] 张在一, 毛学峰. "互联网+"重塑中国农业: 表征、机制与本质 [J]. 改革, 2020 (7): 134-144.

[28] 李道亮, 杨昊. 农业物联网技术研究进展与发展趋势分析 [J]. 中国农业文摘-农业工程, 2018, 30 (2): 3-12.

[29] 吴勇, 张赓, 陈广锋, 等. 中国节水农业成效、形势机遇与展望 [J]. 中国农业资源与区划, 2021, 42 (11): 1-6.

[30] 鲁军景, 孙雷刚, 黄文江. 作物病虫害遥感监测和预测预警研究进展 [J]. 遥感技术与应用, 2019, 34 (1): 21-32.

[31] 曾雅婷, 吕亚荣, 刘文勇. 农地流转提升了粮食生产技术效率吗: 来自农户的视角 [J]. 农业技术经济, 2018 (3): 41-55.

[32] 吕建兴, 张璟, 刘景景, 陈洁. 中国大宗淡水鱼养殖户技术效率、TFP 增长及分解: 基于 25 个省份微观调查数据 [J]. 农业技术经济, 2020 (1): 102-119.

[33] 冯晓龙, 仇焕广, 刘明月. 不同规模视角下产出风险对农户技术采用的影响: 以苹果种植户测土配方施肥技术为例 [J]. 农业技术经济, 2018 (11): 120-131.

[34] 汝刚, 刘慧, 沈桂龙. 用人工智能改造中国农业: 理论阐释与制度创新 [J]. 经济学家, 2020 (4): 110-118.

[35] 殷浩栋, 霍鹏, 肖荣美, 高雨晨. 智慧农业发展的底层逻辑、现实约束与突破路径 [J]. 改革, 2021 (11): 95-103.

[36] 曾亿武, 宋逸香, 林夏珍, 等. 中国数字乡村建设若干问题刍议 [J]. 中国农村经济, 2021 (4): 21-35.

[37] 沈费伟, 袁欢. 大数据时代的数字乡村治理: 实践逻辑与优化策略 [J]. 农业经济问题, 2020 (10): 80-88.

[38] 郑永兰, 信莹莹. 乡村治理"技术赋能": 运作逻辑、行动困境与路径优化: 以浙江 F 镇"四个平台"为例 [J]. 湖南农业大学学报 (社会科

学版），2021，22（3）：60-68.

［39］沈费伟．乡村技术赋能：实现乡村有效治理的策略选择［J］．南京农业大学学报（社会科学版），2020，20（2）：1-12.

［40］王胜，余娜，付锐．数字乡村建设：作用机理、现实挑战与实施策略［J］．改革，2021（4）：45-59.

［41］赵成伟，许竹青．高质量发展视阈下数字乡村建设的机理、问题与策略［J］．求是学刊，2021，48（5）：44-52.

［42］谢文帅，宋冬林，毕怡菲．中国数字乡村建设：内在机理衔接机制与实践路径［J］．苏州大学学报（哲学社会科学版），2022，43（2）：93-103.

［43］冯朝睿，徐宏宇．当前数字乡村建设的实践困境与突破路径［J］．云南师范大学学报（哲学社会科学版），2021，53（5）：93-102.

［44］文丰安．数字乡村建设：重要性、实践困境与治理路径［J］．贵州社会科学，2022（4）：147-153.

［45］梅燕，鹿雨慧，毛丹灵．典型发达国家数字乡村发展模式总结与比较分析［J］．经济社会体制比较，2021（3）：58-68.

［46］高峰，王剑．数字乡村建设的国际经验及启示［J］．江苏农业科学，2021，49（23）：1-8.

［47］李燕．中国数字乡村的发展模式与实现路径［J］．探求，2021（2）：108-115.

［48］刘怡倩．数字乡村的建设模式、现实困境与优化路径［J］．农业农村农民，2022（8B）：4-6.

［49］贾秀飞．复合语境下技术赋能数字乡村建设的运行逻辑与实践检视［J］．电子政务，2022（8）：41-54.

［50］曾亿武，宋逸香，林夏珍，等．中国数字乡村建设若干问题刍议［J］．中国农村经济，2021（4）：21-35.

［51］沈费伟，叶温馨．数字乡村建设：实现高质量乡村振兴的策略选择［J］．南京农业大学学报（社会科学版），2021，21（5）：41-53.

［52］武小龙．乡村建设的政策嵌入、空间重构与技术赋能［J］．华南农业大学学报（社会科学版），2022，21（1）：9-22.

［53］王小兵，马晔．我国农业农村信息化发展水平评价研究：基于2020年全国2642个县域数据的分析［J］．农业大数据学报，2022，4（1）：5-11.

[54] 许敬辉, 王乃琦, 郭富林. 数字乡村发展水平评价指标体系构建与实证 [J]. 统计与决策, 2023, 39 (2): 73-77.

[55] 朱红根, 陈晖. 中国数字乡村发展的水平测度、时空演变及推进路径 [J/OL]. 农业经济问题, [2022-07-28]. https://kns.cnki.net/kcms/detail/11.1323.F.20220728.0920.002.html.

[56] 唐春贤, 方建强. 乡村振兴战略下数字乡村建设路径研究 [J]. 智慧农业导刊, 2023, 3 (6): 73-76, 82.

[57] 李丽莉, 曾亿武, 郭红东. 数字乡村建设: 底层逻辑、实践误区与优化路径 [J]. 中国农村经济, 2023 (1): 77-92.

[58] 彭超. 数字乡村战略推进的逻辑 [J]. 人民论坛, 2019 (33): 72-73.

[59] 易加斌, 李霄, 杨小平, 等. 创新生态系统理论视角下的农业数字化转型: 驱动因素、战略框架与实施路径 [J]. 农业经济问题, 2021 (7): 101-116.

[60] 陈江, 熊礼贵. 数字农业内涵、作用机理、挑战与推进路径研究 [J]. 西南金融, 2022 (10): 92-102.

[61] 唐惠敏. 数字技术赋能乡村振兴的理论阐释与实践发展 [J]. 农村经济, 2022 (9): 42-51.

[62] 李健. 数字技术赋能乡村振兴的内在机理与政策创新 [J]. 经济体制改革, 2022 (3): 77-83.

[63] 刘晓燕, 赵楷. 数字经济对乡村振兴高质量发展推动作用研究 [J]. 农业经济, 2023 (1): 42-44.

[64] 姚毓春, 张嘉实, 赵思桐. 数字经济赋能城乡融合发展的实现机理、现实困境和政策优化 [J]. 经济纵横, 2022 (12): 50-58.

[65] 李杰义, 胡静澜, 马子涵. 数字乡村建设赋能乡村振兴: 理论机制、实践路径与政策启示 [J]. 西南金融, 2022 (11): 84-95.

[66] 郭朝先, 苗雨菲. 数字经济促进乡村产业振兴的机理与路径 [J]. 北京工业大学学报 (社会科学版), 2023, 23 (1): 98-108.

[67] 管辉, 雷娟利. 数据要素赋能农业现代化: 机理、挑战与对策 [J]. 中国流通经济, 2022, 36 (6): 72-84.

[68] 陆刚. 基于产业互联网的数字农业: 理论逻辑、融合模式与条件分析 [J]. 贵州社会科学, 2022 (7): 152-159.

［69］郑瑞强，刘烨斌，宋振江．数字赋能未来乡村发展：逻辑检视与实践向度［J］．重庆社会科学，2023（1）：46-59.

［70］董晓波．新型数字基础设施驱动农业农村高质量发展的创新路径［J］．学习与实践，2023（1）：33-42.

［71］许敬辉，王乃琦，郭富林．数字乡村发展水平评价指标体系构建与实证［J］．统计与决策，2023，39（2）：73-77.

［72］钟钰，甘林针，王芹，等．数字经济赋能乡村振兴的特点、难点及进路［J］．新疆师范大学学报（哲学社会科学版），2023，44（3）：105-115.

［73］朱斌．农村电子商务高质量发展路径探索［J］．中国农业资源与区划，2022，43（12）：8，45.

［74］霍鹏，肖荣美，马九杰．数字乡村建设的底层逻辑、功能价值与路径选择［J］．改革，2022（12）：57-65.

［75］郭美荣，李瑾，马晨．数字乡村背景下农村基本公共服务发展现状与提升策略［J］．中国软科学，2021（7）：13-20.

［76］吕臣，王慧，李乐军，等．数字文旅融合助力乡村振兴实现逻辑、路径与对策［J］．商业经济研究，2022（23）：137-140.

［77］郑永兰，周其鑫．乡村数字治理的三重面向：理论之维、现实之困与未来之路［J］．农林经济管理学报，2022，21（6）：635-643.

［78］肖艳，徐雪娇，孙庆峰．数字农业高质量发展评价指标体系构建及测度［J］．农村经济，2022（11）：19-26.

［79］张耀一．数字农业高质量发展的国际经验及其启示［J］．技术经济与管理研究，2022（10）：93-98.

［80］崔凯．数字城乡融合发展的逻辑基础、实践道路与推动策略［J］．科技管理研究，2022，42（19）：192-198.

［81］文丰安．数字技术赋能乡村建设现代化：重要性、梗阻及发展进路［J］．湖北大学学报（哲学社会科学版），2022，49（5）：134-141，173.

［82］李国英．农业全产业链数字化转型的底层逻辑及推进策略［J］．区域经济评论，2022（5）：86-93.

［83］梁琳．数字经济促进农业现代化发展路径研究［J］．经济纵横，2022（9）：113-120.

［84］高峰，王剑．数字乡村建设的国际经验及启示［J］．江苏农业科学，2021，49（23）：1-8.

［85］金建东，徐旭初. 数字农业的实践逻辑、现实挑战与推进策略［J］. 农业现代化研究，2022，43（1）：1-10.

［86］殷浩栋，霍鹏，肖荣美，高雨晨. 智慧农业发展的底层逻辑、现实约束与突破路径［J］. 改革，2021（11）：95-103.

［87］吴晓曦. 数字经济与乡村产业融合发展研究［J］. 西南金融，2021（10）：78-88.

［88］沈费伟，叶温馨. 数字乡村建设：实现高质量乡村振兴的策略选择［J］. 南京农业大学学报（社会科学版），2021，21（5）：41-53.